보육학개론

박찬옥 구수연 유경숙 이예숙 조현정 황지영 공저

정민사

머리말

2020년은 코로나19의 영향으로 사회 · 경제적 변화와 함께 보육의 본질, 방법, 정책에 있어서도 새로운 발상이 요구된 해였습니다.

이제까지 보육은 영유아의 건강하고 행복한 삶을 지향하며, 영유아가 건강하고 행복한 삶을 살기 위하여 또래들과 어울려 마음껏 놀이하도록 한다는 신념을 가지고 실천해 왔습니다. 물론 이러한 신념과 실천이 보육현장에 따라 질적인 차이가 있을 수 있지만, 또래들 간에 온몸으로 오고 가는 상호작용이 매우 중요하고 가치 있다는 인식은 보편적이라고 할 수 있습니다. 따라서 보육교사의 전문성이라 함은 영유아가 놀이를 통해 또래 간 상호작용하며 배움이 일어나도록 다양한 지원을 해줄 수 있는 역량을 갖춘 것을 의미한다고 볼 수 있습니다.

그런데 코로나19 팬데믹으로 인해 보육현장은 당혹스러운 상황을 맞이하게 되었습니다. 우선 모두 등원해야 할 영유아들이 집에서 자유놀이나 활동을 하게 되고(어린이집에서 제공한 놀이꾸러미를 가지고 놀이하기도 하고), 긴급돌봄을 신청한 영유아들은 어린이집에 등원해도 마스크를 쓰고 또래들과 사회적 거리를 두어 혼자놀이 또는 두세 명 정도 함께하는 놀이를 하며, 산책이나 동네 돌아보기 등도 외부인들과의 접촉을 우려하여 제한하는 등의 보육을 운영하곤 하였습니다. 교사들은 대면 보육에서도 한계를 느끼고, 비대면 보육에서는 더욱 한계를 느끼며 혹시나 영유아에게 사회정서, 언어인지, 신체운동 등 발달의 균형이 깨지지 않을까 고심하게 되었습니다.

그러나 이런 상황이 1년 넘게 지속되면서 상황에 떠밀리기보다는 상황을 극복하여 보육의 본질에 충실히 접근할 수 있는 방안들을 모색해야 한다는 자각이 일어나고 있습니다.

그렇습니다. 보육학이란 보육의 본질에 기초하여 보육의 목적과 목표를 설정하고, 시의적절한 내용과 방법을 강구하며 관련 행정체계의 지원을 다각도로 탐구하는 학문입니다. 보육교사의 전문성은 보육학에 대한 이론적 지식을 바탕으로, 현장 생태에 유효적절한 실천력을 행하는 데서 빛이 난다고 하겠습니다. 코로나19 상황에서도 제4차 어린이집 표준보육과정이 추구하는 인간상을 구현하기 위하여 영유아가 또래와 함께 놀이하면서 즐겁게 상호작용할 수 있는 지원방안을 교사는 책무성 있게 창의적으로 강구해야 할 것입니다. 이러한 생각을 가지고 본 책『보육학개론』을 집필하게 되었습니다. 본 책을 통해 보육을 전공하는 학생들이 보육에 대한 기초적 이해를 하고, 보육에 대한 신념을 형성하며, 보육의 영향력을 공감할 수 있기를 바라는 마음입니다.

본 책은 모두 7개 장(Chapter)으로 구성되어 있습니다.

1장은 보육의 기초를, 2장은 보육교직원의 역할 및 협력을, 3장은 영유아 보육과정을, 4장은 어린이집 환경구성과 운영관리를, 5장은 영유아의 건강 · 영양 및 안전을, 6장은 보육평가를, 7장은 보육제도와 정책의 내용을 담았습니다.

이 책이 영유아보육과 유아교육을 전공하는 학생뿐만 아니라, 보육현장에서 영유아들과 보육과정을 만들어가는 보육교사, 그리고 영유아보육 관련 전문가로 활동하시는 모든 분들께 유용한 교재가 되기를 희망합니다.

이 책이 출간되기까지 오랜 시간 기다려주시고 정성스럽게 만들어주신 정민사 가족 여러분께 깊은 감사를 드립니다.

2021년 8월

저자 일동

목차

CHAPTER 01 보육의 기초

CHAPTER 02 보육교직원의 역할 및 협력

CHAPTER 04 어린이집 환경구성과 운영관리

CHAPTER 05 영유아의 건강 · 영양 및 안전

CHAPTER 06 보육평가

CHAPTER 07 보육제도와 정책

CHAPTER

01

보육의 기초

1 _ 보육의 이해와 보육 실태

2 _ 영유아 권리 존중

3 _ 보육철학

4 _ 21세기 사회의 특징과 보육

5 _ 보육 경험과 영유아발달

보육은 인간교육의 첫단계라는 점에서 그 의의가 크다. 이 세상에 첫발을 내딛은 아기가 어떤 환경에서 어떻게 살아가고 있느냐에 따라 이후 삶의 방식과 가치관에 영향을 주기 때문이다. 그래서 보육(교육)은 백년지대계임은 틀림없다.

이에, 보육학을 전공하고 현장에서 보육을 해야 하는 예비교사들이 보육에 대한 기초적인 개념과 의의, 관련 이론, 영유아 권리 등에 대하여 잘 이해하고 숙지하는 것이 중요하다.

또한 보육이 영유아의 행복한 삶을 도모하기 위하여 관련 변인들이 복합적으로 작용하고 있으며, 시대 변화에 따라 보육의 실태 및 보육의 접근방식도 달라질 수 있다는 점을 이해할 필요가 있다.

1장에서는 보육의 기초적 이해를 돕기 위하여, 보육의 이해와 어린이집 보육 실태, 영유아 권리 존중, 보육철학, 21세기 사회의 특징과 보육, 그리고 보육 경험과 영유아발달에 대하여 탐구하고자 한다.

학습 목표

1. 보육의 개념과 의의를 파악한다.
2. 보육 패러다임의 변화를 인지한다.
3. 보육을 전담하는 어린이집의 유형과 실태 현황을 파악한다.
4. 영유아 권리의 의미를 심층적으로 이해하고 영유아를 존중하는 태도를 기른다.
5. 이상주의, 경험주의, 자연주의, 항존주의, 실존주의 등 보육철학의 흐름을 이해한다.
6. 21세기 사회의 특징과 보육을 연계하여 인지한다.
7. 보육 경험이 영유아발달에 미치는 영향력을 이해하고, 영유아발달 관련 이론들을 탐구한다.

1. 보육의 이해와 보육 실태

보육은 시대적 · 사회적 변화에 맞추어 그 기능과 역할도 변화되어 왔다. 특히 영유아 권리에 대한 인식이 강화됨에 따라 영유아의 개별적 독특성과 함께 다양성을 최대한 존중할 수 있는 보육방식에 대한 요구도 많아지고 있다.

여기에서는 보육의 개념과 의의, 보육 패러다임의 변화, 보육을 전담하는 어린이집 유형 및 현황에 대하여 알아보기로 한다.

1) 보육의 개념 및 의의

보육이란 보호와 교육이 통합된 개념으로, 보육의 개념은 영유아의 보호 및 교육에 관하여 규정한 법률인「영유아보육법」에 잘 나타나 있다.「영유아보육법」 제2조 제2항에 보육의 개념을 "보육이란 영유아를 건강하고 안전하게 보호 · 양육하고 영유아의 발달 특성에 맞는 교육을 제공하는 어린이집 및 가정양육 지원에 관한 사회복지서비스를 말한다."고 정의하고 있다. 보육의 목적은 제1조에 "영유아의 심신을 보호하고 건전하게 교육하여 건강한 사회 구성원으로 육성함과 아울러 보호자의 경제적 · 사회적 활동이 원활하게 이루어지도록 함으로써 영유아 및 가정의 복지증진에 이바지함을 목적으로 한다."고 제시하고 있다.

그러나 보육이 이와 같은 개념으로 제시되기까지 보육의 개념과 목적은 시대와 상황에 따라 변화되어 왔다. 원래 보육은 '탁아(託兒)'에서 시작된 개념으로 탁아는 문자 그대로 "아이를 맡기고 부탁한다"는 의미로 사용되었다. 다시 말해 아이를 부모가 아닌 타인이 일정 시간 맡아서 돌봐주는 일로 부모가 질병이나 일로 인해 아이를 돌보지 못하는 상황일 때 제공되는 구빈적 차원에서 행해졌으며, 자생적으로 생겨난 것이었다. 따라서 아이를 본인의 가정에서 정상적으로 돌보기 어려울 때 타인이 돌봐주는 것으로 우리나라에서는 1970년대까지도 주로 요보호 아동을 대상으로 사용하는 개념이었다(김혜인, 2012).

그러나 산업사회가 발달하면서 여성취업이 증대되자 여성들이 안심하고 아이를 맡기고 일을 하러 갈 수 있도록 체계적이고 질 높은 보육에 대한 요구가 발생하였다. 이러한 인식의 변화에 따라 보육이 특수한 대상, 다시 말해 저소득층이나 요보호 아동만을 대상으로 하는 것이 아니라 일반 영유아 전체가 대상이 되었고 단순한 보호만이 아닌 발달에 적합한 교육을 제공하는 서비스로 변화하였다. 따라서 보육은 영유아를 어린이집이라는 곳에 한정하여 보호하면서 유치원 수준의 교육을 제공하는 것만이 아니라, 영유아의 발달적 욕구를 충족시켜주고, 최적의 발달을 위해 가족과 지역사회와의 연계까지 서비스의 영역을 확대하는 포괄적 개념으로 이해해야 한다(백선희, 2009). 이는 2020년에 개정한 제4차 어린이집 표준보육과정에서 보육의 폭넓고 적극적인 개념을 반영한다는 것에서도 알 수 있다. 따라서 보육은 영유아와 가정, 지역사회, 국가가 연계하여 보호와 교육을 합리적으로 조화시켜 영유아가 건강하고 행복한 사회 구성원으로 성장할 수 있도록 돕는 데 그 의의가 있다.

2) 보육 패러다임의 변화

초기 인류는 모계가족으로 구성되었는데, 어머니와 함께 사는 가족형태로 인해 오랫동안 양육은 여성의 몫이었다. 여성의 양육은 남성중심으로 가계가 형성된 부계사회에서 더욱 강화되었다. 농업을 바탕으로 한 부계사회가 형성된 나라에서는 공동노동과 생산이라는 경제 구조에서 가계의 단위로 대가족이 함께 거주하였고, 자녀의 양육은 가족 구성원들이 함께 양육하는 형태였다. 그러나 산업사회로 전이되면서 가족 중 노동이 가능한 구성원들이 일거리를 찾아 집을 떠나 산업현장으로 이동하면서 가족은 자연스럽게 핵가족의 형태를 갖게 되었다.

부부중심의 핵가족화는 가족의 삶의 양식에 많은 변화를 가져왔다. 자녀양육에 있어서는 조부모나 다른 가족 구성원들의 도움을 받을 수 없게 되었으며, 남편이 돈을 벌고 아내가 자녀를 양육하는 형태가 일반적인 모습이 되었다. 그러나 여성의 노동참여가 증가하면서 핵가족 사회에서 양육공백이 발생하기 시작하였다. 초기에는 가족 구성원이나 지역사회에서 개인적인 접촉을 통해 자녀 양육을 해결하였으나, 여성들의 사회진출이 더욱 확대되면서 자녀들을 돌봐주는 전문적인 보육기관에 대한 요구가 증대되었다.

이에 따라 민간적 차원에 머물던 보육서비스를 국가가 관리하고 지원해야 한다는 요구가 점차 증가하였다. 이에 맞물려 저출산 고령화 현상이 심화되면서 국가적 차원에서 보육을 해결하는 것은 국가의 미래와도 연결되는 문제로 대두되었다. 즉 국가는 보육을 통해 여성의 노동력과 미래 국가의 인력을 확보해야 하는 필요에 직면하면서 여성들이 안심하고 일을 할 수 있는 양육환경 조성을 위해 보육의 국가적 책임과 지원을 확대시켜 왔다.

핵가족화로 인한 가족 내 공동양육이 어려워진 상황에서 양육에 대한 국가적 지원이 필요하다.

이에 따라 저출산 예방과 여성의 사회 진출을 지원하여 가족의 복지를 지원하고자 하는 보육정책은 지속적으로 변화 · 발전하여 왔다. 보육 패러다임의 변화를 정리하면 다음과 같다.

• 보육의 대상: 선별적 보육에서 보편적 보육으로

영유아는 사회계층에 차별받지 않고 사회 구성원으로 건강하게 성장하고, 평등하게 보호받으며 교육받을 권리가 있다. 영유아기는 인지능력, 정서함양, 사회적 관계형성 등의 기본 소양이 집중적으로 길러지는 시기로, 이 시기에 전생에 걸친 생활습관과 창의력이 형성된다. 따라서 보육서비스는 더 이상 사회 · 경제적으로 어려운 영유아나 맞벌이 가정의 자녀만이 아니라, 우리나라의 영유아 전반에 제공되어야 할 서비스이다. 따라서 보육의 보편성을 실현하기 위해서 모든 영유아와 부모가 평등한 조건에서 차별 없는 보육혜택을 받을 수 있도록 공적인 방향으로 사업정책이 수립되어야 한다. 보육 수요자에게 혜택이 돌아갈 수 있는 적절한 재정 투입과 부모들이 신뢰할 수 있는 어린이집을 확충하는 것이 필요하다. 그러나 보편성의 확대가 자칫 조기교육의 열풍과 부모역할의 소홀로 이어지지 않도록 보육정책을 실행하는 데 있어 무엇보다도 영유아의 복지와 행복을 우선하는 철학과 보육관이 바탕되어야 할 것이다.

- 보육의 주체: 부모의 책임에서 국가의 책임으로

영유아는 한 국가의 미래이며, 국가에 필요한 인재를 기르는 일은 개별 부모의 책임을 넘어서 국가의 책임이 되었다. 보육에 있어 국가의 책무성 강화는 각 개별 영유아의 생태적 환경을 보완하고 더 나은 양육환경을 제공하는 데 기여해야 한다. 이에 따라 국가는 적극적으로 영유아 자녀를 둔 각 가정의 보육비용 절감을 위한 대책을 개발하고 시행 중이다.

따라서 국가는 보육의 책무성을 강화하기 위해 국 · 공립어린이집을 확충하고, 보육인력의 전문성 제고를 위한 자격 및 양성교육 체제를 개선하여 보육인력의 전문성을 제공하고 있다. 그리고 육아종합지원센터를 통하여 어린이집을 위한 교육, 컨설팅, 대체교사지원, 취약보육지원, 부모를 대상으로 양육상담과 교육, 장소와 놀잇감 대여를 하며, 보육전자바우처를 이용하여 보육료를 지원하는 등의 보육정책을 실시하고 있다(보건복지부, 2020).

- 보육의 운영: 공급자중심에서 수요자중심으로

보육은 일차적으로 가족의 책임이나, 가족구조의 변화와 영유아의 양육에 대한 사회적 인식의 변화, 보육 내용의 변화에 따라 자녀를 돌보는 일이 가족 내에서만 행해지기에는 한계가 있다. 각 가정의 요구에 따라 어린이집의 운영 형태와 내용은 다양해지고 있으며, 국가는 보육의 사각지대가 없도록 최대한의 지원을 노력하고 있다. 필요에 따라 시간연장형이나, 휴일보육, 24시간 보육, 연장 보육 등의 형태로 운영에 반영되고 있다. 그러나 과거에는 어린이집의 운영 형태와 내용에 따라 부모가 어린이집을 선택하였다면, 이제는 어린이집 내에서 다양한 요구들을 제안하여 필요한 서비스를 제공받는 운영으로 변화하고 있다. 학부모운영위원회가 대표적인 기구로 운영위원회를 통해 보육운영에 대한 요구를 제안받고 심의하며, 이를 운영에 반영한다. 부모들은 봉사활동이나 행사보조, 상담 등을 통해 부모의 개별적 · 집단적 의견을 개진하는 등 다양한 형태로 참여하고 있다.

- 보육의 내용: 표준보육과정과 누리과정으로 보육 내용의 통합

우리나라는 유아교육과 보육이 이원화된 체제로 운영되고 있어서 담당 행정기관, 교사자격, 운영방식에서 일부 차이를 보인다. 그러나 영유아보육과 유아교육이 별개로 여겨질 수 없으며, 두 체제의 운영은 재정의 중복 투자와 비효율적인 운영이라는 비판을 받기도 한다. 무엇보다 영유아의 입장에서 어린이집이나 유치원 중 어느 곳에 다니더라도 동질의 교육을 받을 권리가 있다는 측면에서 유아교육과 보육이 통합될 필요성이 있다. 따라서 국가 수준에서 우리나라에 사는 만 3~5세 유아들은 어린이집 또는 유치원에서 같은 내용으로 보육과 교육을 받을 수 있도록 '누리과정'을 개발하여 운영하고 있다. 보건복지부와 교육부는 2011년에 누리과정을 처음 고시한 이후 5세 누리과정→2012년 3~5세 연령별 누리과정을 개발하였고, 2019년에 누리과정을 개정하여 유아 · 놀이중심의 교육(보육)과정을 운영하도록 하고 있다.

3) 어린이집 유형 및 현황

어린이집은 기관을 이용하는 가족의 요구나 특성에 맞게 다양한 형태로 운영된다. 부모는 가정의 경제적 상태나 영유아의 연령과 지리적 위치, 가족, 문화 등에 따라 영유아에게 적합한 어린이집 유형을 선택하게 된다. 어린이집 유형은 크게 설립주체, 운영시간, 보육대상에 따라 나눌 수 있다. 2020년 현재 우리나라의 어린이집 유형과 현황에 대해 알아보고자 한다.

(1) 설립주체에 따른 어린이집 유형

「영유아보육법」 제2조에서 제시한 어린이집의 유형은 다음과 같다(보건복지부, 2020a).

① 국 · 공립어린이집

국가나 지방자치단체가 설치 · 운영하는 어린이집(직장어린이집 제외)을 말하며 상시 영유아 11인 이상을 보육할 수 있는 어린이집이다. 국 · 공립어린이집은 「영유아보육법」 제11조의 보육 계획에 따라 저소득층 밀집 지역 및 농어촌지역 등 취약지역, 「산업입지 및 개발에 관한 법률」 제2조 제8호에 따른 산업단지 지역에 우선 설치하여야 한다. 지방자치단체는 「주택법」 제2조 제3호에 따른 신규 500세대 이상 공동주택에 같은 법 제35조에 따라 설치되어야 하는 어린이집을 국 · 공립어린이집으로 운영하여야 한다.

② 사회복지법인어린이집

사회복지법인어린이집 「사회복지사업법」에 의한 사회복지법인이 설치 · 운영하는 상시 영유아 21인 이상을 보육하는 어린이집을 말한다. 보육통합정보시스템 등록 및 인가증 발급시 대표자명에 법인대표의 성명 또는 '**사회복지법인 대표이사'로 기재된다.

③ 법인 · 단체등어린이집

법인 · 단체등어린이집은 각종 사회복지법인을 제외한 비영리법인으로 각종 법인이나 단체 등이 설치 운영하는 상시 영유아 21인 이상을 보육하는 어린이집을 말한다. 사회복지법인을 제외한 비영리법인으로 「유아교육법」, 「초 · 중등교육법」, 「고등교육법」에 따른 법인 또는 학교법인이 설치한 어린이집, 종교단체, 근로복지공단 등이 운영 주체가 되어 설치한 어린이집이 있다. 근로복지공단어린이집은 인가증 발급 시 대표자명에 공단 이사장의 성명 또는 '근로복지공단 이사장'으로 기재된다.

④ 민간어린이집

민간어린이집은 국 · 공립, 사회복지법인, 법인 · 단체 등, 직장, 가정, 협동어린이집이 아닌 어린이집을 말한다. 상시 영유아 21인 이상을 보육할 수 있는 시설을 갖추며, 명칭은 '○○어린이집'으로 한다.

⑤ 직장어린이집

사업주가 사업장의 근로자를 위하여 설치 · 운영하는 어린이집을 말한다. 국가 또는 지방자치단체의 장이 소속 공무원 및 근로계약을 체결한 자를 위하여 설치 운영하는 어린이집도 직장어린이집에 포함된다. 직장어린이집은 상시 영유아 5인 이상을 보육하며 사업주가 직장어린이집을 설치할 경우 안전사고 및 재난에 대비한 시설을 갖추어 건물 내 5층까지 보육실을 설치할 수 있다. 상시 영유아 20인 이하를 보육하는 직장어린이집은 가정어린이집을 설치할 수 있는 곳에도 설치할 수 있다. 직장어린이집은 보육통합정보시스템 등록 및 인가증 발급 시 사업주 개인의 성명 또는 '**사업장의 대표 직함'으로 기재된다.

'상시 여성근로자 300명 이상 또는 근로자 500명 이상을 고용하고 있는 사업장'의 사업주는 직장어린이집을 설치해야 하며, 의무사업장의 사업주가 직장어린이집을 단독으로 설치하기 어려운 경우에는 사업주 공동으로 직장어린이집을 설치 운영하거나, 지역의 어린이집과 위탁계약을 체결하여 근로자 자녀의 보육을 지원해야 한다.

⑥ 가정어린이집

개인이 가정 또는 그에 준하는 곳에 설치 · 운영하는 어린이집으로 상시 영유아 5인 이상 20인 이하를 보육할 수 있는 어린이집을 말한다.

⑦ 협동어린이집

협동어린이집은 보호자 또는 보호자와 보육교직원 11인 이상이 조합을 결성하여 설치 · 운영하는 어린이집을 말한다. 이때 조합은 영리를 목적으로 하지 아니하는 조합에 한정하며 「민법」상 조합, 「협동조합기본법」상 사회적협동조합 등 조합설립 형태는 무관하다. 어린이집 대표자는 조합원 중에서 선임하고 시설운영에 관한 통상사무는 원장이 전임하며, 주요사항은 조합원 과반수 이상의 찬성으로 결정한다. 협동어린이집은 분기별 1회 이상 어린이집 운영위원회에 준하는 총회를 운영해야 한다.

상시 영유아 11인 이상을 보육할 수 있으며, 20인 이하를 보육하는 경우 가정어린이집을 설치할 수 있는 곳에도 설치할 수 있다.

표 1-1 | 어린이집의 유형

구분	설립 주체	규모	설치방법
국 · 공립어린이집	국가, 지방자치단체	11인 이상	직접 설치
사회복지법인어린이집	사회복지법인	21인 이상	인가신청
법인 · 단체등어린이집	학교, 종교단체, 근로복지공단 등	21인 이상	인가신청
민간어린이집	개인	21인 이상	인가신청

구분	설립 주체	규모	설치방법
직장어린이집	사업주	5인 이상	인가신청
가정어린이집	개인	5~20인 이하	인가신청
협동어린이집	조합	11인 이상	인가신청

(2) 보육시간 운영에 따른 다양한 보육서비스

어린이집은 평일(월~금) 12시간(7:30~19:30) 연중 계속 운영하는 것을 원칙으로 하며, 운영시간은 보호자의 근로시간 등을 참작하여 조정 · 운영할 수 있다. 운영시간에 따라 종일제 보육, 야간연장 보육, 24시간 보육, 휴일 보육 등이 있다. 종일제 보육의 경우 최근 정부의 보육지원체계 개편에 따라 기본보육과 연장보육 시간으로 나뉘어 운영되고 있다.

① 종일제 보육

종일제 보육은 오전 7시 30분부터 오후 7시 30분까지 운영되는 보편적인 어린이집을 말하며, 기본보육(09:00~16:00)과 연장보육(16:00~19:30)으로 나뉘어 운영된다. 오전 등원지도 시간(7:30~9:00)과 하원지도 시간(16:00~17:00)은 당번 형식의 통합반 보육으로 이루어진다. 연장보육반의 경우 기존 교사가 아닌 별도의 전담 보육교사를 배치하여 보육이 이루어진다. 어린이집에서는 자동출결 시스템을 통해 영유아의 출결을 확인한다. 연장보육을 이용할 때 3~5세 유아는 별도의 자격은 없으나, 0~2세 영아의 경우 장시간 돌봄이 필요하다고 인정되는 '자격'을 충족하는 부모의 영아 중 연장보육 이용을 사전 신청한 경우에 한 해 연장보육이 이루어진다.

② 야간연장 보육

야간연장 보육은 부모의 필요에 따라 종일제 시간 외에도 영유아의 보육을 이용하는 형태로, 오후 7시 30분부터 자정(19:30~24:00), 오전 7시 30분(07:30) 이전에 이용하는 경우가 해당된다. 종일제 보육 어린이집에서는 보호자의 요구에 따라 별도 보육교사를 지정하여 야간연장 보육을 실시한다. 야간연장 보육은 맞벌이 가정의 자녀가 시간에 구애받지 않고 안전하고 편안하게 보호받을 수 있다는 점에서 부모는 안심하고 업무에 종사할 수 있어 의미가 있다. 하루의 대부분을 어린이집에서 생활하는 영유아를 위해 야간연장 보육을 담당하는 교사는 영유아의 정서적 안정과 탄력적인 일과 운영 및 장시간 보육에 따른 안전사고의 위험을 예방하는 데 중점을 두어야 한다. 안전에 대한 세심한 배려와 신체 · 정서적으로 안락하고 편안한 분위기를 조성하며, 영유기에 바람직한 식습관 형성과 긍정적인 자아개념을 키울 수 있는 놀이를 계획한다.

③ 24시간 보육

24시간 보육은 오전 7시 30분부터 다음날 오전 7시 30분까지 24시간 운영되는 보육의 형태로 잠자리와 식사를 제공한다. 주로 3교대 근무, 야간교대근무, 철야근무를 하는 부모의 자녀를 위해 운영된다. 24시간 영유아 입소 시 어린이집에서는 보호자의 의무사항(주 3회 이상 전화 또는 방문을 통한 영유아 접촉, 주 1회 이상 귀가, 상시 비상연락체계 유지, 장기간 영유아 방치 시 「아동복지법」상 보호조치 의뢰 등), 24시 보육여건 및 프로그램 등에 대해 상세히 안내하여야 한다.

24시 영유아를 위해 가급적이면 가정에서와 같은 환경(수면실 등)과 아침 · 저녁 식사를 포함한 균형적인 급 · 간식 제공 및 별도의 보육 프로그램(기본생활습관 형성, 가족과의 유대강화 프로그램 등)을 시행하여야 한다.

④ 휴일 보육

휴일 보육은 취약보육지원의 형태로 부모의 직장출근 등 불가피한 사정으로 휴일 보육이 필요한 경우 일요일과 공휴일에 보육이 이루어진다. 운영시간은 오전 9시부터 오후 4시(09:00~16:00)까지로 교사 대 영유아 비율은 1:5를 원칙으로 하되 장애아, 0세아는 보육교직원의 업무량을 고려하여 일부 달리 적용할 수 있으며 유아로만 편성된 경우 1:7까지 조정할 수 있다.

⑤ 시간제 보육

시간제 보육은 시간 단위로 보육서비스를 이용하고 이용한 시간만큼 보육료를 지불하는 보육서비스를 말한다. 어린이집, 유치원을 이용하지 않고 가정 내 양육을 주로 하는 부모의 자녀가 주 대상이 된다. 육아종합지원센터와 어린이집을 지정하여 독립적인 시간제 보육반을 구성하여 평일 오전 9시부터 오후 6시까지(09:00~18:00) 시간 단위로 영아반을 운영한다. 시간제 보육서비스의 예약은 임신육아종합포털서비스(http://www.childcare.go.kr)를 통해서 이루어진다. 부모가 프리랜서인 경우, 급한 일 처리 또는 개인용무로 인해 잠깐 동안 아이를 맡겨야 할 경우, 부모의 양육 스트레스로 인한 휴식 차원에서 등의 사유로 이용된다.

(3) 보육대상에 따른 어린이집 유형

① 장애전문 어린이집

장애전문 어린이집은 장애전담어린이집과 장애통합어린이집으로 나뉜다. 장애전담어린이집은 장애인 편의시설을 갖추고 12인 이상의 장애영유아를 보육할 수 있는 시설을 갖춘 어린이집을 말한다. 장애통합어린이집은 비장애아와 3인 이상의 장애영유아를 통합하여 보육하는 어린이집을 말한다. 통합보육을 위하여 정원 범위 내에서 40%까지 비장애아를 보육할 수 있다. 장애아 3인당 1인의 장애아 전담교사가 배치되며, 교사 3인 중 1인은 반드시 특수교사 자격소지자로 배치하되 장애아전담 보육교사 대신 특수교사로도 배치 가능하다. 장애아의 연령, 장애의 종류와 정도를 고려하여 반을 편성 · 운영하며, 12세까지 입소가 가능하다. 어린이집에서는 장애아를 대상으로 인근 장애아전문 · 통합어린이집 또는 장애인복지관과 연계하여 특수교육진단평가, 개별화교육 프로그램(IEP) 등을 시행함으로써 장애영유아에게 적절한 보호서비스가 이루어질 수 있도록 한다.

② 영아전담어린이집

영아전담어린이집은 0~2세 영아만을 전담 보육하는 어린이집으로 2004년 이전에 정부로부터 지정받아 운영된 어린이집을 주로 말한다. 영아전담어린이집은 영아에 맞춰 세심한 안전과 위생이 보장된 환경과 프로그램을 갖추어야 한다. 영아전담어린이집은 2004년 이후 별도의 지정은 이루어지지 않고 있으며, 주로 가정어린이집에서 영아보육을 위주로 운영하고 있다.

(4) 우리나라 어린이집의 현황

① 보육 영유아

2020년 현재 6세 미만의 보육대상 영유아는 약 2,221,681명이며, 이 중 어린이집을 이용하는 영유아는 1,244,396명이다. 전체 영유아(0~6세)의 약 56%가 어린이집을 이용하고 있으며, 매년 영유아 수는 저출산 영향으로 감소하고 있다.

표 1-2 | 어린이집 연도별 보육 영유아 현황

2020.12.31. 현재 (단위 : 개소)

구분		계	국·공립 어린이집	사회복지법인 어린이집	법인·단체등 어린이집	민간 어린이집	가정 어린이집	협동 어린이집	직장 어린이집
2020	계	1,244,396	253,251	78,322	34,066	578,196	230,444	3,716	3,716
	남	644,496	131,303	41,100	17,710	299,290	118,878	2,010	2,010
	여	599,900	121,948	37,222	16,356	278,906	111,566	1,706	1,706
2019	계	1,365,085	232,123	86,775	38,538	664,106	273,399	4,121	4,121
	남	705,867	119,993	45,411	20,101	343,060	140,965	2,205	2,205
	여	659,218	112,130	41,364	18,437	321,046	132,434	1,916	1,916

구분		계	국·공립 어린이집	사회복지 법인 어린이집	법인·단체등 어린이집	민간 어린이집	가정 어린이집	협동 어린이집	직장 어린이집
2018	계	1,415,742	200,783	92,787	41,298	711,209	302,674	4,360	4,360
	남	731,498	103,444	48,702	21,633	367,436	155,682	2,272	2,272
	여	684,244	97,339	44,085	19,665	343,773	146,992	2,088	2,088
2017	계	1,450,243	186,916	96,794	43,404	738,559	321,608	4,508	4,508
	남	749,266	96,611	50,741	22,625	381,384	165,414	2,308	2,308
	여	700,977	90,305	46,053	20,779	357,175	156,194	2,200	2,200
2016	계	1,451,215	175,929	99,113	45,374	745,663	328,594	4,240	4,240
	남	750,122	91,124	52,038	23,638	385,046	168,970	2,197	2,197
	여	701,093	84,805	47,075	21,736	360,617	159,624	2,043	2,043
2015	계	1,452,813	165,743	99,715	46,858	747,598	344,007	4,127	4,127
	남	750,621	85,961	52,333	24,279	385,507	177,103	2,166	2,166
	여	702,192	79,782	47,382	22,579	362,091	166,904	1,961	1,961

출처: 보건복지부(2021a)

② 어린이집

연도별 어린이집 설치 · 운영 또한 매년 감소하고 있으며, 2020년 기준 전국의 어린이집은 35,352개소가 있으며 그중 국 · 공립은 4,958개소, 민간 11,510개소, 직장 1,216개소 등이다.

표 1-3 | 어린이집 연도별 설치 · 운영 현황

2020.12.31. 현재 (단위 : 개소)

구분	계	국 · 공립 어린이집	사회복지법인 어린이집	법인 · 단체등 어린이집	민간 어린이집	가정 어린이집	협동 어린이집	직장 어린이집
2020	35,352	4,958	1,316	671	11,510	15,529	152	1,216
2019	37,371	4,324	1,343	707	12,568	17,117	159	1,153
2018	39,171	3,602	1,377	748	13,518	18,651	164	1,111
2017	40,238	3,157	1,392	771	14,045	19,656	164	1,053
2016	41,084	2,859	1,402	804	14,316	20,598	157	948
2015	42,517	2,629	1,414	834	14,626	22,074	155	785

출처: 보건복지부(2021a)

③ 보육교직원

보육교직원 수는 2020년 기준 총 325,669명이며 이 중 원장 35,199명, 보육교사 237,966명, 특수교사 1,908명, 치료사 650명, 영양사 902명, 간호사 1,055명, 조리원 30,182명, 기타 17,807명이 있다.

표 1-4 | 어린이집 연도별 보육교직원 현황

2020.12.31. 현재 (단위 : 개소)

구분		계	국 · 공립 어린이집	사회복지법인 어린이집	법인 · 단체등 어린이집	민간 어린이집	가정 어린이집	협동 어린이집	직장 어린이집
2020	계	325,669	59,974	18,313	7,695	129,306	89,552	1,030	19,799
	남	11,598	1,207	1,797	610	6,845	914	23	202
	여	314,071	58,767	16,516	7,085	122,461	88,638	1,007	19,597

구분		계	국 · 공립 어린이집	사회복지 법인 어린이집	법인 · 단체등 어린이집	민간 어린이집	가정 어린이집	협동 어린이집	직장 어린이집
2019	계	331,444	50,436	18,835	8,062	139,344	95,763	1,043	17,961
	남	12,392	1,094	1,861	647	7,542	1,017	27	204
	여	319,052	49,342	16,974	7,415	131,802	94,746	1,016	17,757
2018	계	333,420	41,122	19,139	8,259	146,386	100,987	1,051	16,476
	남	12,956	971	1,882	668	8,118	1,100	26	191
	여	320,464	40,151	17,257	7,591	138,268	99,887	1,025	16,285
2017	계	330,217	36,098	18,845	8,254	146,920	104,176	1,066	14,858
	남	13,648	954	1,895	691	8,644	1,260	28	176
	여	316,569	35,144	16,950	7,563	138,276	102,916	1,038	14,682
2016	계	321,766	32,937	18,920	8,436	145,609	101,891	979	12,994
	남	14,124	941	1,928	726	9,013	1,330	29	157
	여	307,642	31,996	16,992	7,710	136,596	100,561	950	12,837
2015	계	321,067	30,823	18,933	8,637	145,724	105,124	970	10,856
	남	14,447	942	1,908	725	9,226	1,470	29	147
	여	306,620	29,881	17,025	7,912	136,498	103,654	941	10,709

출처: 보건복지부(2021a)

표 1-5 | 어린이집 보육교직원 현황

구분	총계	원장	보육교사	특수교사	치료사	영양사	간호사	조리원	기타
계	325,669	35,199	237,966	1,908	650	902	1,055	30,182	17,807

출처: 보건복지부(2021a)

우리나라 어린이집의 2020년 현재 일반 현황을 요약하면 **표 1-6**과 같으며 다음의 특징을 보이고 있다.

첫째, 저출산의 영향으로 매년 영유아 수가 감소함에 따라 어린이집 개소 수와 재원 영유아 수도 줄어들고 있다. 특히 영유아의 감소는 민간 · 가정어린이집의 운영에 심각한 어려움을 야기하며, 폐원이 늘어나고 있다.

둘째, 어린이집 유형별로는 민간 · 가정어린이집은 매년 큰 폭으로 줄어들고 있으나, 국 · 공립과 직장어린이집 개소 수는 오히려 증가하고 있다. 그러나 여전히 전체 어린이집 내 국 · 공립을 제외한 민간어린이집이 차지하는 비율은 86.0%로 보육교직원 수와 이용 영유아 수에서도 다수를 차지하고 있다. 제3차 중장기 보육 계획의 공보육 확대정책에 따라 국 · 공립어린이집의 설치가 매년 증가하고 있으나 그 비율은 현재 14%에 머무르고 있어 정부의 목표치인 40%에 도달하지 못하고 있다.

셋째, 전체 어린이집 개소 수의 감소와 반대로 보육교직원의 수는 증가하였으며 그 유형이 다양화되었다. 시간제 보육실 설치 확대에 따른 시간제 보육실 교사, 보육지원체계의 변경으로 인한 연장전담반 보육교사의 신설과 더불어 교사의 노동권 강화에 따른 보조교사, 대체교사의 양적 확대 등으로 인해 어린이집에 근무하는 보육교직원 수가 증가하였다.

보육교사로는 담임교사, 대체교사, 방과후교사, 야간연장보육교사, 24시간보육교사, 시간제 보육교사, 보조교사, 누리보조교사, 육아기 단축근무 대체교사, 연장보육반 전담교사 등이 있다.

넷째, 어린이집 정원대비 영유아 현원은 76%를 차지하고 있으며, 전체 대상 영유아 수(2,221,681명) 대비 영유아 재원율은 56%를 차지하고 있어 유아 재원 비중의 경우, 유치원과 함께 종합적으로 검토할 필요가 있다.

표 1-6 | 2020년 현재 어린이집 일반 현황

2020.12.31. 현재 (단위 : 개소, 명, %)

구분	기관(개소)	교직원(명)	정원(명)	영유아 수(현원)
계	35,352(100%)	325,669	1,628,260	1,244,396
국 · 공립어린이집	4,958(14.0%)	59,974(18.4%)	302,378(18.5%)	253,251(20.3%)
사회복지어린이집	1,316(3.7%)	18,313(5.6%)	119,289(7.3%)	78,322(6.3%)
법인 · 단체등 어린이집	671(1.8%)	7,695(2.3%)	48,839(16.1%)	34,066(2.7%)
민간어린이집	11,510(32.5%)	129,306(39.7%)	772,536(47.4%)	578,196(46.4%)
가정어린이집	15,529(43.9%)	89,552(27.4%)	290,123(17.8%)	230,444(18.5%)
직장어린이집	1,216(3.4%)	1,030(0.3%)	4,958(0.3%)	3,716(0.3%)
부모협동어린이집	152(0.4%)	19,799(6.0%)	90,137(5.5%)	66,401(5.3%)

출처: 보건복지부(2021a)

2. 영유아 권리 존중

영유아는 자신이 성장하는 데 있어 어떤 것이 적절한 양육인지 알기가 어려우며, 그에 따라 보호와 안전에 대한 권리를 스스로 주장할 수 없는 존재이다. 따라서 영유아의 권리는 성인들이 존중해 주고 보장해 주어야 한다. 또한 영유아의 권리 침해도 법적으로 다뤄져야 하며, 안전하게 성장할 수 있는 환경 마련을 위한 사회와 국가의 노력이 필요하다.

여기에서는 아동권리의 개념, 영유아보육에서의 아동권리 존중, 아동학대에 대하여 알아보기로 한다.

1) 아동권리의 개념

인간의 존엄성은 인간이라면 누구나 당연히 가지는 권리이며, 태어날 때부터 자연적으로 가지는 천부의 권리이다. 인간의 존엄성이란 인간이 생존과 기본적 자유의 주체가 된다는 것을 의미하며, 누군가가 외부에서 부여하거나 보장해 주는 것이 아니라 생득적이고 절대적인 권리이다. 따라서 인권은 모든 권리의 기초이자 출발점이며, 권리 행사는 지극히 보편적인 것이다(김진숙, 2009).

아동권리는 아동이 인간으로서 누려야 할 기본적인 제 권리를 통칭하는 말이다. 아동은 태어나면서 성, 언어, 종교, 능력, 인종, 피부색에 관계없이 인간으로 가지는 기본적인 권리, 생애 특수성에 입각해 보호와 배려를 받을 권리를 갖고 있다. 아동을 위한 권리는 1989년 UN의 '아동권리에 관한 국제협약'으로 국제법적 효력을 갖게 되었고, 아동이 보호받아야 하는 소극적인 존재가 아니라, 한 인간으로서 존엄을 지키며 살 수 있도록 권리가 존중되어야 한다는 내용을 담고 있다(안동현, 1997). 또한 아동의 삶의 질 향상을 위해 아동에 대한 보호를 확대해 온 것에서 아동의 자율성을 인정하는 방향으로 변화하였으며, 아동 스스로 적절한 삶과 교육을 결정할 수 있는 능력을 인정하는 것이다(김진숙, 2009). UN의 아동권리협약에서 제시한 아동의 권리와 개념은 다음과 같다.

표 1-7 | UN의 아동권리협약에 제시된 아동의 권리와 개념

권리	개념
생존의 권리	아동이 삶에 갖는 권리, 즉 살아가기 위해 필요한 기본 조건을 다루고 있으며 적절한 생활수준을 누릴 권리, 의료서비스를 받을 권리 등이다.
발달의 권리	아동의 잠재능력을 최대한 발휘하도록 하기 위한 기본 조건을 다루고 있는데, 교육을 받을 권리, 여가를 즐길 권리, 전통적으로 문화생활을 할 권리, 정보를 누릴 권리, 생각과 양식, 종교의 자유를 누릴 권리 등이다.

권리	개념
보호의 권리	모든 형태의 학대와 방임, 폭력으로부터 아동이 안전하게 보호받을 수 있는 권리로, 난민 아동에 대한 특별 보호 및 고문, 부당한 형사처벌, 가족과의 인위적인 분리 등으로부터 보호받을 권리이다.
참여의 권리	아동이 자신의 의사를 표현할 자유와 자기 생활에 영향을 주는 일에 대하여 말할 수 있는 권리로, 책임감 있는 어른이 되기 위해 아동 자신의 능력에 부응하여 적절한 사회활동에 참여할 기회를 가질 권리이다.

아동은 태어나면서부터 권리의 주체이며 자신의 권리를 누릴 가치가 있다

아동은 태어나면서 자신의 권리를 누릴 가치가 있으며 권리의 주체인 존재이다. 권리를 존중받지 못한 아동이 타인의 권리를 존중하는 사람으로 성장하기 어렵기 때문에 사회공동체를 위해서도 권리 존중이 필요하다. 따라서 아동에게 적합한 환경과 교육의 기회를 제공하고 아동을 인격체로 존중하여 아동이 자신의 권리와 타인의 권리를 존중하도록 성장을 도와야 한다.

보육현장에서 영유아의 권리 보호 문제는 우선적으로 고려되어야 할 부분이다. 따라서 보육에 있어서 영유아 권리에 대한 이해와 관심의 확대, 아동권리를 실천하는 데 영향을 주는 영유아기 발달 특징의 이해, 사회적 행위자로서의 영유아 인식, 영유아의 보호 및 지원을 위한 요건 마련 등이 중요하다. 이를 위해 영유아의 다양성을 인식하고, 특별한 보호를 필요로 하는 영유아의 상황 인식, 영유아의 취약성 및 권리 침해 가능성에 대한 이해, 영유아 권리중심의 정책 · 법 · 서비스 제공 및 관련 전문가의 훈련과 연구가 필요하다.

2) 영유아보육에서의 아동권리 존중

어린이집에서는 교사만이 아니라 보육교직원 전체가 영유아 권리 존중 수칙을 알고 지켜야 한다. 다음은 한국보육진흥원에서 제시한 어린이집 영유아 권리 존중 수칙에 관한 내용이다.

표 1-8 | 영유아 권리 존중의 수칙

- 영유아가 원하는 것을 주의 깊게 듣고 적절하게 반응하기
- 영유아의 말과 행동, 생각과 감정을 인정하고 격려하기
- 비언어적인 행동으로 영유아를 지지하고 격려하기
  (눈을 마주치기, 미소짓기, 등을 토닥여주기, 손을 잡아주기)
- 영유아를 차별하거나, 신체적 · 정서적으로 학대 · 방임하지 않기
- 훈육이 필요할 때는 간결하고 명확하게 영유아가 할 수 있는 구체적인 행동으로 안내하기
- 영유아가 어린이집에서 자유롭게 탐색하고 주도적으로 놀이할 수 있도록 격려하기

어린이집의 권리 존중은 하루의 특정한 상황에서 특정한 행동이나 지도로 이루어지는 것이 아니라, 매일의 생활에서 영유아의 권리가 우선되는 보육실천의 노력이 필요하다. 영유아는 많은 시간을 어린이집에서 보내기 때문에 다양한 일과의 순간마다 권리가 존중되어야 하며, 영유아의 권리 존중을 위해서는 보육교사의 영유아 권리에 대한 인식과 민감성이 요구된다. 다음은 어린이집의 하루 일과 중에 발생할 수 있는 권리 존중의 예이다.

표 1-9 | 어린이집 일과 속에서 권리 존중의 예

일과	교사의 지도	상호작용의 예
등원 및 맞이하기	보호자와 헤어지는 영유아의 마음을 헤아리는 따뜻한 상호작용. 영유아가 보호자와 안정된 마음으로 헤어질 수 있도록 지도	"엄마(아빠)랑 헤어지는 게 싫구나. 그런데 엄마(아빠)는 회사 가셔야 하니까 어린이집에서 선생님이랑 재미있게 놀다가 이따가 엄마(아빠)랑 만나자. 저기에 재미있는 놀잇감이 있네."
실내 자유놀이	자율성을 가지고 흥미를 가지고 선택한 놀이를 충분히 할 수 있도록 함	"○○는 블록 위로 자동차를 밀면서 놀이하는 것을 좋아하는구나. 자동차가 어디로 가고 있는 거예요?"
정리시간	놀이에서 정리로 전이될 수 있도록 시간적 여유를 주고 자율적으로 정리할 수 있도록 지도함	"○○는 놀이를 더 하고 싶구나. 선생님이 조금 더 시간을 줄 테니 좀 더 하고 정리하자. 놀이를 더 하고 싶은 친구는 오후 놀이 시간에 더 할 수 있어요."
대 · 소집단 활동	집단 활동에서 지켜야 할 예절이나 규칙을 지도함	"○○는 선생님 이야기를 듣는 것보다 옆에 친구에게 관심이 더 많구나. 친구가 선생님 이야기를 들을 수 있도록 ○○가 도와줄 수 있겠니?"
식사지도	식사예절을 지키면서 식사를 할 수 있도록 지도하되, 함께 어울려서 식사하는 즐거움을 나눌 수 있도록 강압적이 되지 않도록 함	"먹고 싶지 않은 반찬이구나. 하지만 ○○는 우리 뼈를 튼튼하게 해 준대. 한번 맛보겠니? 이 채소는 색깔이 너무 예쁘네. 어떤 맛일지 궁금한데?"
낮잠 및 휴식	편안한 분위기에서 잠잘 수 있도록 하며, 잠이 오지 않을 때 눈을 감고 억지로 자도록 하지 않음	"○○는 잠이 잘 오지 않는구나. 안 자도 되니까 조금만 누워서 편하게 쉬자. 조금 쉰 다음 선생님이 책 읽어줄게."
귀가지도	보호자와 만나는 영유아의 마음을 헤아려주고, 내일 다시 만날 것을 약속함	"○○, 엄마(아빠) 오셨네. ○○야 오늘도 ○○랑 같이 지내서 즐거웠어. 우리 내일도 다시 만나자."

3) 아동학대

(1) 아동학대 실태

아동학대는 아동발달에 부정적인 영향을 줄 뿐만 아니라 한 사람의 전생에 걸쳐 영향을 줄 수도 있을 정도의 심리적 상처를 남기기 때문에 예방되어야 할 뿐만 아니라 학대가 발생했을 때 조기에 학대의 문제가 해소되어야 한다. 그러나 아동은 학대상황에 대한 이해가 부족할 뿐만 아니라, 3세 이하의 아동인 경우 자신의 의사를 말로 표현하기가 어렵기 때문에 아동학대가 발견되기 어려울 수 있다. 더구나 영아의 경우에는 작은 학대만으로도 사망으로 이어질 수 있기 때문에 아동 주변의 성인은 학대 가능성에 대해 민감하게 파악하고 적극적이면서 즉각적으로 대처해야 한다.

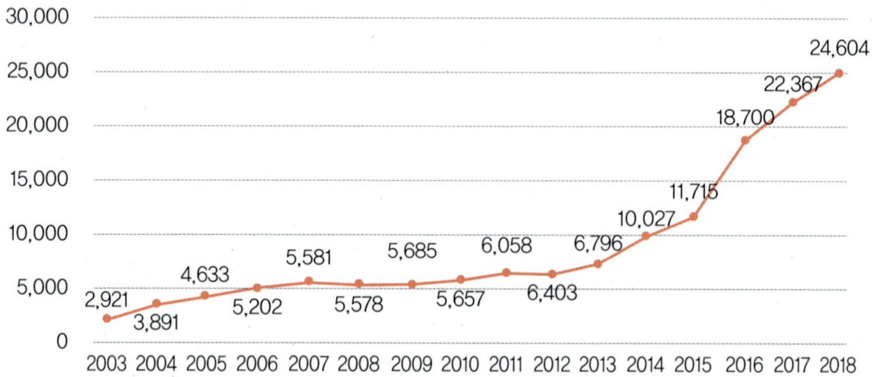

그림 1-1 | **연도별 아동학대 사례 신고 건수**

출처: 보건복지부, 아동보호전문기관(2019)

아동학대에 대한 통계를 보면 해마다 아동학대 신고가 가파르게 증가하고 있는 것을 알 수 있다. 아동학대의 사례 유형은 신체학대 · 정서학대가 가장 높게 나타났으며, 다음으로 정서학대, 신체학대 순으로 나타났다.

표 1-10 | 아동학대 사례 유형 단위: 건(%)

유형		건수(비율)
신체학대		3,436(14.0)
정서학대		5,862(23.8)
성학대		910(3.7)
방임		2,604(10.6)
중복학대	신체학대 · 정서학대	9,376(38.1)
	신체학대 · 성학대	63(0.3)
	신체학대 · 방임	254(1.0)
	신체학대 · 정서학대 · 성학대	199(0.8)
	신체학대 · 정서학대 · 방임	683(2.8)
	신체학대 · 성학대 · 방임	1(0.0)
	신체학대 · 정서학대 · 성학대 · 방임	11(0.0)
	정서학대 · 성학대	422(1.7)
	정서학대 · 방임	779(3.2)
	정서학대 · 성학대 · 방임	3(0.0)
	성학대 · 방임	1(0.0)
	소계	11,792(47.9)
계		24,604(100.0)

피해아동 연령의 경우 13~15세 아동이 가장 많은 비중을 차지하였으나 1~3세와 4~6세를 합한 영유아의 경우도 21%로 나타났다. 또한 학대행위자는 부모가 가장 높은 것으로 나타났고, 다음으로 대리양육자와 친인척 순이었다.

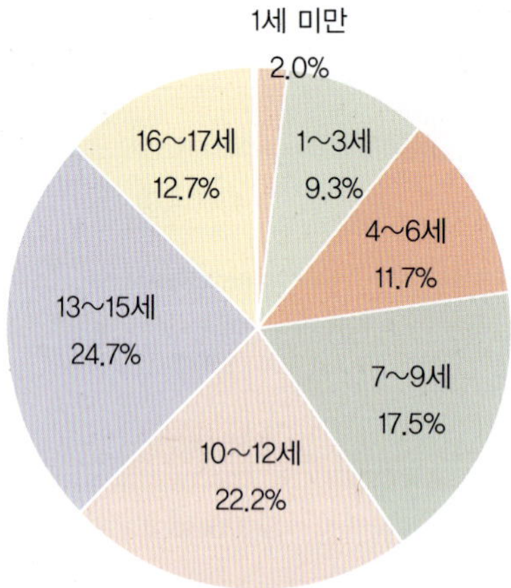

그림 1-2 | 피해아동 연령

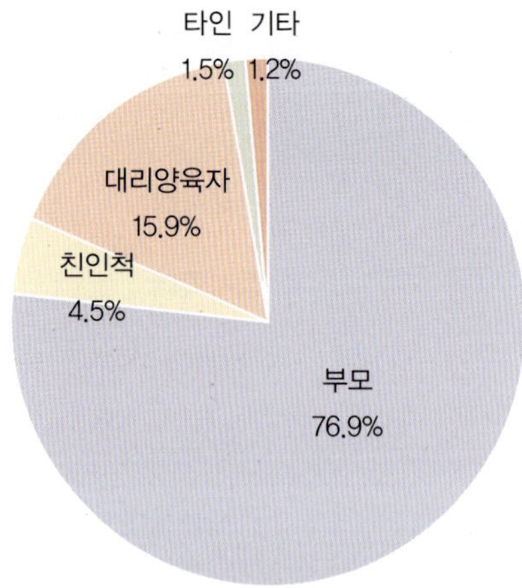

그림 1-3 | 학대행위자와 피해아동과의 관계

출처: 보건복지부, 아동보호전문기관(2019)

(2) 아동학대의 종류

아동학대는 보호자를 포함한 성인이 아동의 건강 또는 복지를 해치거나 정상적인 발달을 지체할 수 있는 신체적 · 정신적 · 성적 폭력이나 가혹행위를 하는 것과 아동의 보호자가 아동을 유기하거나 방임하는 행위이다. 다음은 아동학대의 종류와 내용이다.

표 1-11 | 아동학대의 종류와 내용

종류	내용
신체학대	보호자를 포함한 성인이 우발적 상황이 아닌 상황에서 신체 손상을 입히거나 신체 손상을 입도록 허용한 모든 행위로 멍, 화상, 찍힘, 골절, 장기파열, 기능 손상의 원인이 되는 행위와 물건을 던지거나 물건을 사용하여 때리기, 할퀴기 등 신체손상을 허용한 모든 행위
정서학대	보호자를 포함한 성인이 아동에게 행하는 언어적 모욕, 정서적 위협, 감금이나 억제, 기타 가학행위로 원망적 · 거부적 · 적대적 · 경멸적 언어폭력, 차별, 편애, 아동이 가정폭력을 목격하는 것과 같은 모든 언어적 · 정신적 · 심리적 행위

종류	내용
성학대	보호자를 포함한 성인이 자신의 성적 충족 목적을 위해 18세 이하의 아동에 건강과 복지를 헤치거나 정상적 발달을 저해할 수 있는 성적 폭력이나 가혹행위로 성적 유희, 성적 접촉, 보호자의 부부행위, 자위행위를 목격하는 등의 모든 성적 가혹행위
방임	아동이 위험한 환경에 처하거나 충분한 영양을 공급받지 못해 발육부진, 치명적인 결과 및 사망하는 행위로 기본적인 의식주를 제공하지 않거나, 상해나 위험에서 아동을 보호하지 않음. 고의적 반복적으로 아동의 양육을 하지 않거나, 소홀히 하는 행위 • 물리적 방임: 불결한 환경이나 위험한 상태에 아동을 방치 • 교육적 방임: 학교 준비물을 챙겨주지 않거나, 교육적 욕구를 소홀 • 의료적 방임: 필요한 의료적 처리를 하지 않거나, 필요한 경우에도 예방접종을 안 함. 장애아동에 대한 치료적 개입 거부

(3) 아동학대 발생 요인

아동학대의 발생 요인은 가정 · 사회적 요인, 부모요인, 아동요인 등으로 나누어 볼 수 있다. 이러한 요인들은 서로 상호작용을 하고 있어서 복합적으로 작용하는 경향이 있다. 그러나 어떤 요인이 자녀양육의 어려움을 갖게 할 수는 있으나 학대의 이유나 합리화가 될 수는 없으며, 인간으로서 아동의 존엄성을 짓밟고 아동의 권리를 파괴하는 아동학대는 처벌되어야 한다.

표 1-12 | 가정에서 아동학대 발생 요인

요인	내용
가정 · 사회적 요인	가족관계 구조의 문제, 사회 전반의 문제가 복합적으로 상호작용
부모 요인	아동발달에 대한 지식 부족, 경제적 어려움. 병치레 등 가정 내 위기와 부모의 욕구가 충족되지 못하거나 스트레스를 받음
아동 요인	신체적 · 정신적 · 기질적으로 특이하거나 장애를 가진 아동. 보채거나 밤에 자지 않거나, 음식을 먹지 않는 등의 이유로 부모를 지치게 함

그러나 사회 전반적으로 교육과 보육에 대한 학부모들의 기대가 높아져 서비스직처럼 사소한 일에도 불만이 야기되어, 교사들에게 부정적인 시선을 보내거나 신뢰관계를 깨뜨리게 되고 교사들의 자존감과 직업정체성을 떨어뜨린다(이명순, 2017). 김난경(2017)이 제시한 어린이집에서의 아동학대 발생요인을 표로 정리하면 다음과 같다.

표 1-13 | 어린이집에서 아동학대 발생 요인

발생 요인	내용
어린이집 요인	• 운영에 있어 전문성의 부족 • 전문성을 갖춘 보육교사 채용의 어려움 • 물리적 환경 • 전문기관 연계 등의 자원 부족
교사 요인	• 보육교사 자신의 자질 • 전문성 결여 • 과중한 업무로 인한 스트레스 요인
영유아 요인	• 영유아의 문제행동 발달적 특징, 성향 등이 요인 • 부모의 양육태도와 과잉보호

「아동학대범죄의 처벌 등에 관한 특례법」에 따라 어린이집 교직원은 아동학대범죄 신고 의무자에 해당되며, 신고 의무를 소홀히 한 경우에도 처벌을 받을 수 있어 학대 징후에 대해 세심한 관심이 필요하다.

3. 보육철학

철학은 문학, 종교, 예술 등과 더불어 인간의 삶에 대한 깊은 통찰을 가능하게 해주는 학문으로(이유선, 2006), 우리는 인생에 대한 의미를 묻고 사고하는 철학을 통해 보다 풍요로운 삶을 누릴 수 있다. 교육철학은 일반적으로 교육과 관련된 문제나 현상에 대하여 철학적으로 사고하거나, 철학 개념이나 이념을 바탕으로 교육실천과 이론을 진단, 처방하는 규범적인 학문을 의미한다(김상섭, 2010; 오인탁, 1990; 이지영, 2011; 정영근 외, 2007; 어은정, 2013에서 재인용). 교육철학은 교육의 정의는 무엇이며, 교육의 목적, 학교의 의미, 교육에서 국가의 역할 등에 대한 문제에 관심을 갖고 탐구하여 왔다(Noddings, 2019). 따라서 교육은 고대철학에서도 사상의 중심에 있었으며, 이후 많은 철학자들이 철학사상에 교육에 대한 통찰을 담았는데, 듀이는 교육철학이 가장 기본적이고 중요한 철학이라고 주장하기도 하였다(Noddings, 2010).

교육철학과 연계하여 영유아보육에 있어서도 철학은 중요하다. 임상도(2011)가 유아교육철학의 가치를 열거한 것을 토대로 영유아보육철학의 가치를 정리해 보면 다음과 같다. 첫째, 보육철학은 영유아보육을 구성하는 개별 과학이 발견한 원리나 이론을 상호 연관시켜 영유아보육을 전체적으로 볼 수 있는 안목을 형성시킬 수 있도록 한다. 둘째, 보육현장에서 영유아교사가 우선순위를 정하거나 보육실 내 당면한 문제나 보육과정 운영의 문제를 해결함에 있어 본질적인 것이 무엇인가를 결정하는 데 기여할 것이다. 셋째, 영유아보육이 이론적 탐색과 목적론 연구보다 실제적인 활동을 강조한다는 비판에 대응하여 이론적 타당성을 제공하여 실제 활동의 폭을 넓혀 줄 것이다. 넷째, 영유아보육의 연구나 활동에 대한 새로운 제언을 해주고 보육이 나가야 할 방향을 설정해 줄 것이다. 다섯째, 기존의 영유아보육에 대한 비판적 사고를 제공함으로써 새로운 것을 수용하고 문제 제기를 할 수 있도록 도와줄 것이다. 유아교육철학을 분류할 때 유아교육철학사조와 유아교육철학사가 혼합되어 있는 경우가 있어 분류가 일치하지 않는 경우가 있다.

여기에서는 유아교육철학의 가치를 바탕으로 유아교육철학사에 영향을 미친 교육철학과 연계하여 보육철학의 흐름을 알아보기로 한다.

1) 이상주의

이상주의는 플라톤을 중심으로 한 관념론을 대표한다. 이상주의는 가치체계의 고정성을 주장하고 물질적 가치보다는 정신적인 가치를 최고로 보았다. 인간을 생물계의 한 종으로 조망하면 다른 동물과 같은 본능과 번식에 대한 욕구를 가지고 있다는 측면에서 공통적이지만, 정신과 영혼을 가지고 있으며 죽음을 예측하고 사후 세계에 대한 사고를 하는 등의 현실 세계를 초월하는 사고를 할 수 있다는 점에서는 동물과는 다른 존재이다. 인간은 현실세계의 불완전함을 이해하고, 그것을 극복, 초월, 개선하려는 의지를 가지고 있는데, 현실 너머 인간이 꿈꾸며 사고하는 세계는 현실적이기보다는 관념적으로 존재하는 세계이다(김인회, 2006). 그러므로 이상주의에서 말하는 이상이란 현실을 초월한 세계이며, 이상에 가까워질수록 완전해지고 선에 가까워진다. 그러므로 이상을 실현한다는 말은 현실 세계와 이상 세계의 기준과 일치하도록 만드는 것이다.

르네상스의 화가 라파엘로가 그린 [아테네 학당]이라는 그림에서 플라톤을 하늘을, 그의 제자였던 아리스토텔레스는 땅을 가리키고 있다. 이 그림은 서양철학사의 큰 줄기인 이상론과 실재론을 잘 표현해 주는 장면이다.

이상주의 철학자들은 공통적으로 불완전한 현

실 밖 완전한 현실이 존재한다고 믿었으며, 완전한 세계를 표상으로 하여 그곳을 닮을 수 있는 노력을 한다. 따라서 이상주의는 미래지향적이고 낙관적이며, 현실에 대하여 비판적이다. 따라서 이상주의에서는 현실적응보다는 이상실현을 목표로 현실의 원리에 지배되지 않으려 한다. 또한 인간성 속에 가장 선한 것을 추구하며, 교육을 통해 이상적인 사람으로 발달시키려고 노력한다. 따라서 교육내용은 불변의 가치라고 인정되는 것, 고전적인 요소들을 강조하며, 현실의 영향을 최대한 배제하고 가장 아름다운 것을 가르친다. 이러한 이상주의 철학자로 플라톤, 프뢰벨 등을 들 수 있다.

프뢰벨의 이상주의는 오늘날 보육철학을 정립하는 데 중요한 기반이 되고 있다. 예를 들어, 영유아는 신성을 가진 존재로서, 영유아 내면의 창조적 자기활동인 놀이가 자유롭게 표출될 수 있도록 은물과 작업을 제공한 일 등은 보육현장에 주는 시사점이 크다고 할 수 있다. 학자에 따라서는 프뢰벨을 자연주의 철학자로 분류하기도 한다.

그러나 이상주의 교육철학은 다음과 같은 한계점을 지닌다(김인회, 2006). 첫째, 부정적 현실관으로 인해 현실 세계에 대한 무관심이나 편견을 낳아, 인간을 관념의 노예로 만들 수 있다. 둘째, 이상적 인간의 양성을 강조한 나머지 현실에 적응하기 어려운 인간만을 양성할 수 있다. 셋째, 미래를 낙관적으로 보고, 현실을 부정적으로 보려고만 하는 절대주의적 성격을 지닐 수 있다.

2) 경험주의

철학사조로서 경험론은 아리스토텔레스의 실재론에서 비롯되었는데, 그의 철학적 방법은 객관적이고 과학적으로 사회적 생활의 객관적 사실 속에서 진리를 찾기 위한 방법이었다(임태평, 2000). 경험주의 교육은 실재를 바탕으로 교육을 하자는 의미이며, 경험은 스스로의 관념과 기준을 발전시키면서 성장할 수 있는, 즉 자율적이고 창조적인 것이 된다. 듀이는 경험 자체에 내재하는 자율적으로 창조적인

듀이

힘을 지성이라고 부르면서 합리성의 기초인 이성을 이러한 지성으로 대치하였다.

경험주의 교육을 추종한 하나의 시대적 흐름으로 미국에서 발전한 것이 진보주의다. 진보주의는 외적인 통제와 훈육, 암기를 통한 반복 훈련 등을 강조하는 유럽의 교육관에 반발하여 탄생하였다. 이들은 아동을 성인의 축소판으로 보지 않고 고유한 세계를 가진 독립적인 존재로 본다. 진보주의자들은 인간과 사회의 진보에 관한 신념을 가지고 있으며, 진보란 넓은 의미에서 변화를 뜻하는 것이고, 변화를 자연의 법칙으로 본다. 이들은 긍정적이고 발전적인 개선 방향에 관심을 기울이며, 교육은 개인과 사회를 향상시키는 가장 강력하고 중요한 역할을 한다고 보았다(이성호, 1998). 따라서 아동의 관심이나 필요를 파악하고 이를 토대로 자연스러운 성장을 돕는다. 교육에서 교사의 권위보다 아동을 우선적인 위치에 놓기 때문에 아동중심 교육사조로 불린다. 동시에 이들은 지나간 과거나, 불확실한 미래보다 현실에 집중하며, 교육이 현재의 문제를 해결하는 데 도움이 되어야 한다고 보았다.

교육에서 성장이란 경험을 계속적으로 재구성해 가는 과정이며, 교육적으로 유의미한 경험은 학습자들이 자신의 행위 결과를 비판적인 사고로 검토하는 것으로 이뤄지기 때문에 '반성적 경험'은 교육의 핵심이 된다(우정호, 강흥규, 2005). 지식은 반성적 사고의 결과이며, 지식은 그 자체가 목적이 아니라 경험하는 과정에서 사용되는 도구이며, 반성적 사고에 의해 다시 탐구되어야 할 자료이다. 따라서 아동은 지식형성의 주체이며, 아동이 반성적 사고를 통해 지식을 형성할 수 있도록 구체적 경험사태를 제공해 주어야 한다(나성식, 2004).

경험주의의 교육 내용을 요약하면 다음과 같다(이성호, 1998). 첫째, 교육은 삶에 대한 준비가 아니며, 삶 그 자체이다. 둘째, 학습은 반드시 학습자의 관심이나 욕구와 직결되어야 한다. 셋째, 교육에서 구체적인 교과의 내용보다 문제해결력을 증진시키는 것이 더 중요하다고 보았다. 넷째, 교사는 교육을 제공하고 지시하는 존재가 아니라, 아동의 성장을 도와주는 존재이다. 다섯째, 학교는 경쟁보다 협동을 강조하고 격려해야 한다. 이러한 경험주의 교육철학자로 로크(John Locke), 듀이(John Dewey), 킬패트릭(William H. Kilpatrick) 등을 들 수 있다.

특히, 듀이의 아동중심 · 경험중심 교육론은 보육에 있어서 영유아의 권리존중, 보육 경험이 영유아 성장 · 발달에 미치는 영향력 등을 심도있게 이해하고 실천하도록 하는 데 큰 기여를 했다고 볼 수 있다.

3) 자연주의

자연주의 인간관은 18세기 독일에서 개성의 완성을 지향하는 교육으로 발달하였고, 개인을 소우주로 보는 인간존엄 사상으로까지 발전하였다. 자연주의 아동교육철학자로 루소(Jean-Jacques Rousseau)와 페스탈로치(Johann H. Pestalozzi), 프뢰벨(Friedrich W. A. Fröbel)을 들 수가 있다. 이들은 유아교육사에서 중요한 비중을 차지하는 교육자들로 루소가 자연주의의 철학적 기초를 세우고, 페스탈로치가 이를 사회와 접목하여 실천하였으며, 프뢰벨은 이를 유아교육의 실제적인 활동과 교육 내용으로 구성하였다.

자연주의 철학의 기초를 세운 루소는 인위적이고 형식적인 삶 속에 가려진 '본질적 인간존재를 소외시키는 인위성'에 반항하며 인간의 본원적인 특성과 생동적인 삶을 추구하였으며, 이런 측면에서 낭만주의 교육자로 불린다(염정은, 2018). 낭만주의 교육철학은 인간의 유기적인 성장을 중요시 여기며, 인간은 본래 선하며 이 선함을 자연스럽게 펼칠 수 있는 환경을 조성하여 선함의 가능성을 억압하지 않는 것이다. 다시 말해 인간을 식물과 같이 내부의 법칙에 따라 자연스럽게 성장하는 것으로 본다. 루소는 교육 목적과 내용, 방법을 모두 자연의 원리에서 찾아냈으며, 자연을 따르는 교육이 인간을 가장 자유롭고 행복하게 만든다고 보았다. 따라서 아동의 천성에서 우러나오는 흥미와 생활의 필요에서 나타나는 자연스러운 활동이 교육 내용이 되어야 한다고 주장하였다(이채연, 2003). 이에 따라 루소는 소극적 교육을 주장하였는데 소극적 교육은 사회의 미덕이나 진리를 주입시키는 것이 아니라 마음을 악으로부터, 정신을 과오로부터 지켜주는 것을 의미한다.

페스탈로치는 자연이란 인간의 근원적이고 내적인 것, 또는 선하고 인위적인 것이 아닌 것 혹은 사회의 구속이나 규제가 없는 상태를 의미한다(강창석, 2003). 그는 교육의 목적을 인간성의 내면적 능력을 인간의 지혜에까지 향상시키는 것으로 인간을 동물적 상태와 사회적 상태의 두 단계를 거쳐 도덕적 상태에 도달하게 하는 것이라고 하였다. 그는 인간 본성은 순수한 자연의 질서에 따라야 하며(권정민, 1992), 인간은 자연의 길을 따라 고유의 본성을 의미하는 감정과 내면에 있는 힘을 발전시켜 나간다고 보았다. 따라서 자연을 가꾸어 줌으로써 선한 자연의 힘을 발전시키고 인격을 완성해 가는 과정이라고 보았다. 인간이 자연 속에서 활동을 하는 것은 인간의 본성, 이른바 신성을 되찾는 일이 된다(강창석, 2003). 페스탈로치의 자연에 내재한 신성의 의미는 프뢰벨에게 영향을 주었다.

프뢰벨에게 있어 자연은 신성으로 표현되며 자연은 통일성의 법칙을 따른다(김은하, 2013). 통일성의 법칙은 모든 자연법칙을 포괄하고 대표하며, 우주는 통일성의 법칙에 따라 움직인다고 하였다. 또한 교육은 선한 품성을 바탕으로 아동이 본디 가지고 있는 선함을 지켜내는 것으로 아동에 대한 이해와 신뢰를 바탕으로 한다. 따라서 아동을 아동 그 자체로 이해하고 인정하며, 자연의 한 부분으로 인간에게 내재된 자연적 성장 가능성이 발현될 수 있도록 돕고 기다리는 것이다. 신이 유아에게 부여한 신성한 능력은 자발적 자기 활동이다. 교육은 유아의 자연적 본성에 일치시키는 것으로부터 시작되어야 하며, 유아의 자연적 발달을 규제하고 제한하고 방해하는 교육은 정상적인 유아의 자연적 본성에 해로운 영향을 미치므로 그런 교육은 배제되어야 한다고 생각하였다(김은하, 2013). 따라서 유아의 자연적 본성인 자발적 자기 활동은 유아발달의 원천으로 놀이를 할 때 최상의 자기 발달이 일어나고 유아발달도 최고의 수준에 도달하게 된다고 하였다.

루소

페스탈로치

프뢰벨

4) 항존주의

항존주의는 영원주의로 불려지기도 하는데, 영원히 불변하고 항존하는 신념을 아동들에게 가르치려는 신념을 바탕으로 한다. 항존주의자들은 물질주의, 과학에 대한 지나친 맹신 등이 인간성을 상실시키고, 현대 문명의 위기를 초래했다고 비난하며, 진보주의가 아동을 방임하고 있다고 주장하였다. 항존은 '영원' 혹은 '불변'의 의미를 지닌 진리의 절대성과 불변성을 설명하는 단어로 미국의 실용주의에 반발하는 사조로 출발하였다고 알려졌으나, 그 뿌리는 고대와 중세까지로 올라간다. 항존주의자들은 인간의 본질도 불변하고, 진리도 불변하기 때문에 인간은 불변의 진리에 적응하는 것이 필요하다고 보았다. 항존주의는 기본적으로 인간을 이성적인 존재로 간주하고, 참다운 인간성을 회복시키는 것이 교육의 목적이라고 보았다. 따라서 이성적인 사람을 만들기 위해 인간의 사고능력을 발전시켜야 하며, 교육의 임무는 지성을 함양시키는 것이라고 보았다.

항존주의 교육사상의 핵심을 다음과 같이 세 가지로 정리할 수 있다(김도일,

2010). 첫째, 전인교육이다. 어린 시절부터 이 세상에 남아있을 영원한 것을 학습해야 하며, 전인교육을 통해 사회의 개혁을 이룰 수 있다. 둘째, 고전교육이다. 가치 있는 고전교육을 통해 모든 인간을 위한 교양교육, 시민교육이 필요하다. 고전교육은 어린 시절부터 시작하여 평생을 통해 꾸준히 고전서를 읽으며, 인류공동의 목표를 달성하는 데 필요하다. 셋째, 인간해방이다. 교육의 지나친 세속성과 직업교육에서 벗어나 교육은 인간의 원리와 의무를 일깨우는 교육이 되어야 한다고 보았다.

항존주의자들은 아동중심교육을 배척하였는데 인간의 욕망을 제어하고 이성을 계발하는 과정을 교육의 중요한 부분으로 보았기 때문에 아동에게 교육경험의 선택권을 주는 것은 옳지 못하다고 주장하였다(이성호, 1998). 항존주의 교육자는 허친스(Robert, M. Hutchins)와 마리탱(Jacques Maritain), 애들러(Mortimer J. Adler) 등이 있다.

보육철학에 있어 항존주의를 표방하기는 어려우나, 인성교육의 한 방안으로 기본생활습관 형성을 위해 일관성있게 정해진 원칙과 규칙을 지키도록 강조하고 실천하는 내용은 항존주의의 한 예라고 볼 수 있다.

허친스

마리탱

애들러

5) 실존주의

실존주의 교육철학은 인간의 본질, 삶의 태도, 삶의 의미 등을 깊이 추구하고 있는 실존주의에 입각하여 우리의 진정한 창의성과 개성을 다시 찾는 교육을 모색하고자 시도하는 것이다.

실존이란 추상적 이론이나 일반화되고 평준화된 객관적 가치를 거부하는 구체적이고 역동적이며 개성적이고 주체적인 본 모습 그대로의 삶의 양태를 말한다(진석수, 2014). 실존주의의 중요한 개념은 선택과 자유이다. 두 가지 이상의 선택의 길에 놓여 있을 때 자유가 시작되며, 인간은 자유로운 선택을 통하여 자신을 형성해 나가고, 자신이 되고자 하는 대로 되는 것이다. 인간은 태어나면서 자유를 갖는 것이 아니라, 자유라는 상태에 들어서 있는 것이다.

실존주의 교육의 가치는 다음과 같다.

첫째, 자기실현과 자기인식이라는 주체성을 강조한다. 둘째, 내면세계를 키워주는 인격을 닦는 전인교육을 강조한다. 셋째, 가치는 자유로운 선택에 의해 인간이 창조한다. 넷째, 자기체험을 통한 자기 극복을 중시한다.

또한 실존주의 교육의 특징은 첫째, 영혼과 영혼의 맞부딪힘이며, 실존주의 교사는 아동들에게 자신이 세상의 무엇과도 바꿀 수 없는 인격적인 존재라는 것을 자각시키고, 아동들은 자신이 배우는 지식을 자유로이 선택한다. 둘째, 실존주의 교육은 획일화된 집단 속에서도 개인의 독자성을 찾도록 시도한다. 셋째, 실존주의 교육은 그 중심이 되는 대상이 인간이라는 점에서 교육학적 인간관과 무관할 수 없다. 넷째, 실존주의 교육은 인간이 자유로운 존재라는 사실을 통해서 자아형성의 과정에서 스스로 절대적 책임을 지는 선택과 결단을 내리며 잠재적인 독창성을 전개한다.

부버

몬테소리

다섯째, 실존주의 교육이 추구하고 있는 진리는 보편타당한 진리가 아니라 나의 영혼을 구제하고 움직일 수 있는 진리이다. 따라서 자유는 교육의 대전제이며, 이러한 자유를 바탕으로 학습자들은 학습에서 주체성을 실현시킬 수 있다. 그러나 자유는 무한대가 아니라, 다른 사람의 자유를 침해하지 않는 한도 내에서 자신이 원하는 것을 하는 것이기 때문에 누구도 사회적 자유를 완전하게 누릴 수는 없다(박용석, 2011). 이와 같은 실존주의 교육철학자로 볼노우(Otto F. Bollnow)와 부버(Martin Buber), 몬테소리(Maria Montessori) 등을 들 수 있다.

몬테소리는 오늘날 유아교육 및 보육의 철학을 정립하는 데 큰 기여를 한 교육자이다. 그는 영유아가 내적 생명력이 있는 존재이며, 이 생명력을 스스로 발현해 나갈 수 있는 존재라고 보았다. 이 존재에게 중요한 것은 자유와 선택을 허용하되, 한계를 설정하여 책임감을 기르고, 능동적으로 놀이를 통해 자동교육을 함으로써 정상화에 도달하는 것이라고 주장하였다.

4. 21세기 사회의 특징과 보육

21세기는 빠르게 변화하고 있으며 그 속의 구성원으로서 미래를 전망하기도 어려운 실정이다. 동시에 새로운 기기와 프로그램의 개발로 인해 상상으로만 하던 일들이 현실이 되는 세상을 살아가고 있다.

여기에서는 21세기 사회에 대한 예측은 학자들에 따라 다르지만, 과학기술, 경제, 환경, 인구의 측면에서 그 특징을 살펴보기로 한다.

1) 제4차 산업혁명 시대와 인공지능

2016년 다보스포럼에서는 제4차 산업혁명을 디지털, 물리적, 생물학적 영역의 경계가 없어지면서 기술이 융합되는 시대로 '인류가 한 번도 경험하지 못한 새로운 시대'라고 정의하였다. 제4차 산업혁명은 물리학, 디지털, 생물학 기술을 기반으로 다양한 과학기술이 융합되어 개인만이 아니라, 경제, 기업, 사회, 문화 전 분야에 패러다임의 변화를 가져올 것이며, 이로 인해 국가, 기업, 산업 간에 그리고 사회 전반적인 시스템에 변화를 가져올 것이다. 제4차 산업혁명의 가장 큰 특징은 인류가 경험했던 1, 2, 3차 산업혁명을 통한 패러다임의 변화에 비해 가장 광범위한 분야에서 빠른 속도로 진전된다는 것이다(Schwab, 2016).

제4차 산업혁명 시대에는 연결이 중요한데, 사람과 사람, 사람과 사물, 사물과 사물, 공간과 공간이 이어지는 연결이 혁신을 주도하게 될 것이며, 상호 연결을 통해 모든 관계 사이의 거리를 좁히는 것이 필요하다. 제4차 산업혁명이 인류에게 혁신적인 변화와 더불어 정보와 문화의 편리한 사용과 소비패턴의 변화, 도구를 사용하여 신체능력의 극대화를 가져올 것이지만 사람들이 할 일을 기계가 대체함으로써 일자리는 줄어들게 되어 직업군의 변화와 양극화 현상이 발생할 것이다. 김진형(2016)은 길어진 인간 수명, 스마트 기계의 범람, 컴퓨터가 일상이 되는 새로운 미디어 생태계의 조성을 제4차 산업혁명 시대의 특성으로 예측하였다.

AI와 인간의 경계가 모호해질 수 있다

제4차 산업혁명 시대는 인공지능, CPS (Cyber-physical System), 사물인터넷과 빅데이터가 중요한 기술로 손꼽히며, 그중 핵심기술은 인공지능이다. 인공지능은 컴퓨터가 인간과 같이 사고하도록 하거나 인간의 사고과정이나 지적활동을 대신하도록 고안된 장치로 인공지능은 목표설정, 계획수립, 가설 세우기, 분석 등 다양한 지적활동을 수행한다. 인공지능은 우리의 삶을 근본적으로 바꾸어 놓을 것이고, 다양한 소프트웨어가 광범위하게 사용되어 창조적 혁신이 일어나는 소프트웨어중심 사회가 될 것이다. 그로 인해 막대한 정보의 양을 스스로 분리하고 처리하는 인공지능이 딥러닝과 빅데이터 기술을 접목하여 인간처럼 학습하며 사고할 수 있을 것이다. 인공지능은 자료의 분석을 통해 최적화되고 정확한 예측 모델을 만들어 미래에 대한 구체적인 가치를 창출해 내고 산업 생태계 전반을 바꾸어 놓게 될 것이다(박도훈, 2019). 더불어 하이테크와 바이오테크를 결합한 인공지능을 탑재한 로봇이 진화를 거듭하면서 유기체와 통합되거나 단백질 기반의 인공생명으로 탈바꿈하게 될 수 있다고 예측되기도 한다(고장원, 2017).

영유아기부터 다양한 정보를 접하게 되는 영유아들은 정보 자체가 뇌에 커다란 영향을 미치는 시대에 살게 된다. 따라서 영유아들은 어린 시절부터 다양한 멀티미디어 기기를 통해 정보를 받는 것에 익숙해진 세대로 성장하는 것이다. 교육에서는 정보를 조작하고 연결하는 창의성과 상상력을 지원함과 동시에 공동체 정신을 통하여 함께 연대하고 심화되는 불공평을 해결하려는 의식도 필요하다. 다니엘 핑크(Daniel Pink, 2020)는 미래 인재의 여섯 가지 조건으로 의미, 디자인, 스토리, 공감, 조화, 놀이를 들었다. 따라서 교육에서의 전통적인 인재상과 교육방식에서 벗어나 새로운 시대의 패러다임에 맞는 인재 양성으로의 교육의 전환을 모색해야 한다.

2) 기후 변화

기후 변화란 장기간에 걸쳐(대체로 수십 년 또는 그 이상) 지속되면서, 기후의 평균 상태나 그 변동이 통계적으로 의미 있게 변화하는 것을 말한다. 기후 변화의 원인으로는 먼저 자연적인 원인으로, 기후시스템 요소의 변화와 요소 간의 상호 작용에 의해서 발생하며, 대표적인 예로 화산분화에 의한 성층권의 에어로졸 증가, 태양 활동의 변화, 태양과 지구의 천문학적인 상대 위치 변화 등이 있다. 이는 기후

시스템의 5가지 주요 구성 요소(온도, 습도, 강수, 풍속, 낮 길이) 및 대기권, 수권, 빙권, 지권, 생물권에서 각 요소들이 각기 상호작용하여 끊임없이 변화하기 때문이다.

두 번째 인위적인 원인으로 인간 활동, 특히 공장이나 가정에서의 화석연료 연소와 생물체의 연소 등이 대기 구성 성분에 영향을 주는 것으로 온실가스와 에어로졸의 증가인데, 전 세계 온실가스 배출량을 보면 1970년부터 2011년까지 40여 년간 배출한 누적 온실가스가 1970년 이전 220년 동안의 누적 배출량과 비슷하다. 그 이외에 염화불화탄소(프레온가스) 및 기타 불소 화합물, 브롬 합성물 등의 방출이 오존층을 감소시키며, 도시화와 무리한 토지 개발이나 산림채취 등으로 인한 토지 이용의 변화는 지구 표면의 물리적 · 생물학적 특성에 영향을 준다. 기후 변화는 종 다양성의 위기, 자연재해, 환경오염 등을 야기하는데, IPCC(Intergovernmental Panel on Climate Change)의 5차 보고서에 따르면 지구 온난화, 대기와 해양은 따뜻해지고, 눈과 빙하의 양이 줄어들어 해수면 높이가 상승하였으며, 온실가스의 농도는 증가하였다. 기후 변화는 건강, 재난/재해, 농업, 산림, 해양/수산업, 물관리, 생태계, 기후 변화 감시 · 예측, 적응산업/에너지, 교육홍보, 국제협력 등 다양한 부분에 영향을 주는데 이를 표로 정리해 보면 다음과 같다(국가기후 변화적응정보포털, 2020).

표 1-14 | 기후 변화의 영향과 내용

분류	내용
건강	• 폭염 및 자외선으로 인한 건강 악화, 피부암, 백내장 등 암 발생 • 기상재해로 인한 대형재해 증가 • 지구온난화로 인한 전염병 증가 • 대기오염으로 인한 독성물질 및 화학물질 증가 • 유해물질 노출, 대기오염으로 인한 아토피, 천식 등 환경성 질환자 증가
재난/재해	• 강우의 시 · 공간적 특성 변화로 인한 예측의 어려움 • 홍수피해 대형화, 해수면 상승 • 가뭄, 폭설, 폭염

분류	내용
농업	• 식물재배 적지의 이동 • 곡물 수급 구조 불안 및 곡물가 상승 • 아열대형 해충 유입
산림	• 산사태 증가 • 고온, 가뭄으로 인한 수목 스트레스와 병 · 해충 취약 • 산불의 위험성과 대형화
해양/수산업	• 연안 및 해수면 상승 • 어종과 해조류의 변화 • 갯벌 생물의 서식 환경 변화 • 해수면 온도 상승으로 인한 유해생물 증가와 어업 피해
물관리	• 수온상승으로 인한 수생태계 교란 • 홍수의 발생 빈도 증가 • 가뭄과 물 부족 현상 심화 • 수질오염, 독성 증가
생태계	• 서식생물 및 생태계 변화 • 멸종 위기
기후 변화 감시/예측	• 극단적인 홍수와 가뭄과 같은 위험하고 예측할 수 없는 상황 증가 • 기온, 강수량, 풍속 등 기후 변화의 현상이 국지적 차이에 따라 다르게 발생
적응산업/에너지	• 신재생 에너지 모색
교육홍보/국제협력	• 교육홍보의 필요 • 기후 위기에 대한 국제간 협력을 통해 기후 변화에 취약한 개도국 지원

따라서 이를 극복하기 위해 국제적으로 지속 가능한 발전 추구, 녹색도시 조성, 녹색산업 지원 등에 중점을 두고 있다. 따라서 교육에서도 인류의 존립마저 위협하는 기후 변화에 대한 심각성의 인식과 기후 변화에 대한 지식을 학습하

고, 학습자들이 자신이 살고 있는 지역사회를 중심으로 스스로 탐구하고 문제를 해결해 보는 경험을 가질 필요가 있다. 더불어 재생에너지와 대체 가능한 에너지의 필요성 인식, 친환경적인 소비, 생태계 교육 등을 내용으로 하여 지구 내에서의 인간의 삶에 대한 인식을 할 수 있는 교육이 필요하다.

이상기온으로 인한 기후의 변화는 예측하기 힘들 정도로 지구촌 전체에 영향을 미치고 있다.

3) 뉴노멀 시대

뉴노멀(New Normal)은 경제, 사업 용어로 세계 금융위기와 세계 경제의 침체기를 지나면서 만들어진 새로운 경제적 기준을 의미한다. 즉 저성장, 저소득, 저수익, 높은 불확실성, 고위험을 특징으로 하는 새로운 경제적 기준을 의미하는 것으로 이전에는 비정상적인 것으로 보였던 현상이 표준이 되어가는 것을 의미한다. 특히 세계화에 따른 물적, 인적, 자본의 자유로운 이동, 베이비 부머의 퇴직과 저출산으로 인한 소비 위축은 더욱 강화될 전망이다. 구교준과 이용숙(2016)은 뉴노멀 시대의 위기로 저성장 시대의 양극화, 저출산, 저성장, 급속한 기술 변화와 경제환경의 불확실성 등을 지적하였다. 올드노멀과 대비하여 뉴노멀 시대를 정리하는 다섯 가지 새로운 표준에 대해 기술하면 다음과 같다(서용구, 2019).

- 성장에서 지속 가능성으로: 소비에서 중단없는 소비가 올드노멀이었다면 투명성과 윤리의식이 높아지는 '지속 가능성'이 뉴노멀의 핵심 내용이다.
- 결과중심에서 과정중심으로: 결과만 좋으면 과정은 무시되었던 시대를 올드노멀이라고 한다면 불확실한 내일을 위해 오늘을 희생하기보다 현재의 만족하고 즐거운 삶을 중시여기는 철학으로 변하였다.
- 전문화에서 융합으로: 과거에는 고성장 경제에서 시장을 세분화하고 쪼개어 수익을 창출하는 '선택과 집중'이 중심이었다면 넓은 시야로 사물을 보는 융합적 접근과 그에 걸맞은 여러 가지 노하우와 기술을 적용하여 새로운 가치를 만들 수 있는 융합형 인재의 시대이다.
- 권위(authority)에서 창발(emergence)로: 창발은 조그만 변화가 거대한 결과를 가져온다는 의미로, 과거에는 상사와 임원의 성공 경험과 지식이 효과적이었다면 연결성과 변동성이 커진 시장에서 유연성을 가진 인재가 제공하는 지식이 거꾸로 위의 선배나 임원들에게 영향을 줄 수 있다.
- 소유에서 공유로: 상품이 부족하던 시절에는 자본주의 사회에서 많은 소유가 부의 척도이었지만, 환경오염과 빈부격차가 커지는 상황에서 공유라는 개념이 확대되어 판매자와 구매자 소유자와 사용자의 경계가 모호해지는 '공유'가 새로운 가치로 부각되고 있다.

공유주방이나 공유스쿠터는 공유경제의 예이다

따라서 뉴노멀 시대 위험극복의 핵심은 혁신과 다양성이라고 할 수 있다. 혁신은 새로운 것을 만들어내는 것뿐만 아니라 이미 존재하는 것을 새로운 방법으로 활용하는 것을 모두 포함하는 개념으로(Schumpeter, 1947) 교육 분야에서는 이를 위해 창의성과 다양성을 높여야 한다. 다양성은 혁신의 가능성을 높여주고, 문제해결능력을 향상시켜 생존의 가능성을 높여 새로운 성장의 원천을 제공해준다(구교준, 이용숙, 2016).

4) 저출산과 고령화

인구고령화 현상은 전 세계적인 추세로 우리나라의 인구고령화는 다른 나라보다 빠르게 진행 중인데, 2016년 통계청 인구주택총조사 결과에서 처음으로 우리나라의 고령자인구가 유소년인구보다 많아졌다. 이미 2000년 고령화 인구비율이 7%를 넘어 고령화사회에 진입한 이래, 2018년 고령인구 비율이 14%를 넘는 고령사회에 진입하였고, 2025년에는 고령인구 비율이 20%를 넘는 초고령사회에 진입할 것으로 전망되고 있다. 이는 주요 선진국들이 고령화사회에서 고령사회가 되는 기간이 프랑스 115년, 독일 40년, 일본 24년이 걸린 데 비해, 우리나라는 18년 만에 고령화사회에서 고령사회로 진입하여 급속한 고령사회로의 전이를 보여준다.

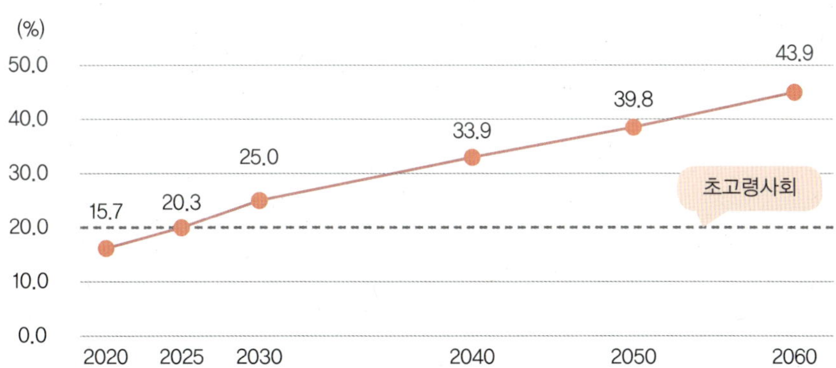

그림 1-4 | 전체 인구에 대한 고령인구(65세 이상)의 비중

출처: 통계청(2020b)

빠른 변화는 준비 없이 고령사회에 진입한 노인들의 노후대책이 부족함에 따라 노인 빈곤화를 촉진시킬 것이다. 실제로 우리나라 노령인구의 빈곤율이 다른 나라에 비해 상대적으로 높게 나타나고 있다. 이런 고령인구의 증가는 의료비와 복지비용의 부담을 증가시켜 이들을 부양해야 하는 세대들의 어려움으로 인한 세대갈등을 야기할 소지를 안고 있다.

그림 1-5에서는 노인이 차별을 받는 집단에 속해 있는 것을 보여주며, 그림 1-6은 노인의 삶의 만족도가 13세 이상 64세 이하 연령의 집단에 비해 낮은 것을 보여준다. 따라서 노인의 낮은 사회적 위치와 삶에 만족도을 개선할 수 있는 지원이 필요하다.

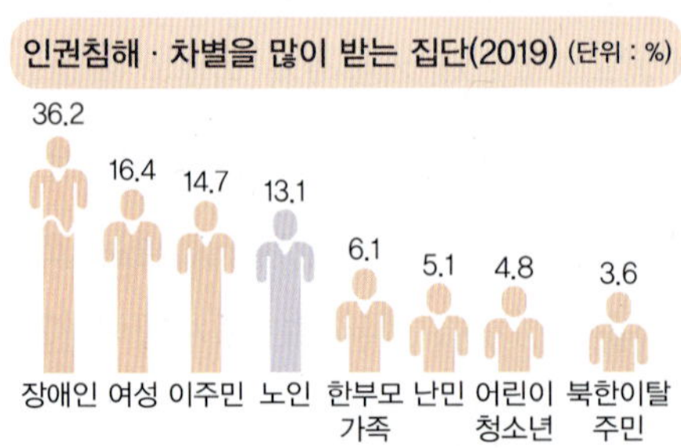

그림 1-5 | 노인의 사회문화적 환경 · 관계

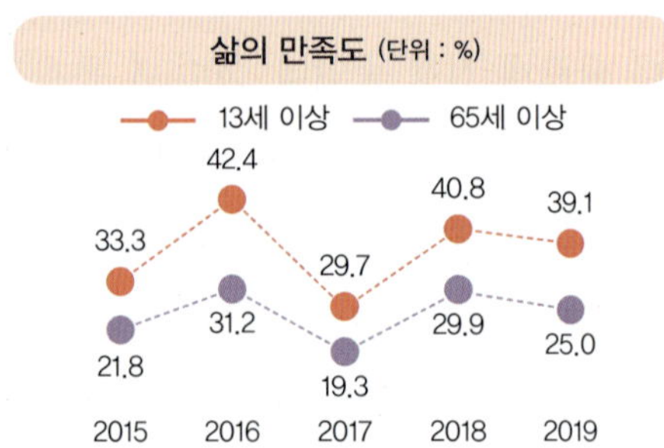

그림 1-6 | 노인의 주관적 웰빙

출처: 통계청(2020a)

그러나 노인이 되는 것이 쇠퇴하고 약해지는 것만을 의미하는 것이 아니라, 건강, 참여, 안전과 동반되는 '활기찬 노년(active ageing)'으로 개념의 전환이 이루어지고 있다. 이는 고령화로 인한 사회적, 국가재정적 부담을 줄이고 고령자 개인의 삶의 질 수준을 높이기 위해서 OECD, WHO(세계보건기구)에서 권고하고 있는 내용으로, WHO에서는 활기찬 노년을 '고령인구의 삶의 질을 높이기 위해 건강, 참여와 안전의 기회를 최적화하는 과정'이라고 정의하고 있다. 활기찬 노년을 위해 고령자의 건강수명을 연장시키고, 고령자 친화적인 근로 환경 조성과 양질의 일자리를 개발하고 사회로부터 고립을 막기 위한 노력과 생활의 질을 높이기 위해 건강관리와 돌봄, 온라인 활동 등의 지원이 필요하다(이재원, 2017).

고령화 현상은 출생자 수와 연관되어 있다. 고령화사회는 전체 인구에 대한 고령인구의 비율을 의미하기 때문에 출생자 수가 높으면 고령인구의 비율이 상대적으로 낮아진다. 그러나 우리나라의 저출산 현상은 갈수록 심해지고 있는데 2020년 합계출산율은 0.8명으로 우리나라 인구 통계에서 가장 낮은 출산율로 기록될 전망이다. 그러나 신종코로나바이러스 감염증의 영향과 낮은 취업률과 혼인율을 고려해 볼 때 이후의 전망은 더욱 어둡다(보건복지부, 2020).

저출산의 문제는 거시적인 대책과 미시적인 대책을 연계하여 논의해야 한다. 거시적으로는 양성평등의 확대와 여성경제활동 참여의 증가, 자녀출산과 양육비용의 증가 등의 변화 등에 따른 문제를 해결하고, 미시적으로는 높은 교육에 비해 노동시장 진출이 힘들어진 점, 성평등에 대한 욕구는 높으나 성평등 수준이 낮은 점을 개선해야 한다. 이삼식 외(2016)는 「결혼 · 출산 행태 변화와 저출산대책의 패러다임 전환」이라는 연구보고서에서 저출산대책 패러다임의 전환이 필요하다고 주장하였는데, 거시적으로는 학벌중심의 교육 패러다임의 전환, 양성평등하며, 능력위주, 일-가정 양립이 가능한 직장환경 조성, 주택을 소유에서 배분으로, 임신과 출산과 관련하여 생식건강증진, 보육의 공공성 등을 제안하였다.

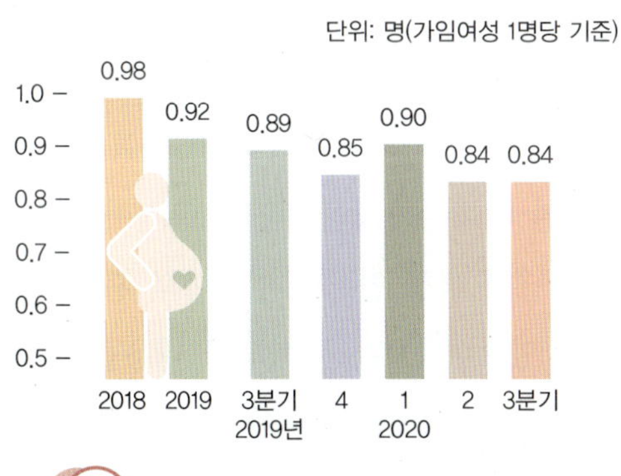

그림 1-7 | 합계 출산율 추이

출처: 연합뉴스, 2020년 11월 25일(https://www.yna.co.kr/view/GYH20201125002000044?input=1364m 인출)

5. 보육 경험과 영유아발달

영유아기의 경험은 전 생애에 걸쳐 영향을 미친다고 하여도 과언이 아니다. 어린이집에 다니는 0~5세 영유아기는 인생에서 중요한 발달과업을 이루는 시기이다. 따라서 보육은 영유아의 발달을 최선으로 고려하여 지원하는 방식으로 수행되어야 할 것이다.

보육은 영유아발달에 대한 지식을 바탕으로 하지만, 성인이 보기에 발달적으로 적합하다는 것만이 아니라 일상생활 속에서 영유아들의 발달적 요구를 수용하는 방식으로 제공되어야 할 것이다.

여기에서는 보육 경험과 영유아발달의 연관을 알아보고자, 영유아발달과 보육, 영유아발달에 대한 이론들 및 보육의 질적 요인에 대해 탐구해 보기로 한다.

1) 영유아발달과 보육

전미유아교육협회(NAEYC)에서 발달에 적합한 실제(DAP: Developmentally Approapriate Practice)에 대한 내용을 발표한 이래로 발달에 적합한 보육은 보육에서 가장 기초적이며 핵심적인 내용으로 이해되어 왔다. 발달에 적합하다는 것은 개인적합성, 연령적합성, 사회문화적 적합성이 모두 고려되어야 하는 부분이다. 다시 말해 영유아의 연령별 혹은 발달단계의 공통적인 발달 특성이 고려되면서 동시에 개별성과 영유아를 둘러싼 사회문화적인 환경의 특성까지도 고려되어야 한다는 것을 의미한다. 이러한 발달적 특성 안에는 영유아의 흥미, 요구, 성숙, 능력, 행동의 목표 등이 포함되어 있으며, 보육은 이러한 내용을 반영하여 구성되어야 한다. 따라서 발달에 적합한 보육실제는 영유아가 자신 흥미와 능력, 학습방법, 발달단계 및 생활 환경에서의 개인차를 인정하여 영유아의 발달욕구에 따라 자율적으로 과제를 선택하고 능동적으로 주변 환경을 탐색하도록 도움을 주고자 하는 보육활동이다. NAEYC에서는 발달에 적합한 보육실제를 통해 영유아보육의 바람직한 보육활동의 지침을 다음과 같이 제시하였다.

표 1-15 | NAEYC에서 제시한 발달에 적합한 실제의 내용

- 신체, 사회, 언어, 인지 등 모든 영유아의 발달영역을 통합하여 접근한다.
- 영유아가 능동적으로 주변 환경을 탐색하고 성인, 또래, 교재 · 교구들과 적극적으로 상호작용할 수 있도록 풍부한 환경을 제공한다.
- 상징적인 것을 학습하기 전에 구체적이고 실제적이며 영유아의 생활에 밀접하게 관련을 맺고 있는 실물을 가지고 실제 상황을 통한 놀이 기회를 주어야 한다.
- 활동을 제공할 때는 발달 정도에 따라 도전성, 복잡성, 난이도 등을 증가시키면서 교재 · 교구 활동을 제공해야 한다.
- 남녀 영유아 모두에게 다양한 교재 · 교구 활동을 제공한다.
- 영유아가 능동적으로 주변을 탐색하고 활동을 선택하는 경험을 얻도록 한다.
- 하루 일과는 활동적이고 조용한 활동들 간의 균형을 고려하여 계획되어야 한다.
- 다양한 집단을 구성한다.
- 실내 활동과 더불어 실외 활동이 모든 연령 시기의 영유아에게 제공되어야 한다.
- 발달적으로 적절한 보육과정 계획은 영유아의 특별한 요구 및 발달 상황에 대한 교사의 관찰과 기록에 근거해야 한다.

교사가 영유아의 연령별 발달 특징에 초점을 두어 보육활동을 제공한다면 활동의 융통성과 영유아의 개별성을 훼손할 수도 있다. 영유아기의 잘못된 교수는 가르치려는 시도 때문이 아니라 적절하지 않은 시기에 가르치려는 것이 문제이며, 부적절한 교육은 영유아에게 부정적인 영향을 미친다(Elkind, 1986). 따라서 발

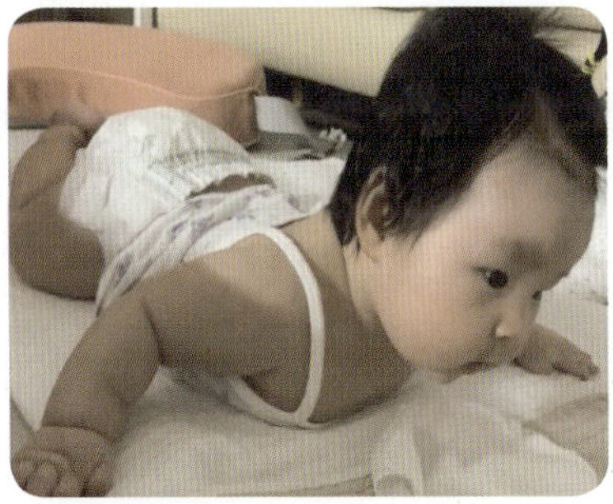

발달의 특성에 적절한 보육을 제공한다

달적인 이해는 영유아보육의 한계를 설정하기보다는, 발달보다 앞서가는 학습으로 인해 영유아가 스스로 배우는 기회를 빼앗지 않도록 하는 인식을 갖는 데 필요하다고 할 수 있다.

2) 영유아발달에 대한 이론

(1) 피아제의 인지발달이론

피아제

피아제(Piaget)는 구성주의 이론을 바탕으로 한 인간발달 이론의 체계를 세운 학자로 유아는 자신이 속한 세계를 능동적으로 탐색하고 조작하여 적극적으로 지식을 구성하는 존재라고 보았다. 그는 인간의 인지발달은 타고날 때 미리 계획된다기보다 환경과 상호작용하여 재구성되며, 인간 사고구조의 변화를 보는 것이 인간발달을 이해하는 것이라고 보았다.

① 주요개념

- 도식(schema): 도식은 인지적인 구조라고 할 수 있으며, 도식을 통해 환경에 정신적으로 적응해 갈 수 있다. 도식은 일종의 '개념' 혹은 '범주'로 환경에서 반복적인 행동과 경험을 통해 유기체가 형성해 가는 것이다. 도식은 자극에 반사적으로 반응하는 감각운동적 도식과, 인지적 도식, 운동적 도식 등이 있다. 도식을 지각의 틀, 혹은 반응의 틀이라고 할 수 있으며, 도식은 동화와 조절을 통해 질적으로 변화한다.
- 동화: 동화는 유기체가 이미 가지고 있는 도식, 또는 인지적 구조에 따라 외계의 사물이나 사건에 반응하는 과정으로, 새로운 지각물이나 자극 사건을 이미 가지고 있는 도식이나 행동양식에 맞추는 인지 과정이다. 동화는

특정 도식의 질적 변화라기보다는 양적인 변화이며, 유기체가 환경에 적응하고 조직해 나가는 인지 과정의 일부이다.

- 조절: 유아가 성장함에 따라 갖게 되는 도식은 변화하게 되며, 유아가 새로운 자극을 만날 때 새로운 자극에 동화할 수 있는 적절한 도식을 갖고 있지 않는 경우 새로운 자극에 알맞게 도식을 바꾸거나 새로이 만들어 내는 일이 조절이다.
- 평형화: 인지적 성장과 발달에 있어 동화와 조절 간의 인지적 균형을 유지하도록 하는 것이 평형화이다. 동화는 이미 만들어진 구조에 양적인 변화를 가져다주는 것인데 반해, 조절은 지적구조의 질적인 변화를 가져오는 것으로 두 과정의 조정과 통합에 의해 인지가 성장하고 발달한다.

② 인지발달 단계

- 감각운동기(출생~2세)

자극에 대하여 반응하는 것으로 행동하며, 직접 다루고 있는 사물이 아니면 그것이 존재하지 않는다고 생각하다가 눈앞에서 사라져도 그 대상이 존재하고 있다는 것을 인식하는 대상영속성 개념이 발달한다. 감각운동기의 특징은 외부 세계에 대한 반응이 감각적이며, 운동적이라는 것이다. 영아는 자극이 가해지는 어떤 것에나 즉각적으로 반응한다. 영아는 계획을 세우거나 의도적으로 행동하지 않으며, 물체에 대한 내적 표상능력이 없다.

- 전조작기(2~7세)

조작이란 과거에 일어났던 사고를 내면화시켜 논리적인 관계를 지을 수 있는 것으로 전조작기는 조작기로 발달해 가는 일종의 과도기이다. 전조작기에는 논리적 조작이 어려우며, 상징적 기능의 증가, 자기중심적 사고, 물활론, 꿈의 실재론, 변환적 추론, 비가역성이 특징이며 보존개념과 유목화는 미숙한 편이다.

• 구체적 조작기(7~12세)

전조작기에 비해 여러 가지 과제를 해결할 수 있으며, 사물의 속성이 다를 때 그 사이의 관계성을 고려할 수 있게 된다. 구체적 조작이 가능해지고, 보존개념을 획득하며, 탈중심화, 서열화, 유목화 등이 가능하다.

• 형식적 조작기(12~15세)

형식적 조작기는 인지발달의 마지막 단계로 사춘기를 통해 이루어지며 보통 12세경부터 15세 이후까지 계속되며, 이 기간 동안 새롭고 강력한 인지기술을 발달시킨다. 아동은 관념적인 것도 사고할 수 있으며 가설검증적인 상황까지 고려할 수 있는 높은 수준의 사고가 가능해진다.

(2) 프로이트의 심리성적 이론

프로이트

프로이트(Freud)는 정신분석학자로 성인의 신경증을 치료하면서 무의식을 탐색하였으며, 성격을 이루는 구조를 설명하였다. 그는 모든 행동은 본능적 충동에 의해 활성화되며, 아동은 기본적인 본능의 충족에 역점을 두며, 성격의 서로 다른 부분 사이에서 갈등이 생겼을 때 그 결과는 불안이며, 발달 과정에서 아동은 일련의 명확히 다른 심리성적 단계를 밟게 된다.

프로이트의 심리성적 발달단계를 설명하면 다음과 같다. 프로이트는 인격은 원자아(id), 자아(ego), 초자아(superego)로 구성된다고 설명하였다. 원자아는 억제되지 않은 본능적 에너지의 창고이며, 영아는 태어났을 때 원자아만을 가지고 태어나 이 욕구를 충족시키고자 한다. 원자아는 불유쾌한 긴장감을 견디지 못하며 긴장감을 해소하고 편안한 상태로 돌아가고자 한다. 이와 같이 긴장감 감소의 원칙을 쾌락의 원리라고 한다. 그러나 욕구충족을 위한 원초적, 본능의 힘은 성격의 일부분으로 남게 된다. 그러나 이러한 욕구를 기다리거나 계획하고, 대화하는 등의 인지적 기술을 통해 자아로 에너지를 전환한다. 마지막으로 초자아는 양심으로 불리는 것으로 양심은 선악을 구분하고 사회와 부모에게 허용 가능한 형태로 원초적 에너지를 배출시키고자 하는 성격의 한 부분이다. 프로이트는 인간이 성장함에 따라 쾌감의 근원이 되는 신체기관이 변화하며, 그에 따라 욕구가 충족되지 않을 때, 성인이 되어서도 영향을 미치는 심리적인 문제를 가질 수 있다고 하였다. 프로이트의 발달 단계를 기술하면 다음과 같다.

- 구강기(출생~1세): 쾌감의 근원을 구강에 있으며, 빨고, 물고, 씹거나, 소리내는 구강 활동에 집중한다.
- 항문기(1~3세): 쾌감의 근원이 항문에 있으며, 괄약근이 발달함에 따라 배설물을 억제 또는 배설할 수 있으며, 이 시기의 배변훈련이 아동의 성격에 영향을 준다.
- 남근기(3~6세): 쾌락의 근원이 성기에 있으며, 이 시기에 성별의 차이를 알게 된다. 오이디푸스와 엘렉트라 콤플렉스, 남근선망, 거세불안 등이 발생한다.
- 잠복기(6~12세): 이 시기 동안 아동은 그동안 보이는 특성과 기술을 보이지 않기 때문에 잠복기로 불린다. 이 시기 동안 활발한 놀이와 왕성한 지식 획득 활동에 몰입한다.
- 생식기(12세 이상): 생식기의 성숙과 더불어 사춘기가 되며, 성기는 성적 긴장과 즐거움의 주요 근원이지만, 이 시기의 활동력은 주로 친구를 사귀고 결혼 준비에 투입된다.

(3) 에릭슨의 심리사회적 이론

에릭슨(Erickson)은 무의식적 욕구나 충동을 강조하는 프로이트와 달리 아동의

에릭슨

사회 · 문화적 맥락을 중시하였다. 즉 인간의 성장은 개인적인 욕구와 능력, 사회적 기대 및 욕구의 상호작용의 산물이다. 에릭슨은 인간이 성장과정 동안 어떻게 자신의 정체성을 발달시키는지에 관심을 두었다. 에릭슨은 인간의 자아를 더 강조하여 인간을 합리적이고 논리적인 존재로 보았으며, 아동의 자아가 형성되는 심리사회적 환경을 중요시 여겼다. 또한 그는 인간의 발달은 영아기부터 성인 후까지 일생동안 계속되며 각 발달 단계마다 해결해야 할 심리사회적 위기를 지니고 있기 때문에 어느 한 단계의 발달도 생략되거나 소홀히 다루어질 수 없다고 주장하였다.

• 신뢰감 대 불신감(출생~18개월)

에릭슨은 신뢰감을 건강한 성격 형성의 가장 기본적인 요소로 보았다. 이때 가장 중요한 사람은 어머니이며, 애정적인 보살핌을 받게 되면 이 사회에 대한 신뢰감을 발달시킬 수 있다. 신뢰감이 형성되면 누군가가 자신을 보살펴주리라는 믿음을 갖게 되는데, 춥고 배고플 때 욕구충족이 되지 않아 불신감을 갖게 된다.

• 자율감 대 수치감(18개월~3세)

2세가 되면 아동은 자신의 행동 주체가 자기 자신이라는 것을 깨닫게 되어 지금까지의 반사적 행동에서 반응적인 행동을 보인다. 빨기를 자신의 의도대로 하고, 대소변 가리기를 할 수 있게 되면 의도적 행동을 통해 자율성과 독립성을 갖게 된다. 반면 엄격한 배변훈련은 성격을 소심하게 만들거나 수치심과 의심을 갖는 성격으로 만들 수 있다.

• 솔선감 대 죄책감(3~6세)

이 시기의 아동은 언어를 사용하고 신체 능력이 발달하고, 호기심이 높아져 질문에 스스로 답을 찾을 수 있게 된다. 충분한 어휘를 획득한 아동은 개념을 이해하게 되고 주변 환경을 이해한다. 자신의 행동에 목표와 계획을 세우게 되며 행동을 솔선하는 데 있어 자율적일 뿐만 아니라 책임감을 갖게 된다. 그러나 부모의 태도가 일관적이지 못하고 강압적이라면 죄책감을 갖게 될 수도 있다.

• 근면감 대 열등감(6~12세)

초등학교에 다니는 시기로 가정이라는 울타리에서 벗어나 작은 사회를 경험하게 된다. 학교생활을 통해 많은 지적 능력을 개발할 뿐만 아니라 친구와 접촉하여 사회의 가치관과 규범을 획득한다. 친구와의 관계에서 주도적으로 자신감을 얻게 되어 근면감을 개발한다. 그러나 친구와 비교되어 자신감이 없다고 느끼거나 학교생활에 적응할 준비가 되지 않은 상태에서 계속 실수를 하면 열등감을 갖게 된다.

• 정체감 대 역할 혼미(12~18세)

신체가 급격히 성장하고 그에 대한 새로운 사회적 역할을 갖게 되며, 존재에 대한 의미를 탐색하게 된다. 이 시기에 자신의 역할을 인식하고 목적의식이 뚜렷한 청소년은 자아정체감을 확립한다. 그러나 의문에 답을 찾지 못하면 정체감에 대한 혼미가 발생하는데, 정체감 혼미를 극복하지 못하면 타인에게 잔인하게 대하거나 영웅을 무조건 추앙하거나 동일시하여 충성하는 미성숙한 인격을 갖게 된다.

• 친밀성 대 고립감(18~25세)

성인기의 주요과제는 타인에 대한 정체성을 통합하여 친밀감을 나누는 관계를 형성하는 것이다. 친밀감을 갖지 못할 때 관계를 회피하게 됨으로써 고립감을 갖게 된다.

• 생산성 대 침체감(25~40세)

성인 중기에 해당하며 자녀양육과 차세대에 대한 교육, 지도 감독을 하게 되어 인류의 문화를 전달하고 발전시키는 단계로 생산성을 느끼나 직업적 성취나 자녀양육에 어려움을 겪을 때 침체감을 갖게 된다.

• 자아통합감 대 절망감(40세 이상)

말기 성인기로 자신의 존재에 대한 성공과 실패를 받아들임으로써 자아통합감을 획득하거나 자신의 삶을 비탄하고 인생에 대한 실패감과 후회를 반복할 때 절망감을 갖게 된다.

(4) 비고츠키의 사회문화적 인지발달 이론

비고츠키

비고츠키(Vygotsky)는 사회적 상호작용이 아동의 학습에 중요한 역할을 한다고 보았으나, 모든 아동이 똑같은 인지발달을 거친다고 보지는 않았다. 그는 아동이 속한 사회문화적 환경 속에서 성인이나 유능한 또래와의 의미 있는 상호작용을 통해 지식을 구성한다고 하였다. 이러한 사회문화적 환경의 차이로 인해 발달의 내용과 속도가 같지 않을 수 있다고 보았다. 따라서 비고츠키는 보편적 발달 단계에 따른 교육적 경험을 제공하되 사회적 상호작용의 중요성을 강조하였으며, 구체적 경험을 통한 학습과 다양한 교육활동, 유아 스스로의 흥미, 호기심, 탐구심 같은 동기유발과 협력적 학습을 강조하였다. 비고츠키의 발달이론의 중요한 개념인 근접발달지대와 스캐폴딩을 설명하면 다음과 같다.

• 근접발달지대(Zone of Proximal Development)

아동이 혼자서 해결할 수 있는 실제적 발달 수준과 좀 더 지식이 풍부한 성인이나 유능한 또래의 도움을 받아 성취할 수 있는 잠재적 발달 수준에는 차이가 있는데, 실제적 발달 수준과 잠재적 발달 수준의 거리를 근접발달지대라고 부른다. 따라서 아동의 학습에 있어 유능한 또래나 교사가 아동의 근접발달지대를 이해하고 잠재능력을 이끌어 낼 수 있는 도움을 줌으로써 아동의 발달을 촉진할 수 있다.

• 스캐폴딩(scaffolding)

근접발달지대 내에서 아동의 학습과 발달을 지원하는 도움을 스캐폴딩이라고 불렀다. 스캐폴딩은 아동이 스스로 해결하기 어려운 과제를 직면했을 때 스스로 과제를 해결할 수 있게끔 성인이나 유능한 또래가 아동의 발달 수준에 적절하게 도와주는 것을 의미한다. 따라서 비고츠키는 피아제와 마찬가지로 유아의 능동적 학습을 중요하게 고려하나, 이미 획득된 정신기능이나 성장보다 인지적인 발달을 지원할 수 있는 교사와 주변 또래의 역할이 중요하다고 보았다.

3) 영유아보육의 질적 요인

자녀양육이 사회적 · 국가적 책임이라는 인식이 일반화되고 보편화됨에 따라 보육 및 교육 기회의 확대와 질 높은 프로그램 및 서비스의 제공이 강조되고 있다. 양질의 보육 프로그램을 제공하기 위해서 보육환경과 보육 프로그램에 대한 질적 개선이 뒤따라야 하며 무엇보다도 보육 효과에 영향을 주는 다양한 변인의 탐색이 이루어져야 한다. 보육의 질이 영유아의 발달에 미치는 영향에 대하여 알아본 연구는 보육의 질에 영향을 미치는 어린이집 요인을 다양하게 제시하고 있다.

벤델과 파우어스(Vandell & Powers, 1985)는 보육의 질을 측정하는 요인으로 성인 대 영유아의 비율, 놀잇감의 다양성, 교직원 연수량으로 제안하였다. 하위

스(Howes, 1983)는 어린이집의 질을 결정하는 주요 질 지표로 성인 대 영유아의 비율과 교사교육을, 프리슨(Friesen, 1995)은 교사의 학력, 경력, 집단 크기, 그리고 교사 대 영유아의 비율을 열거하였다. 던(Dunn, 1995)은 교사 대 영유아의 비율, 학급 크기, 교사 경력, 어린이집 환경, 교사와 영유아의 상호작용, 교사의 보육목표, 교수 · 학습 전략, 사회 · 정서적 발달지도 등을 지적하였다. 이희섭(2003)은 시설의 확충, 훌륭한 자료와 교수, 적절한 환경, 알맞은 교사 대 영유아의 비율, 보육 프로그램의 개발 교사의 처우 개선 등을 지적하였다. 이순형과 이옥경(2000)은 어린이집의 질적 수준을 결정하는 요인으로 어린이집의 구조적 · 물리적 요인과 어린이집 내에서 영유아들과 직접적인 관계를 이루는 과정적인 요인들로 대별할 수 있다고 하였다. 물리적 환경, 집단 규모, 교사 대 영유아 비율, 교사의 교육 및 훈련 정도 등이 보육의 질을 결정하는 구조적 요인인데 반하여 과정적인 요인으로 보육교사와 영유아의 상호작용이나 보육 프로그램 내용 등을 들었다. 그러나 질 좋은 보육의 질을 구성하는 데 있어 위와 같은 교사, 물리적 환경, 보육과정과 같은 요인만이 아니라 보육 외적 요인으로 영유아의 특성이나 기질, 부모의 특성 등도 영향을 미친다(Bolger & Scarr, 1995). 이경선(2000)은 많은 선행연구를 검토 후 보육에 영향을 미치는 변인으로 영유아 관련 변인, 교사 관련 변인, 부모 관련 변인으로 추출하였는데, 그의 연구에 따르면 보육의 질에는 어린이집을 구성하는 요인 이외에 영유아와 부모도 중요한 영향을 미친다는 것을 알 수 있다. 한편 어린이집의 조직문화와 영유아 권리존중이 보육서비스의 질에 영향을 미치는 것으로 나타났다(박순득, 2017). 위에서 살펴본 바와 같이 보육의 질에 영향을 미치는 다양한 요인이 있지만, 이순형과 이옥경(2000)이 제시한 기준에 따라, 구조적 · 물리적 요인과 과정적 요인으로 나누어 보고자 한다.

(1) 구조적 · 물리적 요인

• 물리적 환경

보육환경이란, 효과적인 보육과정의 운영 및 활동계획에 따라 보다 가변적으로 구성이 가능한 실내외 공간, 교재 · 교구 등을 포함한다(임재택, 1984; 박희숙, 1998). 보육 프로그램의 내용은 영유아의 발달에 적합해야 하며, 발달에 맞는 내용이 구성되기 위해서는 적절한 환경구성이 요구된다.

어린이집의 물리적 환경이 좋을수록 교사의 직무만족도와 조직헌신성이 높아지는데, 물리적 환경이 영유아에게만 영향을 미치는 것이 아니라 교사에게도 영향을 미친다는 것을 알 수 있다(이윤경, 1998). 물리적 환경은 어린이집을 선택하는 데 있어 가장 먼저 접할 수 있는 외형적인 것으로 물리적 환경의 질적 수준이 높을수록 보육교사와 영유아들 간 안정된 애착행동을 보이며, 보육교사와 영유아들 간 상호작용 비율이 높게 나타났다. 물리적 시설 및 공간이 아동 중심으로 배치된 보육시설에서 상호작용이 보다 자주 나타나는 반면, 물리적 환경의 질이 낮은 곳은 보육교사보다 낯선 사람과의 상호작용을 더 선호하는 것으로 나타났다(홍명인, 1999; Anderson, 1981). 할로웨이와 라이히하트-에릭슨(Holloway & Reichhart-Erickson, 1988)은 나이에 적절하고 풍부한 놀잇감이 제공되는 곳에서 보육을 경험한 영유아가 더 협동적이고 구성적이며 적절히 놀이에 참여하고 갈등을 덜 겪으며 이런 영유아가 친사회적 반응을 더 많이 보인다고 주장하였다(구은미, 2004 재인용). 이와 같이 물리적 환경은 영유아의 상호작용, 놀이형태, 놀이지속성, 영유아의 발달에 영향을 미치게 되고, 영유아의 인지적 사고능력, 사회적 행동과 관련되어 영유아의 직접적인 경험의 질을 좌우하며, 또한 교사의 교수활동에 직 · 간접적으로 영향을 주어 영유아발달과 보육의 질을 결정짓는 중요한 변인으로 작용한다(임재택, 1992; 장지현, 2013; 오하나, 2013). 그러므로 영유아를 위한 어린이집의 실내외 환경은 가정과 같은 편안함을 주고 쾌적해야 하며, 영유아의 일상생활이나 놀이를 자유롭게 표현하고 탐색할 수 있도록 계획하고 구성하여야 한다(보건복지부, 2013a).

- 집단규모

어린이집의 보육 프로그램에 직접 영향을 주는 것은 보육교사의 자질과 보육교사 대 영유아 비율이며, 집단의 크기, 연령구성 형태라고 할 수 있다(김민선, 1992; 박희숙, 1998; 이은정, 2011; 윤성호, 2014). 학급의 크기는 영유아들에게 영향을 미치는데, 학급의 크기가 크면 영유아들이 원만한 대인관계를 유지하기 어려워지며, 방임적이거나 공격적인 행동이 많아져 또래들 간에 갈등이 더 많아지고, 교사와 영유아 간의 개별 접촉도 줄어든다.

반면, 집단의 크기가 작은 경우, 감염성 질병이 발생할 가능성이 작아지며, 보육교사의 보육행동이 바람직해지며, 영유아의 안전도 개선된다. 교사가 영유아와 상호작용을 더 많이 하여 보육에 더 적극적이 되며, 또래 간의 사회적 상호작용 및 언어적 상호작용의 빈도도 높아진다. 또래 간 상호작용이 갈등적이기보다 협동적 · 우호적 성격을 보이며, 공동놀이를 많이 하는 경향이 있고, 어린이집 생활에 협조적이며, 사고력이나 창의성, 사회적 유능성이 높은 것으로 나타났다. 집단의 크기가 작을 때 보육교사들은 영유아에게 더 반응적이며, 더 많은 사회적 자극을 제공하고 불필요한 제한을 덜하는 것으로 나타났다(김녹현, 김재헌, 시옥진, 이용환, 전대성, 2018).

- 교사 대 영유아의 비율

교사 대 영유아의 비율은 어린이집의 질을 평가하는 중요한 지표인데, 교사 대 영유아의 비율이 낮을 경우, 한 명의 교사가 돌보는 영유아의 수가 적을수록, 보육실 감독과 위생지도가 잘 이루어져 질병의 가능성이 낮아진다. 또한 보육실 내에서 영유아에 대한 통제가 증가하여 위험상황의 발생이 줄어들 뿐만 아니라 교실 내에서 영유아의 스트레스가 낮기 때문에 영유아 또래들 간의 사회성이 높아지고, 언어적 상호작용을 통해서 놀이를 하는 경향이 있다.

반면, 교사 대 영유아의 비율이 높아질 경우 영유아에게 개별적인 상호작용을 할 시간이 줄어들 뿐만 아니라 영유아에 대한 교사의 민감성이 감소되고 상호작용의 질은 낮아진다. 또한 교사가 보육할 수 있는 적정 인원이 초과되어 스트레스가 증가하며, 영유아와 상호작용을 할 때 부적절하거나 반응에 민감성이 떨어져서 영유아의 적응과 발달에 부정적인 영향을 미치게 된다.

• 교사의 교육 및 훈련 정도

보육교사의 자질은 교사의 자격 기준도 중요하지만 양질의 보육환경을 구성하는 교사의 능력에 있기 때문에 보육교사의 자질은 양질의 보육 제공에 핵심이 된다. 파르티카(Partrica, 2000)에 의하면 보육의 질에 영향을 미치는 여러 요인 중에서 교사의 훈련, 교사의 안전성과 같은 요인은 가정과의 개별적인 관계, 반응적인 교수법의 수준과 관련이 있다고 하였다. 한미라(1995) 역시 보육교사의 자율성, 공정성, 전문지식, 사회적 필요성, 윤리성, 교직수행성, 훈련 등으로 구성된 전문성과 어린이집의 질적 요인이 상관이 있는 것으로 나타나 외형적 조건보다는 보육교사의 지속적인 훈련과 교육으로 질적 수준이 영향을 미치는 것으로 나타났다. 보육교사의 요인 중 보육교사의 전문성 인식은 보육 프로그램의 질에 영향을 주며(오미경, 1998; 최진아, 2015), 보육교사의 스트레스가 낮을 때(강영미, 2018; 윤청목, 2008) 보육서비스의 질이 높으며, 셀프리더십이 높을 때(강영미, 2018), 직무만족도가 높을 때(윤청목, 2008) 보육교사의 보육서비스 질이 높았다. 영아반 교사의 전문성에 대한 인식이 높을수록 영아보육 프로그램의 질이 높은 것으로 나타났다(이경림, 2005; 이향, 1996). 보육 프로그램의 질에 영향을 미치는 교사 관련 변인을 알아본 연구에서(구은미, 2004) 보육 프로그램의 질에 영향을 미치는 변인으로는 직무스트레스, 직무만족도, 전문성 인식, 개인적 교사효능감, 소진이 높은 영향력을 미치는 것으로 나타났는데, 이 중 직무만족도가 가장 높은 영향을 미치는 것으로 나타났다.

(2) 과정적 요인

• 보육교사와 영유아의 상호작용

일차적인 수요자이며 어린이집 선택에 있어 중요한 영향력을 미치는 학부모들을 대상으로 어린이집 재이용 의사를 조사한 연구(김봉남, 권민숙, 김근식, 한은하, 2015)에서 학부모의 보육서비스에 대한 기대치와 어린이집 재이용에 있어 가장 중요하게 인식하는 보육서비스의 선택기준은 보육교사의 자질에 의해 좌우된다고 밝혔다. 즉 영유아들을 안전하게 보육하고, 질문에 적절하게 응답해 줄 수 있는 능력을 갖추며, 영유아들에게 재미있고 흥미로우며, 영유아들이 스스로 주도적으로 이끌게 하는 보육 프로그램의 개발과 운영은 결국 보육교사의 자질에 따라 달라진다는 것을 보여주었다고 할 수 있다. 그에 비해 물리적 환경은 이용만족도를 높이지만 재이용의사에는 결정적으로 작용하지 않았다.

영유아와의 상호작용에 있어 교사의 반응성이 영유아발달에 중요한 영향을 미치는데(McCartney, Scarr, Phillips Grajek, & Schwartz, 1982; NICHD Early Childcare Research Network, 2001), 교사–영유아 간 상호작용의 양이 많을수록 영유아는 사려 깊고, 사교적, 인지적이며, 과제지향적인 것으로 나타났다(Phillips, McCartney & Scarr, 1987). 특히 교사–영유아 간의 질적인 언어적 상호작용은 영유아의 사회적 부적응을 막아준다(McCartney, 1982). 보육의 전반적인 질이 높을수록 교사가 민감하고 긍정적으로 반응해 줄수록 영유아의 인지적 · 언어적 성취 점수가 높은 것으로 나타났다(NICHD Early Childcare Research Network, 2001).

• 보육 프로그램의 내용

보육과정은 영유아가 신체적으로나 정신적으로 건강하고 조화롭게 성장하고 발달할 수 있도록 적합한 보호와 교육을 제공한다. 즉, 보육교사가 영유아의 신체, 사회성 · 정서, 언어, 인지능력 등이 결정적 시기에 맞게 발달할 수 있도록 이에 적합한 환경을 제공하고 상호작용하는 것이 보육과정의 내용이라고 할 수 있다. 보육 프로그램은 신체, 정서, 사회, 언어, 인지적 부분에서 영유아들이 지니고 있는 잠재력을 최대한 발휘할 수 있도록 도와주는 것이다. 따라서 매일 이루어지는 활동들은 긍정적인 자아개념과 동기유발에 영향을 주고, 활동에 자발적으로 참여할 수 있도록 하며, 영유아의 의사소통기술을 향상시킬 수 있도록 계획되어야 한다. 보육 프로그램은 영유아가 신체적으로나 정신적으로 건강하고 조화롭게 성장하고 발달할 수 있도록 적합한 보호와 교육을 제공한다. 즉, 보육교사가 영유아의 신체, 사회성 · 정서, 언어, 인지능력 등이 결정적 시기에 맞게 발달할 수 있도록 이에 적합한 환경을 제공하고 상호작용하는 것이 보육 프로그램의 내용이라고 할 수 있다.

보육 프로그램의 유형에 따라 유아의 행동에 미치는 영향이 다르게 나타나는데, 프로그램의 구조화가 높은 학급의 유아들은 그렇지 않은 학급의 유아들에 비하여 또래들에게 친사회적인 행동을 덜하지만, 우호적인 상호작용을 더 하였다. 구조화가 높은 학급의 유아들은 집단활동 시간에 더 잘 참여하고, 자유놀이 후에도 적극적으로 정리정돈을 하였다. 또한 영유아중심 교수 · 학습 방법이 교사 중심의 영유아 교수 · 학습 방법보다 사회 · 정서 발달에 더 효과적인 것으로 나타났다(반운경, 1980).

CHAPTER 01

연습문제

01 **다음 중 오늘날 '보육'의 개념에 대한 설명이 바르지 않은 것은?**

① 영유아기의 아동을 보육하는 사회적 행위

② 보호자가 질병, 기타 사정으로 보호하기 어려운 영아 및 유아의 심신을 보호하는 것

③ 영유아의 발달적 요구에 맞춰 보호와 교육을 제공하는 것

④ 어린이집과 가정의 양육을 모두 지원하는 행위

02 **다음 보육패러다임에 관한 설명으로 옳지 않은 것은?**

① 영유아를 기르는 일이 개별부모의 책임을 넘어서 국가와 사회의 책임이 되고 있다.

② 보육은 영유아 전반에 제공되어야 할 서비스가 되어야 한다.

③ 부모의 요구에 따라 다양한 형태의 보육서비스를 제공하고 있다.

④ 보육과 유아교육의 두 체계로의 운영은 효율적인 행정서비스의 제공에 기여하고 있다.

03~05

다음은 유엔의 아동권리협약 중 무엇에 관한 설명인가?

생존권, 보호권, 발달권, 참정권

03 **자신의 삶에 영향을 주는 문제에 대해 발언권을 가질 수 있는 권리 (   )**

04 **아동에게 유해한 것에서 보호받을 권리 (   )**

05 **적절한 생활 수준을 누릴 권리 (   )**

06 **발달에 적합한 보육의 실제에 해당하지 않는 것은?**

① 영유아의 발달영역에 통합하여 접근한다.

② 학문적 기술을 강조하는 활동을 제공한다.

③ 실내외 활동이 모든 연령의 영유아에게 제공되어야 한다.

④ 도전성, 복잡성, 난이도는 발달 정도에 따라 증가되어야 한다.

07 보육사업의 내용 전반을 담당하는 법령은 무엇인가?

(　　　　　　　　　　　　)

08 다음 중 사회문화적 변화에 대하여 틀린 것은?

① 저소득층 조손가정이 증가하고 있다.

② 국가의 지원으로 2016년 이후 출산율이 상승하고 있다.

③ 여성의 경제활동 욕구가 증가하고 있다.

④ 다문화가정의 이혼이 증가하고 있다.

09~13

다음은 어떤 아동교육철학사조에 대한 설명인가?

> 이상주의, 경험주의, 자연주의, 항존주의, 실존주의

09 현실의 영향을 최대한 배제하고 가장 아름다운 것을 가르친다.

(　　　　　　　　　　　　)

10 인간의 본원적인 특성과 생동적인 삶을 추구하였다.

(　　　　　　　　　　　　)

11 선택과 자유를 중요시 여긴다.

(　　　　　　　　　　　　)

12 반성적 경험이 교육의 핵심이 된다.

(　　　　　　　　　　　　)

13 영원히 불변하는 신념을 아동에게 가르친다.

(　　　　　　　　　　　　)

14 아동학대에는 어떤 종류가 있는가?

(　　　　　　　　　　　　)

15 뉴노멀 시대는 지식의 전문화에서 __________ 으로 새로운 가치는 만드는 시대이다.

16 다음은 어떤 이론에 대한 키워드인가?

> 도식, 동화, 조절, 평형화

(　　　　　　　　　　　　)

17 다음은 프로이트의 발달 단계 중 어떤 단계에 대한 설명인가?

> 빨고, 물고, 씹거나, 소리 내는 구강활동에 집중한다.

(　　　　　　　　　　　　)

18 비고츠키의 이론 중 실재적 발달 수준과 잠재적 발달 수준의 거리를 부르는 말은?

(　　　　　　　　　　　　)

CHAPTER

02

보육교직원의 역할 및 협력

현대사회는 취업모의 증가와 가족구조의 변화로 어린이집에 대한 수요가 증가하고 있으며, 질 높은 보육에 대한 요구가 높아지고 있다. 보육의 질은 보육교직원의 질을 넘어설 수 없다. 또한, 영유아에게 질 높은 보육 프로그램을 제공하기 위해서는 부모와 지역사회와의 연계가 유지되어야 한다. 부모와의 연계를 통해 영유아는 안정되고 일관된 프로그램을 경험할 수 있으며, 보육의 효과를 극대화할 수 있다. 아울러 지역사회와의 연계를 통하여 다양한 인적 · 물적자원을 활용할 수 있으며, 영유아에게 다양한 경험의 기회를 제공하여 보육의 효과를 높일 수 있다.

2장에서는 보육교직원의 역할과 자질, 보육교직원의 유형 및 자격, 어린이집과 부모 및 지역사회와의 협력 등에 대하여 알아보고자 한다.

학습 목표

1. 보육교직원의 자격요건을 확인하며 역할과 자질을 이해한다.
2. 보육교직원의 윤리강령을 인식하고, 보육교사의 전문성 향상방안을 모색한다.
3. 어린이집과 부모와의 협력의 개념과 중요성을 이해하고 협력방안을 습득한다.
4. 어린이집과 지역사회의 관계의 중요성을 이해하고 지역사회 자원인사와의 교류 및 참여 방법을 파악한다.

1. 보육교직원의 역할과 자질

보육교직원은 '어린이집 영유아의 보육, 건강관리 및 보호자와의 상담, 그밖에 어린이집 관리 · 운영 등의 업무를 담당하는 자로서, 어린이집의 원장 및 보육교사와 그밖의 직원'으로 정의된다.

여기에서는 보육교사, 어린이집 원장의 역할과 자질, 그외 보육지원인력 및 기타 보육교직원의 역할과 중요성에 대하여 살펴보기로 한다. 아울러 보육교직원이 지켜야 할 윤리강령을 소개하기로 한다.

1) 보육교사의 역할과 자질

(1) 보육교사의 역할

보육교사의 역할은 매우 다양하며 동시에 서로 다른 역할이 요구되는 통합된 역할 수행이 요구된다. 어린이집에 들어오는 영유아의 수가 점점 늘어나고, 연령이 점점 하향화되고 있다. 또한, 어린이집에 머무는 시간이 점점 늘어나는 현대 보육의 추세에 따라 보육교사의 중요성은 더욱 높아지고 있으며 보육교사의 역할과 범위 또한 매우 광범위해지고 복잡해지고 있다. 보육교사의 역할에 대한 분류는 매우 다양하게 정리되고 있으나, 여기에서는 크게 양육자의 역할과 교육자의 역할로 구분해 보고 그에 따른 기능을 제시하고자 한다(박찬옥 외, 2013).

① 양육자의 역할

보육교사는 부모와 같은 따뜻한 돌봄을 제공하고, 영유아와 친밀감을 형성하며, 영유아가 사회적으로 성장하는 데 모델이 될 수 있는 역할을 하게 된다(조혜경 외, 2015; 박찬옥 외, 2013).

• 따듯한 돌봄

보육교사는 가정의 부모와 같은 따듯함으로 영유아를 돌보아 그들이 정서적 안정을 갖도록 도와주어야 한다. 그래서 영유아들이 심신이 편안하고 안정이 되어 보육을 받을 수 있는 준비를 하도록 한다.

• 친밀감 형성

보육교사는 모든 보육활동에 앞서 자신이 담당하게 되는 영유아들과 친밀감을 형성해야 한다. 교사에게 안정감을 느낄 때, 영유아는 어린이집 환경을 탐색하는 데 흥미를 갖게 될 것이다. 따라서 교사는 영유아가 새로운 환경에 적응하고 안정감을 느낄 수 있도록 충분한 시간을 가지고 기다려 주고, 일관되고 친절한 태도로 영유아의 일상을 돌보아 주고, 영유아를 격려해 주는 상호작용을 하도록 한다.

• 사회화 모델

보육교사는 영유아에게 건전하고 좋은 본보기가 되어야 한다. 영유아는 보육교사와의 지속적인 상호작용을 통하여 동일시하는 가운데 사회의 가치와 규범과 생활양식을 습득한다. 영유아는 사회화되는 과정에서 주변의 친숙한 인물을 모방한다.

② 교육자의 역할

교육자로서의 역할은 영유아의 신체, 인지, 언어, 사회, 정서발달이 균형 있게 이루어질 수 있도록 보육과정을 계획하고 실행하고 평가하는 것을 의미한다. 교육자로서의 역할을 다음과 같이 나누어 볼 수 있다(박찬옥 외, 2013; 이순형 외, 2013).

• 보육과정의 계획과 운영

보육교사의 가장 주된 업무는 영유아들을 교육하는 것이다. 누구나 영유아들을 가르칠 수 있지만, 뚜렷한 보육의 목표를 가지고 체계적이고 지속적으로 영유아들의 성장과 발달을 촉진하기 위해서는 전문적인 훈련을 받은 사람, 즉 보육교사가 필요하다.

따라서 보육교사는 국가 수준의 보육과정과 영유아의 발달적 적합성 및 사회문화적 상황 등을 통합적으로 고려해서 실제로 영유아에게 의미 있는 내용과 방법으로 보육과정을 계획하고 운영하여야 한다.

• 보육환경의 구성

일반적으로 어린이집의 보육실은 흥미영역 및 놀이영역으로 구성되며, 자유와 흥미의 존중, 개별화교육, 놀이중심의 보육철학이 반영될 수 있도록 환경을 구성하고 있다. 보육교사는 매일의 보육과정 계획 시 이러한 보육철학이 반영되도록 보육실 환경을 구성하고, 영유아가 자발적으로 놀이를 선택하고 주도할 수 있도록 놀이자료를 배치하여야 한다. 그리고 영유아가 충분히 놀이에 몰입할 수 있도록 안전한 환경을 마련해야 한다.

• 긍정적인 의사소통

보육교사는 영유아들의 성장과 발달을 지원하기 위해 보육교직원과 부모 그리고 지역사회 인사와 긍정적인 의사소통을 할 수 있어야 한다. 정기적인 교사회의를 통해 보육과정 계획과 영유아의 행동지도, 현장학습 등에 관한 이야기를 나눌 시간을 가져야 하며, 이를 통해 보육교사의 전문성을 신장시키고 즐거운 교직문화도 가꿀 수 있다.

부모와 대화를 잘 유지하는 것도 중요한 일이다. 보육교사는 부모에게 자녀의 성장과 발달에 관한 내용을 알려주어야 할 의무를 가지고 있으며, 부모로부터 영유아에 관한 정보를 제공받아야 한다. 그러므로 대면 혹은 비대면으로 부모면담, 대화수첩, 미디어 통신 등의 다양한 의사소통 경로를 마련하여 부모와 정보를 주고받을 수 있어야 한다. 그리고 보육교사는 주제에 따라 현장학습, 전문가

초청 및 인터뷰, 산책활동 등 지역사회의 도움을 받아야 할 경우가 있으므로 지역사회 인사와도 관계를 잘 형성할 필요가 있다.

• 영유아의 자율성 격려와 보육실 질서 유지

다수의 영유아가 함께 생활하는 보육실에서 개인활동 대 집단활동의 기회보장, 정적 · 동적 활동의 균형 및 갈등을 최소화할 수 있는 질서유지는 매우 중요하다. 보육교사는 문제가 발생할 수 있는 여러 가지 상황을 예상하여 미리 무질서를 방지하도록 하며, 영유아가 질서를 잘 지킬 수 있도록 협의하여 최소한의 실현 가능한 규칙을 세우도록 한다. 무엇보다 보육교사는 통제보다는 영유아의 자율성을 격려하고 영유아의 바람직한 행동과 긍정적인 자아존중감을 형성하도록 도와주어야 한다.

• 영유아의 건강 · 영양 · 안전지도

어린이집에 다니는 영유아의 수가 증가하고, 취원연령이 점점 낮아지며, 시간연장 및 24시간 보육 프로그램을 운영하는 어린이집이 증가함에 따라 부모나 가족뿐만 아니라 보육교사도 영유아들이 건강하고 안전한 생활습관을 형성하도록 지도해야 할 책임을 많이 분담하게 되었다. 따라서 보육교사는 영유아가 건강하고 안전한 생활습관을 형성할 수 있도록 손 씻기, 이 닦기, 휴식하기, 낮잠자기, 올바른 식습관과 안전한 생활습관 등을 적절히 지도함으로써 영유아들이 건강한 생활을 하도록 도와주어야 한다. 또한, 실내외 위생과 안전에 관련된 상황을 정기적으로 점검함으로써 영유아의 건강하고 안전한 생활을 책임져야 한다.

(2) 보육교사의 자질

보육교사의 자질은 아동관이나 보육철학, 시대적 요구에 따라 달라진다. 보육교사의 자질이란 효율적인 보육활동을 하기 위해 교사가 갖추어야 할 많은 특성이 망라된 것으로, 크게 개인적 자질과 전문적 자질로 나누어 볼 수 있다. 개인적 자질이란 교사 개개인의 사람됨과 관계되는 특성으로, 주로 인성적 측면의 자질을 말한다. 전문적 자질은 영유아에 관한 전문지식, 교육과정 및 교수에 대한 전문지식과 운영기술, 교직에 대한 건전한 태도, 윤리 의식 등 교사의 직업적 전문성과 관련된 자질을 말한다(양옥승 외, 1999; 이순형 외, 2000; 조성연 외, 2006).

① 개인적 자질

보육교사는 영유아가 처음으로 가족 외에 경험하는 사람으로, 세상에 대한 기본적인 신뢰감을 형성하는 의미 있는 타인이라는 면에서 매우 중요하다. 보육교사가 갖추어야 할 개인적 자질은 다음과 같다(박찬옥 외, 2013; 이순형 외, 2013).

• 건강

영유아와 함께 생활하는 보육교사는 무엇보다도 신체적 · 정신적 · 사회적으로 건강해야 한다. 영유아는 교사의 끊임없는 보호와 교육을 필요로 한다. 따라서 영유아와 하루 일과를 진행하며 상호작용하는 데 많은 신체적 에너지가 필요하며, 교사는 자신의 건강을 늘 관리하여야 한다. 아울러 교사의 정신적 건강도 매우 중요하다. 교사의 정서적 안정감과 자기조절능력, 그리고 밝고 긍정적인 사고방식은 영유아들에게 바람직한 태도와 성격을 형성하도록 돕는다. 또한, 보육교사는 교육의 사회화 기능을 수행하고 있으므로 교사 자신이 먼저 사회가 정해 놓은 규범과 윤리를 잘 지키는 사회적으로 건강한 사람이어야 한다.

• 온화한 마음과 인내심

보육교사가 온화한 마음의 소유자가 아니라면 온종일 영유아와 생활하며 부모 대신 영유아에게 사랑과 관심을 줄 수 없을 것이다. 특히 어린이집은 영유아가 가정을 떠나 처음으로 낯선 환경에 적응해야 한다는 점에서 보육교사는 영유아가 정서적 안정감을 가질 수 있도록 온화하고 친절한 태도로 대해 주어야 한다. 보육대상인 영유아는 보육교사에 비해 여러 면에서 약한 존재이며 의존적인 존재다. 교사는 이러한 영유아에 비해 우월한 지위에 있으므로 강력한 힘을 잘못 행사하는 것은 아닌지 우려할 수도 있다. 그러나 교사가 영유아에게 대하는 태도를 확인하기 위해 원장이나 부모 등 타인이 계속적으로 모니터한다든지, 윤리강령을 내세워 교사가 옳은 선택을 하도록 강조하는 등의 장치는 한계가 있다고 할 수 있다. 무엇보다도 보육교사의 온화한 마음과 인내심이 중요하다.

• 원만한 대인관계

보육교사는 원장, 동료교사, 기타 보육인력과 관계를 맺으며 어린이집의 분위기를 조성한다. 또한 영유아의 부모들과도 우호적인 관계를 형성해야 보육의 교육적 효과가 커진다. 원만한 인간관계를 유지하려면 효율적인 의사소통능력을 갖추어야 한다. 이를 위해서는 다른 사람의 의견을 경청하고 수용할 수 있는 열린 마음과 함께 자신의 생각과 신념을 설득력 있게 주장할 수 있는 능력이 있어야 한다.

② 전문적 자질

보육교사는 전문인이다. 어떠한 내용과 방법으로 영유아를 보육할 것인가에 대한 확고한 신념을 가지고 보육에 임하는 것은 보육교사로서의 당연한 의무이며 책임이다(박찬옥, 2014). 보육교사의 전문적 자질로 지적 전문성, 보육활동을 계획하고 수행하는 능력, 보육교사직에 대한 보육교사의 태도를 들 수 있다.

• 지적 전문성

보육교사는 보육에 관련된 전문적 이론을 잘 알고 있어야 한다. 보육교사들이 알아야 할 전문적 지식에는 보육철학 및 영유아 발달심리에 관한 지식, 국가 수준의 보육과정에 관한 지식, 보육평가의 목적 및 다양한 평가 방법에 관한 지식, 영유아발달 및 평가 방법에 관한 지식, 그 밖의 다방면에 걸친 풍부한 지식 등이 포함될 수 있다. 예를 들어, 2019 개정 누리과정 및 제4차 어린이집 표준보육과정의 개정 배경, 교육철학, 구성체계에 대해 파악하기, 놀이중심 보육과정의 핵심개념인 '놀이하며 배우는 영유아'에 대한 신념을 형성하기, 놀이경험이 배움으로 연결되며 추구하는 인간상을 구현한다는 것에 대해 잘 인지하기 등이다.

- 보육활동을 계획하고 수행하는 능력

보육활동을 계획하고 수행하는 능력은 보육과 관련하여 습득한 전문적 이론을 현장에서 효과적으로 활용할 수 있는 능력이다. 보육교사들은 꾸준한 연구와 습득을 통해 이러한 능력을 획득할 수 있다. 이러한 수행능력으로는 보육환경을 구성하고 교재 · 교구들을 선택하여 준비하는 능력, 보육 계획안을 작성하고 교수하는 능력, 다양한 보육 방법을 실행할 수 있는 능력, 효과적인 주의집중 방법을 실행할 수 있는 능력, 상황에 맞추어 적절한 발문법을 실행할 수 있는 능력 등이 있다. 예를 들어, 제4차 어린이집 표준보육과정과 연관하여 보육활동을 계획하고 수행한다면, 교사의 사전 계획을 최소화하되, 매일의 실행일지를 잘 기록하는 것이 중요하다. 실행일지에는 영유아의 놀이상황을 관찰하여 기록하고 필요한 때에 놀이지원을 적합하게 수행하며, 놀이경험의 의미를 파악하고 평가하며 다음 놀이지원 계획을 작성하는 등의 능력을 갖는 것이다.

- 보육교사직에 대한 보육교사의 태도

보육교사직에 대한 태도로서 첫째, 사명감을 들 수 있다. 보육교사는 어린 생명을 돌보고 가꾼다는 것에 대한 사명감을 가져야 한다. 보육교사에 대한 사회적 처우가 열악할수록 이러한 사명감 없이 교사 생활을 한다면 교사도, 영유아도, 동료직원들도 행복하지 않을 것이다. 둘째, 교사로서의 직업윤리이다. 직업윤리란 특정 직종의 사람에게 요구되거나 모든 직업인에게 요구되는 윤리를 말한다. 보육교사로서 지켜야 할 윤리로는 '사랑과 믿음의 윤리', '성실과 창조의 윤리', '협동과 봉사의 윤리'가 있다. 셋째, 교사의 전문성 함양 노력이다(박은혜, 2003). 보육교사는 현직교육이나 교육활동에 대한 자기평가의 과정을 통해 정체성과 전문성을 신장시키고 사회적 책무성을 수행할 수 있어야 한다.

2) 어린이집 원장의 역할과 자질

어린이집 원장은 어린이집을 총괄하고 보육교사와 그 밖의 직원을 지도 · 감독하며 영유아를 보육해야 한다(영유아보육법 제18조). 어린이집 원장은 어린이집 운영에 있어 가장 중요한 인물이며, 어린이집 원장의 철학, 지식, 태도, 운영능력에 따라 어린이집의 성패가 결정된다고 해도 과언이 아니다.

어린이집 원장의 업무는 크게 고유업무, 지원업무, 교사업무로 나누어 볼 수 있다. 고유업무로는 주로 시설운영과 관련된 일이고 지원업무는 조리, 취사, 청소, 운영 등의 업무를 의미하며 교사업무는 직접 영유아를 돌보는 교사로서의 업무를 의미한다(나종혜, 2004). 어린이집의 질이 보장되기 위해서는 어린이집 원장이 가지고 있는 보육철학, 자질, 능력, 리더십을 발휘하여 제반 업무를 성공적으로 관리 · 운영해야만 한다. 그러므로 어린이집 원장의 우수한 자질과 바람직한 역할 수행은 보육의 질을 좌우할 만큼 중요하다고 하겠다.

(1) 어린이집 원장의 역할

어린이집의 원장은 영유아와 가족 및 지역사회에 통합적 보육서비스를 제공하는 어린이집의 총책임자로서 보육철학의 제시, 예산 계획 및 집행, 보육운영계획 수립 및 평가, 영유아보호와 교육, 보육교직원의 임용, 보육교직원의 전문성 증진을 위한 교육, 부모교육, 가정과 지역사회 간의 연계 및 교류, 보육교직원 및 기타 관련 인사와의 의사교환 및 회의 참여 등의 다양한 역할을 수행하고 있다. 어린이집 원장의 역할은 어린이집의 총책임자로서 기대되는 역할 또한, 포괄적이고 다양하고 정의되고 있으나, 여러 학자들이 유사하게 제시하고 있는 원장의 역할을 정리하면 **표 2-1**과 같다.

표 2-1 | 어린이집 원장의 역할

항목	내용
보육철학 제시, 보육과정 수립 및 평가	어린이집 원장은 어린이집의 보육철학을 수립하고, 이를 기초로 보육교사와 협의하여 운영목표 및 보육과정을 수립하고 평가해야 한다.
영유아보호와 교육관리	영유아의 보호와 교육에 관련된 구체적인 내용을 교사와 협의하여 제공하며, 이를 위해 필요한 교재·교구를 구입하고 배치해야 한다.
실내외 어린이집의 관리	어린이집 원장은 영유아의 발달에 적합한 시설을 설비·제공하여 제반 어린이집의 안전·위생을 관리하여야 한다.
보육교직원의 인사관리 및 감독	어린이집 원장은 유능한 보육교직원을 충원하고 관리·감독해야 하며, 보육교직원들이 최선을 다해 보육의 임무를 수행할 수 있도록 긍정적인 분위기를 조성하고 격려해야 한다.
부모관리	어린이집 원장은 보육의 효과를 높이기 위해 부모의 요구를 파악하고, 어린이집의 교육과정을 공유하며, 부모참여나 부모교육 등을 통해 부모와의 유기적 관계를 형성해야 한다.
지역사회와의 협력	어린이집 원장은 지역사회 교류와 협력을 모색하여 지역사회에 활용할 수 있는 보육적 자원을 발굴하고 활용한다. 보육의 내용 중에서 지역의 협력을 필요로 하는 부분이 많으며, 지역사회의 우체국, 은행, 병원, 각급 학교, 공원, 호수 등 여러 가지 주제별로 다양한 현장학습 장소가 필요하다.
예산 편성 및 집행	어린이집 원장은 재정관리의 총책임자로서 예산을 편성하고 집행하며 재정과 관련된 여러 가지의 의사결정을 바람직하게 수행할 수 있어야 한다.
행정적인 업무처리 및 서류·기록의 보관	어린이집 원장은 보육교직원과 영유아에 대한 신상기록부 및 운영과 관련된 각종 서류를 보관하며 정기적으로 업데이트하고 관리하여야 한다.
자체장학	어린이집 원장은 자체장학을 통하여 보육 전반을 관찰하고 평가하면서 개선 방향을 모색하고 보육의 질을 높이고자 노력하여야 한다.

출처: 나종혜 외(2014)

아울러 어린이집 원장이 실제적으로 담당해야 할 역할을 구체적으로 살펴보면 다음과 같다(보건복지부, 2000a; 한국보육진흥원, 2010; 박찬옥 외, 2014).

① 어린이집의 효율적인 운영자로서의 역할

어린이집의 운영이 여러 관리 영역이 혼합된 것이라 볼 때, 어린이집 원장은 어린이집의 목표달성을 위해 인사관리, 재정관리, 보육과정관리, 대외관계, 부모관리 등에 관한 충분한 지식과 능력을 갖추어야 한다. 뿐만 아니라 어린이집과 관련된 여러 법령, 중앙 또는 지방자치단체의 정책방향이나 조례, 관계규정, 운영지침 등의 숙지와 이해를 통해 업무의 적절성을 기할 수 있어야 한다.

• 보육과정 관리

어린이집 원장은 어린이집의 보육철학 및 보육이념을 수립하고 그에 부합되는 보육 프로그램을 구성하며, 보육 프로그램의 목표와 내용, 교수 · 학습 방법, 평가 등에 대한 구체적인 내용을 교사들과 협의하며 지속적으로 관리해야 한다.

• 인사관리

보육의 질은 교사의 질을 넘어서지 못한다. 따라서 어린이집의 원장은 훌륭한 보육교직원의 발굴 및 확보, 이들을 적정업무에 배치하는 등 어린이집의 인사관리 업무를 적절하게 수행할 수 있도록 노력해야 한다. 또한 보육교직원의 재교육을 위해 강사를 초빙하여 교육을 개최하거나 의무사항인 보수교육(승급 및 직무)을 반드시 이수하도록 하여 보육교직원의 전문성을 향상시키도록 한다.

• 재정관리

재정관리란 재원을 운영하는 것과 적절한 재정을 조달하는 것을 의미한다. 어린이집의 원장은 어린이집의 목표달성을 성취하기 위해 주어진 재정으로 최대한의 보육효과를 얻을 수 있도록 노력해야 한다.

• 서류관리

어린이집의 원장은 보육교직원과 영유아에 관한 모든 신상기록부를 관리해야 한다. 영유아에 관한 서류는 어린이집에 따라 다르지만, 주민등록부, 비상연락망, 신체검사 기록부 등이 필요하다. 또한 입학금 납부 내역 및 견학 등의 각종 동의서와 같은 보육 운영에 필요한 서류를 관리해야 한다.

• 시설 및 설비관리

영유아중심의 시설 및 설비관리가 되도록 해야 한다. 어린이집 환경 중 물리적 환경(건물, 교재, 교구 등)은 영유아에게 의미 있는 환경적 자극물이기 때문에 그들의 발달과 교육에 중요한 영향을 미친다. 따라서 영유아의 연령과 개인적 흥미 등 영유아의 요구에 적합한 시설 및 설비를 마련하고 관리해야 한다.

② 환경조성자로서의 역할

적절한 환경을 구성하고 관리하는 일은 어린이집 원장의 중요한 역할 중 하나이다. 안전과 위생의 차원에서 영유아의 안전을 위협하는 요소들을 제거하고 건강을 도모할 수 있는 환경을 마련해야 하며, 학습의 차원에서 영유아에게 다양한 학습경험을 할 수 있는 환경을 마련해 줌으로써 보육교사가 효율적인 영유아 교육을 실천하도록 조력해야 한다. 이밖에도 어린이집 원장은 유쾌한 분위기를 만들어 보육교직원들이 즐겁게 일할 수 있도록 노력해야 한다.

③ 상호 협력자로의 역할

보육교사를 비롯한 보육교직원들과의 상호 협력적인 관계를 유지해야 한다. 상호 협력적인 관계는 보육교직원들의 필요에 호응적이고 조력적일 때 또는 그들의 업무를 인정해 주고 격려해 줄 때 형성되고 유지될 수 있다. 어린이집의 원장은 어린이집의 상급자로서 일방적이고 지시적인 대화를 사용하기보다 쌍방향의 개방적 대화를 사용함으로써 서로의 의견을 나누고 상반된 의견을 조정할 수 있도록 노력해야 한다. 이런 점을 고려하여 어린이집 원장은 보육교사의 직무스트레스를 완화시키고 민주적으로 교사회의를 운영할 수 있는 방법 등을 모색함으로써 보육교사와 상호 협력관계를 유지할 수 있도록 노력해야 한다.

④ 부모 및 지역사회와의 교류자로서의 역할

영유아의 요구를 파악하기 위하여 부모와 원활한 의사소통을 해야 하며 부모와 어린이집 사이의 신뢰감을 형성하기 위해 노력해야 한다. 또한 지역사회에 어린이집의 프로그램을 소개하고 자원봉사 선정을 도우며 지역공동체로부터 지원을 얻는 역할과 함께 영유아의 건강관리 및 치료에 필요한 의사, 사회사업가 등과의 협력을 도모해야 한다.

(2) 어린이집 원장의 자질

어린이집 원장의 자질은 영유아발달에 대한 전문지식과 기술뿐 아니라 영유아보육에 대한 열정과 중요성에 대한 확신, 타인에 대한 이해, 통찰력, 감정이입능력, 온화함, 겸손함 등의 원만하고 합리적인 개인적 특성과 리더십이 요구된다(천은영 외, 2014). 즉 원장은 관련 법규에서 규정한 자격조건도 갖추어야 하지만 유아의 건전한 보호와 교육활동 및 이를 뒷받침하는 운영관리 활동을 동시에 효과적으로 수행할 수 있는 인격적 자질, 이론적 능력, 행정적 능력, 대인관계 능력 등을 함께 갖추어야 한다.

따라서 어린이집의 원장은 전문가로서 경영지식을 습득하고, 행정가로서 역할 수행능력을 함양하며, 영유아보육에 대한 교육과 훈련을 받아 교사의 역할을 지도할 수 있도록 전문적 지식 습득을 위해 끊임없이 노력해야 한다. 어린이집 원장의 복잡하고 어려운 역할을 수행하기 위해 원장이 갖추어야 할 자질을 구체적으로 살펴보면 다음과 같다(강문희 외, 2006; 이미정 외, 2009; 박찬옥 외, 2014; 천은영 외, 2014).

① 올바른 보육철학과 아동관 정립

어린이집의 보육철학과 보육목적을 설정하고 이에 알맞은 보육 프로그램을 구성하기 위해서 어린이집의 원장은 올바른 아동관과 보육관에 관한 식견을 가지고 있어야 한다. 영유아를 인격체로 존중하고 이들의 가능성을 믿고 보호하고 교육하는 일에 대한 확고한 신념을 가지고 있어야 한다. 일반적으로 영유아중심 보육철학과 영유아관이 추천되며, 원장은 보육의 이론과 실제에 대한 충분한 지식과 능력을 터득하기 위해 끊임없이 노력해야 한다.

② 민주적이고 합리적인 의사결정과정

어린이집 원장의 역할 중 보육교직원을 임면하고, 시설 · 설비를 설치하고 수많은 교재 · 교구 구입을 책임져야 하는 역할이 있다. 이는 원장에게 민주적이고 합리적인 의사결정능력을 요구한다. 이러한 의사결정능력이 없다면 비효율적이며 비경제적으로 어린이집이 운영될 것이다.

아울러 보육의 목표를 좀 더 효과적으로 달성하기 위하여, 가능한 어린이집 교직원들과 학부모의 의견을 충분히 수렴하면서 궁극적으로 영유아의 보호와 교육에 유익한 방향으로 일관된 의사결정을 하여야 한다.

③ 행정능력과 관리능력 구비

어린이집 원장은 어린이집 운영에 관한 행정적인 능력과 관리기술을 가지고 있어야 하며, 이를 통해 보육 프로그램을 효율적으로 운영하고 어린이집에서 설정한 보육목표를 최대한 달성시킬 수 있어야 한다. 따라서 원장은 어린이집의 운영과 관련된 정부의 정책방향과 관계법령이나 규정 등에 대해서도 충분히 숙지하고 있어야 한다.

④ 원만한 대인관계능력

어린이집 원장은 보육교직원들 간의 원만한 인간관계 형성에 노력해야 한다.

기관에 대한 소속감이나 공동체 의식을 갖고 어린이집의 생활에 보람과 만족을 느낄 수 있도록 보육교직원들을 격려하고, 영유아들과는 물론 부모 및 지역사회 인사들과도 좋은 인간관계를 갖도록 하여 어린이집의 운영과 보육활동에 신뢰감을 갖도록 하는 것이 중요하다.

⑤ 봉사자로서의 자질

어린이집 원장은 봉사자로서의 자질을 가지고 있어야 한다. 장으로서 우월감, 권위의식, 혹은 자기중심적인 생각을 버리고 공복으로서의 자세를 갖추어야 한다. 또한 지역사회의 봉사자로서 국가와 사회에 봉사한다는 자세와 신념을 가지고 있어야 한다. 원장의 진정한 권위는 원장 자신의 권위의식이나 우월감에서 나오는 것이 아니라 보육을 통해 지역사회에 봉사하는 자세에서 우러나온다.

⑥ 리더십

어린이집 원장은 합리적인 집단의사결정과 인간관계에서 발생하는 갈등이나 문제를 해결하기 위하여 리더십의 중요성을 이해하고 관련 기술을 습득한 필요가 있다. 리더십은 조직 내에서 구성원들에게 여러 가지 유인 제공을 통해 동기부여를 시킴으로써 조직구성원 모두의 자발적 참여를 유도하여 조직의 목표달성을 이끌어나가는 지도력이다. 따라서 어린이집 원장은 업무처리능력과 인간관계능력을 갖춤으로써 리더로서의 역할을 훌륭하게 해낼 수 있다.

이홍재(2009)는 급변하는 글로벌사회에서 어린이집 원장의 감성리더십의 필요성을 제시하고 있다. 이러한 감성리더십의 함양을 위해, 어린이집 원장 스스로가 감성지능을 구성하는 다양한 감성적 역량을 갖추기 위해 노력해야 한다. 감성적 역량에는 냉철한 자아관찰과 이해, 자기자신의 감정 통제, 타인에 대한 배려와 애정, 도전정신과 열정 등이 있다. 어린이집 원장은 감성 리더십으로 자신의 내면을 깊이 있게 성찰하고, 보육교직원들의 감성 및 욕구를 이해하고 배려함과 동시에 함께 추구해 가야 할 지향점을 향해 자연스럽게 보육교직원을 이끌어야 한다.

3) 보육지원인력 및 기타 보육교직원의 역할과 중요성

보육교사 등의 출산휴가, 육아휴직, 장기병가 등의 사유발생 시 어린이집에 임시로 파견되어 보육교사의 업무를 수행하는 보육지원 인력으로는 대체교사와 시간제 보육교사를 들 수 있다. 보육서비스의 질적 향상을 위해 활용될 수 있는 보육지원인력으로는 자원봉사자, 보육인턴 등을 들 수 있다(박찬옥 외, 2014).

기타 보육교직원으로는 간호사 또는 양호교사, 영양사 및 조리사, 특수교사, 사무원, 관리인 및 운전기사 등을 둘 수 있다.

(1) 보육지원인력

• 대체교사

대체교사는 보육교사 등의 출산휴가, 육아휴직, 장기병가 등의 사유 발생 시 영유아보육을 담당하기 위해서 채용된 임시교사로 보육교사의 업무를 대행한다. 대체교사는 육아종합지원센터에서 월급제로 채용되며, 근무시간은 1일 8시간이다. 지원대상은 현 어린이집에서 1년 이상 근무한 보육교사와 소규모 어린이집의 장기 근속자를 우선 지원한다. 지원방식은 원장이 지역 육아종합지원센터의 보육통합정보시스템을 통해 대체교사를 신청하며 육아종합지원센터는 신청 어린이집 중 우선순위에 의해 지원 어린이집을 확정하고 보육통합 정보시스템을 통해 어린이집에 통보하고 대체교사를 파견한다.

• 시간제 보육교사

시간제 보육교사는 보육교사의 출산휴가, 육아휴직 등의 사유 발생시 영유아보육을 위해 채용된 보육교사로 근로계약에 의하여 어린이집 운영시간(07:30~19:30) 중 정규 보육교사(담임)를 대신해서 일정 시간 동안 근무한다. 원장은 근무일수(주 또는 월), 1일 근무시간이 명시된 근로계약서를 작성 · 첨부하여 시장 · 군수 · 구청장에게 시간제 보육교사로 임면 보고한다.

연장보육전담교사제도

보육지원체계 개편으로 어린이집은 모든 영유아에게 적용되는 기본보육과 추가적 돌봄이 필요한 영유아에게 적용하는 연장보육으로 구분되며, 따라서 연장보육 시간에는 별도의 전담교사가 배치된다.

| 기본보육교사(담임교사) |

- 보육시간 : 07:30~16:00
- 기본보육교사(담임교사)의 업무
  - 기본보육 영유아 보육하기
  - 기본보육 전·후 시간에 필요시 통합보육 담당하기
  - 연장보육 신청 영유아 확인 및 지원하기
  - 연장보육 전담교사와 특이사항 이야기 나누기

| 연장보육교사 |

- 보육시간 : 16:00~19:30(평일 4시간 근무원칙, 휴게시간 30분 별도)
- 전담교사의 업무
  - 연장보육 영유아의 출결·이용시간 확인
  - 표준보육과정(누리과정)을 반영하되 놀이와 휴식 중심으로 연장보육 실행
  - 연장보육을 위한 환경구성(놀이자료 구비 등)
  - 연장반 보육일지 등 작성
  - 연장보육 영유아 안전관리
  - 하원지도

• 자원봉사자

「영유아보육법 시행규칙」에 의해 보육 등 아동복지에 관련된 학과의 학생 또는 육아 경험이 있는 여성들을 자원봉사자로 활용할 수 있으며 이 경우 시설의 사정에 따라 수당을 지급할 수 있다고 규정하고 있다. 이에 따라, 어린이집에서는 이러한 자원봉사자를 활용함으로써 교직원의 업무 부담을 덜고, 아동에게 양

질의 교육적 경험을 제공할 수 있다. 자원봉사자들은 어린이집에서 보육교사 보조활동, 보육 프로그램 지원활동, 가족 지원활동을 할 수 있다.

자원봉사자로서는 사회봉사활동 점수를 필요로 하는 고등학생이나 대학생, 인턴십을 필요로 하는 유아교육, 아동발달을 전공하는 대학생들을 활용할 수 있다. 또한, 학부모나 아동과의 경험을 필요로 하는 사람, 혹은 교육 경력이나 특기를 가진 주부 자원봉사자도 활용될 수 있다(이순형, 2010).

보통, 자원봉사자는 주로 부모 및 지역사회 구성원으로 구성되며, 보육실 안팎에서 영유아들의 활동과 교사의 업무를 돕는다. 보육실에서 가능한 자원봉사활동으로는 영유아의 놀이와 대집단활동 돕기, 축제나 음식 만들기 활동 등 학급의 특별행사에 참석하거나 진행 돕기, 일상적 양육활동 돕기 등이 있다. 보육실 밖에서 가능한 자원봉사활동으로는 영유아의 보육활동에 필요한 자료 제공하기, 교재 · 교구 세척 및 보수하기, 견학 동행하기 등이 있다.

- 보육인턴

보육인턴제도는 경제적 위기로 구직의 어려움을 겪고 있는 청년들에게 보육현장을 경험하게 하고, 일자리를 창출한다는 사회적 목적 및 보육서비스 향상을 위한 교육적 목적을 동시에 갖고 있다(김성기, 황준성, 2010). 학력 및 경력의 제한은 없으며 근로시간은 일 4시간, 월 20일 근무를 기준으로 하되 채용 후 해당 어린이집과 채용대상자와의 근로계약서 체결 내용에 의해 최종 확정된다. 6개월간 약정임금의 50%를 지원하며 보육교사로 경력은 인정되지 않는다(한국고용정보원 홈페이지). 보육인턴의 주요역할은 영유아보육, 장애아보육 등 취약보육업무 보조, 영유아 안전보호 및 급식 관련 조력, 기타 어린이집 운영상 제반 업무수행 등 고용시설과의 근로계약 체결상 업무를 수행한다.

(2) 기타 보육교직원

• 간호사 또는 양호교사

「영유아보육법」에서는 어린이집에서 영유아 100인 이상의 경우 간호사(간호조무사 포함) 1인을 두어야 한다고 규정하고 있다. 간호사는 영유아의 신체적 성장(키, 몸무게, 가슴둘레 등)과 운동발달에 관한 정기적인 체크, 건강진단, 전염성 질환의 예방과 격리조치, 안전사고의 예방과 치료, 투약, 응급조치를 위한 비상약품 및 의료기구의 비치 및 관리, 응급처치 요령의 전달교육 등의 역할을 수행한다.

• 영양사 및 조리사

어린이집에서는 영유아들이 장시간 머무르면서 점심식사는 물론, 오전 · 오후 두 번의 간식을 제공받는다. 특히, 최근 들어 시간연장형이나 24시간 보육 등 보육형태가 다양화됨에 따라 더욱 양질의 충분한 영양을 공급하는 것이 중요하다.

영양사는 식단작성, 재료구입, 취사부 조리활동지도, 조리과정과 각종 식기류와 집기류 위생관리 감독, 영양교육과 식습관지도가 주업무이다. 「영유아보육법」에 의하면 영유아 100인 이상을 보육하는 어린이집의 경우 영양사 1명을 두도록 규정하고 있으나, 어린이집 단독으로 영양사를 두는 것이 곤란한 경우에는 동일한 시 · 군 · 구의 5개 이내 어린이집이 공동으로 영양사를 둘 수 있다.

조리사는 식단에 따른 식사와 간식을 직접 만들어 제공하며, 주방의 식기와 식재료 등을 위생적으로 보관하고 관리하며, 영양사와 상의하여 영유아들이 음식을 잘 먹을 수 있도록 조리법을 연구 · 개발하는 업무를 수행한다. 취사부의 경우 특별한 제도적 자격기준이 없지만 영유아들에 대한 사랑과 이해의 마음가짐은 물론 건강과 안전, 영양에 대한 기본적인 소양을 갖추고 있어야 한다. 「영유아보육법」에 의하면 영유아 40인 이상 80인 이하를 보육하는 어린이집의 경우 취사부 1인을 두어야 하며, 영유아가 80인 추가할 때마다 1명씩 증원해야 한다.

• 특수교사

어린이집에서 장애아를 보육할 경우 장애아 9인당 1인의 특수교사를 배치하여야 하고 추가로 치료사를 배치할 수 있다. 보육교직원 임면권자가 특수교사 및 치료사를 채용하는 경우에는 자격기준을 갖춘 자를 채용하여야 하고 교직원 임면보고를 받은 시장 · 군수 · 구청장은 자격의 적격성 여부를 확인해야 한다.

<특수교사의 자격기준>

1. 「초·중등교육법」 제21조 제2항에 의한 교사자격기준 중 중등학교 정교사 1급 및 2급, 준교사 자격증을 취득한 경우
2. 「초·중등교육법」 제21조 제2항에 의한 교사 자격기준 중 치료교육과목의 특수학교 실기교사 자격증을 취득한 경우
3. 대학(전문대학 및 대학원 포함)에서 특수교육 혹은 재활관련학과를 전공하고 졸업한 경우

<치료사의 자격기준>

1. 국가에서 발급한 치료사 자격증(물리치료사, 작업치료사, 임상심리사 등) 소지자
2. 「자격기본법」에서 정한 절차에 따라 국가가 공인한 치료 관련 민간자격증 소지자
3. 한국학술진흥재단에 등재(후보)된 학술지를 발간하는 학회에서 소정의 절차를 거쳐 발급하는 치료사 자격증 소지자(언어치료(교육)사, 행동치료사, 미술치료사)
4. 한국언어치료전문가협회에서 발급하는 언어치료사 자격증 소지자

• 사무원

어린이집의 전반적인 행정업무를 담당하는 직원으로서 각종 공문서의 처리, 보육교직원과 영유아들에 대한 각종 기록의 관리, 영유아들의 보육료 수납을 포

함한 어린이집의 재정 및 기타 행정업무를 담당한다. 대체로 규모가 큰 어린이집에서는 별도로 사무원을 두고 있으나 소규모 어린이집에서는 원장이나 보육교사가 이 업무를 담당하는 경우도 있다. 대체로 사무원은 고졸 이상의 학력을 갖추고 사무처리 능력이 있는 사람이면 가능하다.

• 관리인 및 운전기사

어린이집에서 차량을 운행할 경우 운전기사를 고용하며, 차량운행을 하지 않는 시간에는 비품과 시설관리 및 운반 등 관리인의 역할을 담당할 수 있다. 관리인 또는 운전기사의 구체적인 역할을 정리하면 다음과 같다.

- 어린이집의 보수 · 관리
- 경비, 휴일당직근무
- 비품, 교구의 운반 및 수리
- 실내외 공동구역의 청소 및 관리

4) 보육교직원의 윤리

어린이집 현장에서 보육교직원들은 매일 수많은 결정을 해야 하며, 그 결정들은 도덕적 · 윤리적 가치에 근거하여야 한다. 이를 위해서 우리나라에서는 한국어린이집총연합회와 육아정책연구소(2010)에서 보육교직원이 지켜야 할 윤리강령을 다음과 같이 제시하였다.

표 2-2 | 보육교직원 윤리강령 선언문

〈보육교직원 윤리강령〉

서문

보육은 영유아를 건강하게 양육하고, 안전하게 보호하며, 발달특성에 적합한 교육을 제공하는 복지서비스이며, 보육인은 사랑과 존중과 전문지식을 바탕으로 영유아의 전인적 성장에 영향을 미치는 전문직업인이다. 그러므로 보육인은 윤리적 의식과 태도를 가지고 사회적 본분에 임해야 한다.

이에 어린이집 원장과 보육교사는 스스로 책무성을 발현하여 윤리강령을 제정함을 밝힌다. 본 강령을 직무수행의 규준으로 삼아, 보육현장에서 발생하는 윤리적 갈등을 해결하고, 생존권, 보호권, 발달권, 참여권 등 영유아의 권리를 보장함으로써, 직무상의 윤리적 책임을 다하여 전문직업인으로서의 위상을 공고히 하고자한다.

더불어 영유아와 그 가정, 동료와 사회의 존엄성을 존중하는 보육의 실천으로 다각적인 신뢰를 구축하고, 영유아의 잠재력을 최대한 발휘시킴으로써 영유아가 긍정적인 자아개념을 형성하고 유능한 사회인으로 성장할 수 있도록 도와, 궁극적으로는 영유아와 그 가정, 동료와 사회의 통합적 · 이상적 복지 실현에 기여하고자 한다.

제 I 장. 영유아에 대한 윤리

1. 영유아에게 고른 영양과 충분한 휴식을 제공하여, 몸과 마음이 건강한 사람으로 자라도록 돕는다.
2. 성별, 지역, 종교, 인종, 장애 등 어떤 이유에서도 영유아를 차별하지 않고, 공평한 기회를 제공한다.
3. 영유아는 다치기 쉬운 존재임을 인식하여 항상 안전하게 보호한다.
4. 영유아에 대한 정서적, 언어적, 신체적 학대를 행하지 않는다.
5. 어린이집 내외에서의 영유아 학대나 방임을 민감하게 관찰하며, 필요한 경우 관련 기관에 보고하고 조치를 취한다.
6. 영유아의 인격을 존중하고, 개인의 잠재력과 개성을 인정한다.
7. 개별적 상호작용 속에서 영유아의 요구를 수용하기 위해 노력한다.
8. 영유아의 사회 · 정서 · 인지 · 신체 발달을 통합적으로 지원하는 보육 프로그램을 실시한다
9. 특별한 도움을 필요로 하는 경우, 전문가와 협력하여 영유아의 입장에서 최선의 대안을 찾는다.
10. 보육활동을 계획, 실행, 평가하는 모든 과정에 영유아의 흥미와 의사를 반영한다.
11. 영유아의 개인적 기록과 정보에 대해 비밀을 보장한다.

제Ⅱ장. 가정에 대한 윤리

1. 상호 신뢰를 바탕으로 영유아의 가정과 동반자적인 관계를 유지한다.
2. 각 가정의 양육가치와 의사결정을 존중한다.
3. 경제적 수준, 가족형태, 지역, 문화, 관습, 종교, 언어 등 어떤 것에 의해서도 영유아의 가정을 차별대우하지 않는다.
4. 보육활동 및 발달 상황에 관한 정보를 정확하게 제공하여 영유아에 대한 가정의 이해를 돕는다. 다문화, 심신장애 등으로 의사소통에 도움이 필요한 경우 문제를 해결할 최선의 방법을 도모한다.
5. 어린이집 운영 전반에 관한 정보를 공개하여 영유아 가정의 알 권리에 응한다.
6. 보육 프로그램과 주요 의사결정에 영유아의 가정이 참여하도록 안내한다.
7. 필요한 사회적 지원, 전문서비스 등 관련 정보를 제공하여 영유아 가정의 복리 증진을 돕는다.
8. 영유아 가정의 사생활을 보호하고 익명성을 보장한다.

제Ⅲ장. 동료에 대한 윤리

[어린이집 원장]

1. 최상의 보육서비스 제공에 필요한 인적 · 물적 환경의 조성 및 유지를 위해 노력한다.
2. 보육교사를 신뢰하고 존중하며 전문성과 자율성을 인정한다.
3. 성별, 학연, 지연, 인종, 종교 등에 따라 보육교사를 차별하지 않는다.
4. 업무 관련 의사결정이 필요한 경우, 보육교사의 의견 개진 기회를 보장한다.
5. 보육교사에게 지속적 재교육 등 전문적 역량 제고의 기회를 부여한다.
6. 보육교사에게 적정 수준의 보상(보험, 급여 등)을 안정적으로 제공하며, 복지증진에 힘쓴다.
7. 보육교사 개인의 기록과 정보에 대한 비밀을 보장한다.

[보육교사]

1. 존중과 신뢰를 바탕으로 협력하며, 서로의 전문성과 자율성을 인정한다.
2. 상호간 역량계발과 복지증진에 부합하는 근무 환경이 되도록 힘쓴다.
3. 어린이집 원장 및 동료와 영유아 보육에 대한 신념을 공유한다.
4. 보육교사로서의 전문성 향상을 위해 스스로 노력한다.
5. 어린이집 내에서 영유아 및 보육교사의 인권과 복지를 위협하는 비윤리적 사태가 발생한 경우, 법률규정이나 윤리기준("한국어린이집연합회 윤리강령위원회" 참조)에 따라 조치를 취한다.

제Ⅳ장. 사회에 대한 윤리

1. 공보육에 대한 책임을 인식하고, 항상 질 좋은 보육서비스를 제공한다.
2. 영유아의 안전을 위협하는 환경이나 정책이 발견될 시, 관계기관과 협의하여 개선한다.
3. 공적 책임이 있는 어린이집으로서 재정의 투명성을 유지하고, 부정한 방법으로 사적 이익을 취하지 않는다.
4. 영유아의 권익보호를 위해 관련 정책 결정 및 법률 제정에 적극 참여하며, 사회적으로 이를 널리 알리는 데 앞장선다.
5. 지역사회 실정에 맞는 어린이집의 책임과 역할을 인지하고, 실천하고자 노력한다.

표 2-3 | 보육인 윤리선언문

〈보육인 윤리선언〉

나는 영유아의 건강한 성장과 발달을 지원하는 보육교직원으로서, 직무상의 윤리적 책임을 다하여 다음 사항들을 지킬 것을 다짐합니다.

1. 나는 내가 영유아에게 지대한 영향을 미치는 존재임을 잊지 않으며, 항상 스스로의 말과 행동에 신중을 기한다.
1. 나는 영유아의 인격과 권리를 존중하며, 어떠한 경우에도 영유아에게 해가 되는 일을 하지 않는다.
1. 나는 영유아 가정의 다양성을 이해하고 존중하며, 상호 신뢰하는 동반자적 관계를 유지한다.
1. 나는 동료를 존중하고 지지하며, 서로 협력하여 최상의 보육서비스를 제공하기 위해 노력한다.
1. 나는 보육의 사회적 책임과 역할을 인식하고, 영유아의 권익과 복지를 위한 활동에 앞장선다.
1. 나는 「보육교직원 윤리강령」을 직무수행의 도덕적 규준으로 삼아 진심을 다하여 충실히 이행한다.

2. 보육교직원의 유형 및 자격

보육교직원은 넓은 의미에서 보호와 관련된 일을 하는 사람, 좁은 의미에서 어린이집에서 보육과 관련된 일에 종사하는 사람으로 정의할 수 있다. 일반적으로 보육교직원은 원장 및 보육교사, 그 밖의 종사자를 가리킨다.

여기에서는 보육교직원의 종별 및 자격기준, 보육교직원의 유형 및 배치기준, 보육교직원 양성과정 및 전문성 향상에 대해 알아보기로 한다.

1) 보육교직원의 종별 및 자격기준

보육교직원은 어린이집에서 영유아의 보육, 건강관리 및 보호자와의 상담, 그 밖에 어린이집 관리 · 운영들의 업무를 담당하는 자로서 어린이집의 원장 및 보육교사, 그 밖의 종사자를 말한다. 보육교직원의 종별과 자격기준을 구체적으로 살펴보면 다음과 같다.

표 2-4 | 보육교직원의 종별 및 자격

구분	자격기준
원장	가. 일반기준 (1) 보육교사 1급 자격을 취득한 후 2년 이상의 보육 등 아동복지업무 경력이 있는 자 (2) 유아교육법에 의한 유치원 정교사 2급 자격을 취득한 후 5년 이상의 보육 등 아동복지업무 경력이 있는 자 (3) 초 · 중등교육법에 의한 초등학교 정교사 자격을 취득한 후 5년 이상의 보육 등 아동복지업무 경력이 있는 자

구분	자격기준
원장	(4) 사회복지사업법에 의한 사회복지사 1급 자격을 취득한 후 5년 이상의 보육 등 아동복지업무 경력이 있는 자 (5) 의료법에 의한 간호사 자격을 취득한 후 7년 이상의 보육 등 아동복지업무 경력이 있는 자 (6) 국가 또는 지방자치단체에서 7급 이상의 공무원으로 보육 등 아동복지업무에 5년 이상 근무한 경력이 있는 자 나. 가정보육시설 (1) 일반 기준에서 정한 자격을 갖춘 자 (2) 보육교사 2급 자격을 취득한 후 2년 이상의 보육업무경력이 있는 자 다. 영아전담보육시설: 만 3세 미만의 영아만을 20인 이상 보육하는 시설 (1) 일반기준에서 정한 자격을 갖춘 자 (2) 간호사 자격증을 취득한 후 5년 이상의 아동간호업무 경력이 있는 자 라. 장애아전담보육시설: 장애인복지법 제32조에 따라 장애인으로 등록된 영유아만을 20인 이상 보육하는 시설 (1) 일반기준에서 정한 자격을 갖춘 자로서 다음 각 호의 어느 하나에 해당하는 자 – 대학(전문대학 포함)에서 장애인 복지 및 재활 관련 학과를 전공한 자 – 장애아보육시설에서 2년 이상의 보육업무경력이 있는 자 – 여성부령이 정하는 장애아 보육 직무교육을 받은 자 마. 대학(전문대학 포함) 또는 보육교사 교육원 부설 보육시설 (1) 보육시설을 운영하는 대학의 전임강사 또는 교육훈련시설의 전임교수 이상으로서 보육 관련 교과목에 대하여 3년 이상의 교육경력이 있는 자 바. 가목부터 라목까지의 어느 하나에 해당하는 사람은 보건복지부령으로 정하는 사전직무교육을 받아야 한다.
보육교사 1급	• 보육교사 2급 자격을 취득한 후 3년 이상의 보육업무 경력이 있는 사람으로서 보건복지부장관이 정하는 승급교육을 받은 자 • 보육교사 2급의 자격과 보육 관련 대학원에서 석사학위를 취득한 자로서 1년 이상 보육업무 경력과 보건복지부장관이 정하는 승급교육을 받은 자

구분	자격기준
보육교사 2급	• 전문대학 또는 이와 동등 이상의 학교에서 보건복지부령이 정하는 보육 관련 교과목 및 학점을 이수하고 졸업한 자 • 보육교사 3급 자격을 취득한 후 2년 이상의 보육업무경력과 보건복지부장관이 정하는 승급교육을 받은 자
보육교사 3급	• 고등학교 또는 이와 동등 이상의 학교를 졸업한 자로서 보건복지부령이 정하는 교육 관련 시설에서 정해진 소정의 교육과정을 수료한 자

출처: 영유아보육법 제21조 관련 영유아보육법 시행령(별표 1)

2) 보육교직원의 유형 및 배치기준

보육교직원은 원장, 보육교사, 간호사, 영양사, 취사부 등으로 그 유형을 나누어 볼 수 있다. 보육교직원의 유형 및 배치기준을 구체적으로 살펴보면 다음과 같다.

표 2-5 | 보육교직원의 배치기준

교직원 유형	배치기준
원장	• 어린이집의 원장 1명 • 영유아 20명 이하를 보육하는 어린이집은 원장이 보육교사를 겸임할 수 있음
보육교사	• 만 1세 미만 영아: 3명당 1명 • 만 1세 이상 만 2세 미만 영아: 5명당 1명 • 만 2세 이상 만 3세 미만 영아: 7명당 1명 • 만 3세 이상 만 4세 미만 영아: 15명당 1명 • 만 4세 이상 미취학 유아: 20명당 1명 (유아 40명당 1명은 1급 보육교사 자격증 소지자여야 함) • 취학아동: 20명당 1명 • 장애아보육: 장애아 3명당 1명 (장애아 9명당 1명은 특수교사 자격증 소지자여야 함)

교직원 유형	배치기준
간호사[1]	영유아 100명 이상 보육: 1명(간호조무사 포함)
영양사[2]	영유아 100명 이상 보육: 1명 (어린이집 단독으로 영양사를 두는 것이 곤란한 경우는 동일한 시 · 군 · 구의 5개 이내 어린이집이 공동으로 영양사를 둘 수 있음)
취사부	영유아 40명 이상 80명 이하를 보육하는 경우: 1명
그 밖의 보육교직원	어린이집의 규모와 특성에 따라 의사(또는 촉탁의사), 사회복지사, 사무원, 관리인, 위생원, 운전기사, 특수교사(치료사) 등의 보육교직원을 둘 수 있음

출처: 영유아보육법 제17조 및 시행규칙 제10조(별표 2)

보육교사의 배치기준 중 영유아와 보육교사의 비율은 보육의 질적 수준과 관련된 구조적 요인으로(Bredekamp & Cople, 1997), 영유아에게 양질의 보육을 제공하기 위한 가장 기본적인 요소라고 할 수 있다. 현행「영유아보육법」에서는 만 0세는 3명당 교사 1인, 만 1세는 5명당 교사 1인, 만 2세는 7명당 교사 1인, 만 3세는 15명당 교사 1인, 만 4, 5세는 20명당 교사 1인으로 종전 법에 비해 영유아 대 교사의 배치기준을 강화하였다.

NAEYC(1998)에서 권장하는 영유아 대 교사의 비율과 비교하면(예: 1세 영아 3명당 교사 1인, 2세 영아 4명당 교사 1인) 우리나라의 영유아 대 교사의 비율은 여전히 높아 발달에 적합한 영유아 대 보육교사의 비율에 대해 생각해 볼 필요가 있다(박찬옥 외, 2013).

1) 어린이집의 장이 간호사 자격이 있는 경우 겸직할 수 있음
2) 어린이집의 장이 영양사 자격이 있는 경우 겸직할 수 있음

3) 보육교직원 양성과정 및 전문성 향상

보육교사를 대상으로 하는 교육에는 직전교육과 현직교육 그리고 의무교육이 있다. 보육교사의 양성과정은 직전교육으로서 보육교사의 자격을 갖추기 위한 자격 취득교육이다. 보육교사 양성과정은 「영유아보육법」에 준하여 시행되고 있다. 또한 현직교육으로는 보수교육이 있는데, 이는 보육교사의 유능성과 전문성을 키우기 위한 재교육이다. 아울러 개인정보보호 교육 등 보육교직원의 의무적으로 받아야 할 교육이 있다.

(1) 보육교사 양성과정

보육교사로 근무하기 위해서는 어린이집에서 근무하는 자격기준(「영유아보육법 시행령」 제12조)에 해당하는 사람으로서 보건복지부 장관이 검정 수여하는 국가자격증을 발급받은 사람이어야 한다. 보육교사 국가자격증을 취득하기 위해서는 교육훈련시설(보육교사교육원)을 수료하여 보육교사 3급 자격증을 신청하는 것과 전문대학 또는 이와 동등 이상의 학교를 졸업하여 보육교사 2급 자격증을 신청하는 방법이 있다.

표 2-6 | 보육교사 국가자격증 취득방법

훈련장소	자격종별	내용
교육훈련시설 (보육교사 교육원 수료)	보육교사 3급 자격증	영유아보육법 제21조 제2항 제2호의 규정에 의해 고등학교 또는 이와 동등 이상의 학교를 졸업한 사람으로서 보건복지부령이 정하는 교육훈련시설에서 소정의 교육과정을 수료한 경우
전문대학 또는 이와 동등 이상의 학교 졸업	보육교사 2급 자격증	영유아보육법 제21조 제2항 제1호의 규정에 의해 고등교육법에 의한 전문대학 또는 이와 동등 이상의 학교에서 보건복지부령이 정하는 보육 관련 교과목 및 학점을 이수하고 졸업한 경우

현재 보육교사 자격증 취득을 위해 이수하여야 할 교과목 및 학점은 다음 표 2-7과 같다.

표 2-7 | 대학 등에서 이수하여야 할 교과목 및 학점[3]

영역		교과목	이수과목(학점)
교사인성영역 (필수교과목)		보육교사(인성)론, 아동권리와 복지	2과목(6학점)
보육지식과 기술영역	필수 교과목	보육학개론, 보육과정, 영유아발달, 영유아교수방법론, 놀이지도, 언어지도, 아동음악(또는 아동동작, 아동미술), 아동수학지도(또는 아동과학지도), 아동안전관리(또는 아동생활지도)	9과목(27학점)
	선택 교과목	아동건강교육, 영유아사회정서지도, 아동문학교육, 아동상담론, 장애아지도, 특수아동이해, 어린이집운영관리, 영유아보육 프로그램개발과 평가, 보육정책론, 정신건강론, 인간행동과 사회환경, 아동간호학, 아동영양학, 부모교육론, 가족복지론, 가족관계론, 지역사회복지론	2과목(6학점 이상)
보육실무영역 (필수교과목)		아동관찰 및 행동연구, 보육실습	2과목(6학점)
전체		17과목(51학점) 이상	

출처: 영유아보육법 시행규칙 제12조 제1항(별표 4)

특히 이수교과목 중 대면교과목인 경우 과목당 8시간 이상 출석수업, 1회 이상 출석시험을 실시하도록 규정하고 있다. 단, 보육실무영역의 보육실습교과목

3) 각 교과목은 3학점을 기준으로 하되, 최소 2학점이어야 함

의 경우는 보육실습기준에 따르도록 규정하고 있다. 대면교과목은 다음과 같다.

표 2-8 | 대면교과목

영역	교과목
교사인성영역	보육교사(인성)론, 아동권리와 복지
보육지식과 기술영역	놀이지도, 언어지도, 아동음악(또는 아동동작, 아동미술), 아동수학지도(또는 아동과학지도), 아동안전관리(또는 아동생활지도)
보육실무영역	아동관찰 및 행동연구, 보육실습

출처: 영유아보육법 시행규칙 제12조 제1항(별표 4)

보육실습은 법적으로 정원 15명 이상을 인가받고, 평가인증을 유지하는 어린이집 또는 교육청에 종일제 유치원으로 등록되어 있고 종일제 과정을 운영하는 유치원에서 보육교사 1급 또는 유치원 정교사 1급 자격을 가진 사람이 실습을 지도하여야 한다. 이 경우 실습지도교사 1명당 보육실습생은 3명 이내로 한다.

보육실습기간은 6주(240시간)이며, 실습을 2회에 나누어 실시할 수도 있다. 실습평가는 보건복지부 장관이 정하는 보육실습일지와 실습평가서에 근거하되, 평가점수가 80점 이상인 경우 실습을 이수한 것으로 인정한다. 보육실습기준에 대한 내용을 표로 요약하며 다음과 같다.

표 2-9 | 보육실습기준

구분	기준
실습운영	이론수업과 보육현장실습으로 운영
실습기간	6주 240시간(2회에 나누어 실시 가능)

구분	기준
실습기관	• 정원 15명 이상으로 평가인증을 유지하는 어린이집 • 종일제 과정을 운영하는 유치원
실습지도교사	• 보육교사 1급 또는 유치원정교사 1급 • 실습지도교사 1명당 보육실습생 3명 이내 지도
실습인정시간	• 평일(월요일~금요일) 오전 9시~오후 7시 • 실습시간은 하루에 8시간을 초과할 수 없음
실습평가	• 보육실습일지, 실습평가서 작성 • 평가점수 80점 이상

출처: 영유아보육법 시행규칙 제12조 제1항(별표 4)

(2) 보육교사의 전문성 향상

보육교사로 재직 중인 교사는 유능성과 전문성을 키워나가기 위하여 자기계발과 현직교육이 필수적이다. 현직교육이란 보육교사가 계속해서 성장과 발전을 할 수 있도록 도움을 주는 것으로 보건복지부 장관이 시행하는 보수교육, 각종 자격연수, 직무연수, 교내연수, 교사들이 자발적으로 행하는 자기 연수를 포함하는 개념이라 할 수 있다.

그중 보수교육은 정부중심으로 이루어지며, 보육종사자의 자질 향상을 위해 실시하는 교육이다. 보수교육에는 보육에 필요한 능력을 유지 · 개발하기 위하여 보육시설 종사자가 정기적으로 받는 직무교육(일반직무교육, 특별직무교육)과 보육교사가 상위 등급의 자격을 취득하기 위해 받아야 하는 승급교육(1급 승급교육, 2급 승급교육)이 있다. 보육교사의 보수교육과정은 다음의 **표 2-10**과 같다.

표 2-10 | 보육교사의 보수교육과정[4)]

<table>
<tr><th colspan="3">과정명</th><th>교육대상</th><th>시간(과목수)</th><th>비고</th></tr>
<tr><td rowspan="6">직무교육과정</td><td rowspan="3">일반직무교육</td><td>보육교사과정</td><td>• 현직에 종사하고 있는 보육교사로서 보육업무경력이 만 2년을 경과한 자
• 보육교사 직무교육(승급교육 포함)을 받은 해로부터 2년이 경과한 자</td><td>40(20)</td><td>매 3년마다</td></tr>
<tr><td>원장과정</td><td>• 원장직무교육을 받은 해로부터 만 2년을 경과한 자</td><td>40(20)</td><td>매 3년마다</td></tr>
<tr><td>신규원장</td><td>• 현직에 종사원장으로 어린이집 원장의 직무를 담당하는 첫해에 해당하는 자</td><td>40(21)</td><td>원장 첫해</td></tr>
<tr><td rowspan="3">특별직무교육</td><td>영아보육</td><td>• 영아보육을 담당하고 있는 일반직무교육 대상자
• 영아보육을 담당하고자 하는 보육교사 및 원장</td><td>40(20)</td><td>이수하고자 하는 자</td></tr>
<tr><td>장애아보육과정</td><td>• 장애아보육을 담당하고 있는 일반직무교육 대상자
• 장애아보육을 담당하고자 하는 보육교사 및 원장</td><td>40(20)</td><td>이수하고자 하는 자</td></tr>
<tr><td>방과후보육과정</td><td>• 방과후보육을 담당하고 있는 일반 직무교육 대상자
• 방과후보육을 담당하고자 하는 보육교사 및 원장</td><td>40(20)</td><td>이수하고자 하는 자</td></tr>
<tr><td rowspan="2">승급</td><td colspan="2">2급 승급교육과정</td><td>• 보육교사 3급의 자격을 취득한 후 보육경력이 만 6개월이 경과한 자</td><td>80(21)</td><td rowspan="2">이수하고자 하는 자</td></tr>
<tr><td colspan="2">1급 승급교육과정</td><td>• 2급 보육교사 자격 취득 후 보육업무 경력이 만 2년 이상이 경과한 자
• 석사학위 소지자로서 보육경력 만 6개월 경과자</td><td>80(20)</td></tr>
</table>

출처: 보건복지부(2013a)

4) 보수교육을 연속하여 3회 이상 받지 아니하는 경우 자격이 정지될 수 있으므로 보수교육대상자는 필히 보수교육을 이수하여야 한다.

보육교사의 보수교육에 관한 이수기준은 다음과 같다.

- 직무교육: 직무교육을 이수하여야 하는 연도에 직무교육을 이수하지 못한 경우에는 다음 연도에 이수하게 하여야 하며, 특별직무교육을 이수한 경우에는 일반 직무교육을 이수한 것으로 한다.
- 승급교육: 직무교육과 승급교육은 같은 해에 받아야 하는 경우에 승급교육을 받은 자는 직무교육을 생략할 수 있다.
- 교육내용: 보육기초, 발달 및 지도, 영유아교육, 영유아의 건강 · 안전, 가족 및 지역사회 협력, 보육사업의 운영에 관한 영역이 포함되도록 하되, 구체적인 내용은 보건복지부 보육사업 안내 보수교육 과정별 교과목 및 시간에 의한다.
- 이수기준: 해당 교육시간을 모두 출석한 경우에만 이수한 것으로 인정한다. 직계가족의 사망, 사고 또는 결혼이나, 본인의 사고, 질병, 출산 등으로 인한 결석의 경우에는 교육시간의 최대 20% 범위 안에서 출석한 것으로 인정하되, 출석을 인정받기 위하여서는 관련 서류를 제출하여야 한다.
- 승급교육대상자는 출석시간 기준을 충족하고 평가시험에서 80점 이상을 득점하여야 한다.

(3) 보육교직원의 의무교육

보육교직원의 의무교육은 다음과 같다.

표 2-11 | 보육교직원의 의무교육

교육명	구분	내용
개인정보 보호 교육	근거	개인정보보호법 제28조(개인정보 취급자에 대한 감독) ② 개인정보처리자는 개인정보의 적정한 취급을 보장하기 위하여 개인정보 취급자에게 정기적으로 필요한 교육을 실시하여야 한다.

교육명	구분	내용
개인정보 보호 교육	대상	개인정보의 이용, 활용 등 실질적으로 개인정보를 취급하는 자
	교육횟수	① 개인정보보호법에 따르는 사업장: 연 1회 이상 (개인정보보호법 준수사업장: 개인정보를 취하는 모든 사업장) ② 정보통신망 이용 촉진 및 정보보호 등에 관한 법률을 따른 사업장: 1년 2회 이상 (정보통신망법 준수사업장: 정보통신망을 통해 개인정보의 송 · 수신이 이루어지는 사업장)
	교육정보	행정자치부 '개인정보보호 종합포털' (http://www.privacy.go.kr)
	관련문의	법령문의 02–2100–2817/교육문의 02–2100–4104
다중이용 시설 등의 실내 공기 질 관리자	근거	다중이용시설 등의 실내 공기질 관리법 제7조 시행령 제2조(의무)
	대상	연면적 430m² 이상인 국 · 공립어린이집, 법인 어린이집, 직장어린이집 및 민간어린이집 기관장 또는 관리 책임자
	교육횟수	• 신규교육: 1년 이내에 1회
		• 보수교육: 신규교육을 받은 날을 기준으로 3년마다 1회
	교육정보	환경보전협회(http://epa.ecoedu.go.kr)
	관련문의	경기협회 031–253–0312/4
석면 건축물 안전 관리인 교육	근거	석면안전관리법 제24조(의무)
	대상	연면적 430m² 국 · 공립어린이집, 법인 어린이집, 직장어린이집 및 민간어린이집 석면건축물관리자(관리책임자–담당 보육교직원)
	교육횟수	신고 또는 변경신고를 한 날로부터 1년 이내(교육시간 6시간)
	교육정보	국립환경인력개발원 e–러닝 (http://e–learning.me.go.kr)
	관련문의	사이버교육팀 032–560–7798/7779/7786

교육명	구분	내용
식품위생 교육	근거	식품위생법 제41조(의무)
	대상	50인 이상 집단 급식소의 기관장 또는 관리책임자(조리사, 영양사 등)
	교육횟수	연 1회
성희롱 예방 교육	근거	남녀고용평등과 일 · 가정 양립지원에 관한 법률 제13조 및 동법 시행령 제3조
	대상	사업주 및 모든 직원
	교육횟수	• 연 1회: 사업의 규모나 특성을 고려하여 직원연수, 조회, 회의, 인터넷 등 정보통신망을 이용한 사이버교육 등을 통하여 실시 • 상시 10명 미만의 근로자를 고용하거나, 사업주 및 근로자 모두가 남성 또는 여성 중 어느 한 성으로 구성된 경우의 사업주는 홍보물을 게시하거나 배포하는 방법으로 직장 내 성희롱 예방교육 실시
	교육정보	여성가족부 예방교육통합관리(https://shp.mogef.go.kr)
	관련문의	02-2100-6437~40
성폭력 예방 교육	근거	성폭력방지 및 피해자 보호 등에 관한 법률 제5조(의무)
	대상	모든 보육교직원
	교육횟수	연 1회
	교육정보	여성가족부 예방교육통합관리(https://shp.mogef.go.kr) 예방교육통합관리시스템에 성폭력예방교육 추진실적등록 필요
	관련문의	02-2100-6437~40

교육명	구분	내용
아동학대 예방교육	근거	아동복지법 시행규칙 제14조, 2015 어린이집 부모모니터링 지표 12-①(보육교직원 대상으로 외부기관 또는 어린이집 자체적으로 아동 학대예방교육을 실시하는지 기록 확인)
	대상	모든 보육교직원
	교육횟수	연 1회
	교육정보	• 온라인교육: 중앙육아종합지원센터 e러닝 (http://lms.educare.or.kr) • 집합교육: 경기도 육아 종합지원센터 (http://gyeonggi.childcare.go.kr)
	관련문의	02-6901-0218/031-258-1485
어린이집 놀이시설 안전교육	근거	어린이 놀이시설 안전관리법 제20조(의무)
	대상	어린이 놀이시설이 되어 있는 경우 안전관리책임자(담당보육교직원)
	교육횟수	• 신규교육: 어린이 놀이시설 인도받은 날부터 6개월 이내, 안전관리자가 변경된 날, 또는 안전교육 유효기간이 만료되는 경우 만료 전 3개월 이내 • 보수교육: 2년마다 1회
	교육정보	한국생활안전연합(http://playsafety.or.kr) 대한산업안전협회(http://edu.safety.or.kr) 한국안전교육협회(http://koreakid.co.kr)
	관련문의	02-3476-0119/02-860-7000/055-352-2276
어린이집 통학차량 운전자 교통안전 교육	근거	• 도로교통법 제53조 제3항, 시행령 제31조 제2항, 시행규칙 제37조 제2항(의무) • 2015.1.29. 이후 확인대상 어린이집은 개정된 「도로교통법」의 안전교육 이수기간 적용(제53조의3)

교육명	구분	내용
어린이집 통학차량 운전자 교통안전 교육	대상	어린이 통학버스 운영자 및 운전자
	교육횟수	• 신규안전교육: 어린이 통학버스 운영 또는 운전을 하기 전에 실시 • 정기 안전교육: 2년마다 정기적으로 실시
	교육정보	한국도로교통공단(http://www.koroad.or.kr)
	관련문의	경기지부 031-8806-1114

출처: 박희숙 외(2017)

3. 어린이집과 부모 및 지역사회와의 협력

어린이집 운영의 중요한 변인 중 하나가 부모와 지역사회와의 연계이다. 즉 부모, 교사 및 지역사회가 함께 협력할 때 효과적인 영유아보육이 이루어질 수 있다는 것이다.

여기에서는 어린이집과 부모 및 지역사회와의 협력에 대해 알아보기로 한다.

1) 어린이집과 부모와의 협력

건강하고 행복한 어린이집이 되고, 교사와 영유아가 즐겁게 관계를 형성하는 데는 부모와의 협력이 무엇보다 중요하다.

(1) 부모의 역할과 중요성

부모는 영유아들에게 가장 의미 있는 사람이다. 부모는 영유아의 주변에서 영유아의 발달을 촉진시켜주고 지원해 주는 역할을 하기 때문이다. 바버(Barbour, 1997)는 연구를 통해 영유아발달과정에서 가정, 영유아교육기관, 사회, 대중매체가 영유아의 연령에 따라 어느 정도 영향을 미치는지 확인하였다. 그 결과 영유아시기에는 가정의 요인이 미치는 영향이 가장 크다고 밝혀졌다. 따라서 자녀교육에 있어서 7~8세까지는 부모의 역할이 중요하다는 것을 알 수 있다. 또한 부모의 역할이나 양육태도와 관련된 연구 결과를 살펴보면, 부모의 역할이나 양육태도가 자녀들의 발달을 돕고 바람직한 방향으로 성장하도록 돕기도 하지만 문제행동을 야기시키는 부정적 영향을 제공하기도 하여 영유아의 발달에 매우 중요한 변수라는 것을 밝히고 있다(박찬옥 외, 2014).

또한, 부모는 주 양육자로서 영유아의 보육 경험에 중요한 영향을 미친다. 부모는 어린이집을 선택하고, 그만두는 것을 결정하므로, 영유아가 경험하는 보육의 안정성에 직접적인 영향을 미친다. 여러 연구를 통해 영유아의 보육 경험이 긍정적인 결과로 이어지는 데는 부모가 큰 영향을 미친다는 것을 보여주고 있다(Howes & Ponciano, 2000; 조혜경 외, 2017).

(2) 부모참여

① 부모참여의 개념 및 중요성

부모참여란 부모가 자녀의 교육을 위해 실제 보육활동과 어린이집 운영에 참여하는 모든 활동이라고 볼 수 있다. 과거에는 주로 부모는 가르쳐야 할 대상으로 생각하여 양육 방법에 대한 이해나 지식을 증진시키는 소극적이고 수동적인 부모교육적 측면이 강조되었다. 그러나 최근의 부모교육은 부모가 적극적인 참여를 장려하여, 부모가 어린이집에서 교사의 보육활동을 도와주고 어린이집의 운영에도 참여하는 등 보육지원자로서의 역할도 하게 되는 수준으로 확대하여 부모참여의 개념을 정의하고 있다.

부모가 어린이집과 긴밀한 유대를 가지고 상호 협력하여 학습현장에 직접 참여하게 되면 교육적 측면에서 더 높은 효율성을 얻게 된다는 것이 밝혀지면서 부모가 다양한 역할로 영유아보육에 참여하게 되었다. 따라서 부모참여란 교육기관에서의 부모교육, 의사결정, 교사와의 정보교환 등을 포함한 포괄적인 의미로서 부모가 어린이집의 동반자로서 협력하며 자녀교육에 대한 책임을 나누어지고 영유아들의 교육과 성장발달을 위해 노력하는 모든 과정이라고 할 수 있다(강문희 외, 2002). 부모참여의 이점을 영유아, 부모, 교사의 입장에서 살펴보면 다음과 같다(김경회 외, 2006; 조혜경 외, 2015).

• 영유아

부모참여를 통해 교사와 부모는 영유아에 관한 많은 정보를 공유하게 된다. 즉, 교사와 부모가 어린이집과 가정이라는 각각 다른 상황에서 영유아를 관찰한 정보를 서로 나누게 되면서 영유아를 더 잘 이해할 수 있게 된다. 또한 부모와 교사는 영유아를 일관성 있게 지도할 수 있으며, 아울러 영유아에게 가장 적절한 반응을 제공할 수 있게 된다.

• 부모

부모참여를 통해서 부모들도 많은 도움을 받을 수 있다. 현재의 젊은 부모들은 자신의 부모들의 도움 없이 자녀를 양육해야 하므로 자녀양육이 힘들고 과중하게 느껴진다. 이런 상황에서 부모참여를 통해 보육교사와 긴밀한 의사소통을 한다면, 양육에 대한 부담이나 불안이 어느 정도 해소될 수 있을 것이다. 즉 어린이집은 일종의 확대가족 같은 역할을 하며 부모와 자녀양육의 책임을 나누는 느낌이 들게 한다.

또한 보육교사는 영유아의 발달과정을 잘 알고 있고 이들을 보육하고 지도하는 데 필요한 기술을 가진 전문가이므로 부모가 교사와 자주 접하거나 보육실활동에 참여하게 되면 보육에 관한 지식이 많아져 부모로서의 효능감이 제고될 수 있다. 아울러 학급운영방식이나 하루 일과에 대한 정보의 공유로 부모는 자녀의 보육을 더 잘 이해할 수 있게 된다. 따라서 자녀와 어린이집의 일과나 활동에 대해 의미 있는 대화를 나눌 수 있으며, 교사의 업무나 보육과정을 잘 이해하게 됨으로써 교사에 대해 긍정적인 태도를 가질 수 있게 된다.

• 교사

부모참여를 통해 교사가 받을 수 있는 도움은 두 가지로 나누어 볼 수 있다. 그 내용을 구체적으로 살펴보면 다음과 같다.

첫째, 영유아는 어린이집에 오기 전에 이미 다른 경험과 행동양식을 가지고 있으며, 이에 따라 영유아 개개인은 독특한 욕구와 흥미를 가지고 있다. 교사가 이런 개별 영유아에게 적합한 상호작용을 하기 위해서는 영유아 각각에 관한 부가적인 정보가 필요하다. 부모는 자녀에 대한 과거와 현재의 발달상황과 현재의 특성에 대해 잘 알고 있으므로 이러한 정보를 부모로부터 얻게 되면 교사는 개별 영유아와 더 효과적으로 상호작용할 수 있다.

둘째, 교사가 가지는 자원에 한계가 있을 때 부모들이 보육에 참여하게 됨으로 한계를 극복하며, 부가적인 자원을 얻을 수 있고, 이에 따라 영유아에게 풍부한 학습경험을 제공할 수 있게 된다. 예를 들어, 부모가 보조교사로 참여할 때, 영유아에게 보다 많은 개인적 배려를 한다거나, 성인의 감독이 필요한 활동(예: 요리활동이나 목공활동 등)이 보다 안전하게 이루어질 수 있다.

② 부모참여 유형

어린이집에 참여하는 부모참여 유형으로는 기관의 특성과 개방 정도에 따라 허용 정도가 달라진다. 부모참여 형태를 목적에 따라 다음의 네 가지로 구분할 수 있다(김경희 외, 2006; 박찬옥 외, 2016).

• 인적자원 제공 유형

다양한 전문 분야에 대한 특수한 지식을 가진 부모(의사, 변호사, 소방관, 경찰관, 제과점 운영자 등)를 수업활동에 참여시키거나 현장체험활동 시 현장을 방문하는 형태로 부모참여를 유도하는 형태이다.

• 자원봉사자로 참여하는 유형

교사가 주도하는 활동에 부모를 조력자로 참여하도록 하는 것이다. 즉, 교사가 도움이 필요할 때 부모에게 요청하여 참여하도록 하는 것이다. 예를 들어, 영유아들에게 책을 읽어 주거나 급식시간에 급식도우미로 활동하는 등의 보조교사로 활동하는 경우가 있다.

• 의사결정자로 참여하는 유형

기관의 운영위원회나 주요한 행사, 운영계획을 결정하거나 예산의 수립과 운용, 결산 등의 과정을 살펴보는 것이다.

• 단순참여 유형

자녀의 공개수업에 참석하거나 부모회의, 작품전시회, 영유아음악회에 참석하는 등 단순히 기관에서 주최하는 행사에 참여하여 자녀의 활동을 지켜보는 수준의 참여이다.

이러한 네 가지 유형에 따라 현장에서 나타나고 있는 부모참여 실제를 구체적으로 살펴보면 다음과 같다(박찬옥 외, 2013).

• 어린이집 운영위원

「영유아보육법」 제25조에 의하면 "어린이집의 장은 어린이집 운영의 자율성과 투명성을 높이고 지역사회와의 연계를 강화하여 지역 실정과 특성에 맞는 보육을 실시할 수 있도록 하기 위하여 부모협동어린이집을 제외한 모든 어린이집에서는 어린이집 운영위원회를 설치 · 운영하여야 한다."고 규정하고 있다. 어린이집 운영위원회는 당해 어린이집의 장, 보육교사 대표, 학부모 대표 및 지역사회 인사(직장어린이집의 경우에는 당해 직장의 어린이집 업무담당자)를 포함한 5인 이상 10인 이내로 구성하되, 학부모 대표가 2분의 1 이상이 되어야 한다. 운영위원회의 회의는 분기별 1회 이상 개최하고 전체 학부모를 대상으로 공개를 원칙으로 하며, 회의록을 작성 · 보관해야 한다.

어린이집운영위원회에서는 어린이집의 예산 및 결산 등의 운영과 관련된 사항이나 영유아의 건강, 영양 및 안정에 관한 사항, 보육시간, 보육과정의 운영방법, 보육교직원의 근무환경 개선 및 영유아의 보육환경 개선에 관한 사항에 대한 협의하고 그 밖의 운영에 대해 제안하거나 건의를 한다.

• 일일교사

어린이집에서 영유아들이 경험하는 주제와 맞추어 필요한 경우 부모가 일일교사로 참여할 수 있다. 예를 들어, 다양한 직업에 대해 알아볼 경우 부모님의 직업을 직접 소개하고 영유아들의 질문에 대해 답변해 주는 등의 활동을 할 수 있다. 또한 동화를 들려주거나 수업의 일부를 준비하여 영유아들과 함께 활동해 볼 수 있다.

• 환경 정리와 교구 제작의 보조

부모들은 어린이집의 설비나 기구 등을 보수하거나 만들어 주는 일을 하거나, 더러워진 교구나 의상 등을 집으로 가져와 세탁해 줄 수 있다. 또한, 보육실의 환경구성이나 전시물 전시하기, 사육장 관리하기, 교구 제작 등에도 참여할 수 있다.

• 학급보조

교사의 보육활동을 돕는 방식으로 참여하는 것을 의미한다. 예를 들어 등 · 하원 시간에 안전하게 길을 건너도록 안전지도를 하거나, 간식 및 점심시간에 배식을 도와주는 일, 영유아의 작품을 파일에 정리해 주는 일, 현장학습 시 영유아들을 지도하는 일등이 해당된다. 부모가 학급보조로 참여하면, 영유아는 부모가 보육실에 교사와 함께 활동하는 것을 보면서, 안전감과 자부심을 느끼게 되며, 부모는 자녀가 보육실에서 활동하는 것과 어울리는 친구들을 직접관찰할 수 있으며, 교사의 지도 방법을 배울 기회를 얻을 수 있다. 교사의 입장에서는 학급보조자의 도움을 받아 보육활동을 확장하거나, 영유아 개인의 욕구와 흥미에 더욱 귀 기울일 수 있게 된다.

(3) 부모교육

① 부모교육의 개념 및 필요성

부모교육이란 '부모 또는 예비부모들이 바람직한 부모역할을 수행할 수 있도록 의도적으로 계획된 교육과정으로서 자녀양육과 교육 및 가정생활 개선과 관련된 내용을 다루는 학문 분야'로 개념화할 수 있다.

부모교육의 필요성에 대하여, 자녀의 입장, 부모의 입장, 사회 · 인류학적 입장, 그리고 교사의 입장에서 살펴보면 다음과 같다(김애란 외, 2017).

첫째, 자녀의 입장에서 볼 때, 부모가 자녀를 어떻게 양육하고 교육하느냐에 따라 영유아는 온전한 발달이 이루어질 수도 있고, 그렇지 않을 수도 있다. 즉 좋은 부모에게서 성장한 아이와 그렇지 않은 부모에게서 성장한 아이의 삶은 달라질 것이다. 좋은 부모에게서 성장한 영유아는 한 인간으로서 온전한 발달이 원만하게 이루어진 창의적이고 창조적인 사람으로 살아갈 수 있고, 사회적 관계 속에서 모두가 함께 행복한 삶을 살아가는 데 도움을 주는 사람으로 성장할 수 있다.

둘째, 부모의 입장에서 볼 때, 성공적인 자녀교육을 이룬 부모는 삶의 만족과 자아통합감을 가질 수 있지만, 성공적인 자녀교육을 이루지 못한 부모는 삶에 대한 회의와 절망을 갖게 될 가능성이 높다. 자녀를 양육하고 교육하는 일은 대부분의 사람들이 제대로 훈련을 받지 않고 준비도 하지 않은 채 맡게 되는 분야이기 때문에 더욱 그러하다.

셋째, 사회 · 인류학적 입장에서 볼 때, 자녀를 잘 기르는 일은 세상을 행복하게 만드는 일이 된다. 좋은 부모들에 의해 영유아들이 온전하게 발달하고 성장하게 되면, 영유아들은 곧 미래의 건강한 사회를 구성하는 주인공이 될 것이다. 반면에 건강하지 않은 사람들이 사는 사회는 많은 불안과 병리 현상이 발생할 가능성이 높다. 부모가 자녀를 건강하게 키우지 못하면 그것이 곧 사회의 병리현상으로 연결될 수 있으며, 이것은 인류역사의 발전을 저해하는 요인이 될 것이다. 아울러 부모교육은 인적자원의 효율적 개발, 사회균등, 경제적 측면에서 그 의미를 찾을 수 있다. 연구 결과 유아교육기관에 대한 투자대비 회수비율이 가장 높은 것으로 나타났다(신은수, 2007). 따라서 부모교육은 미래사회를 주도적으로 리드할 인적자원을 효율적으로 양육하고 교육하는 과정으로 그 필요성이 있다.

넷째, 교사의 입장에서 볼 때, 교사의 안내와 도움을 받은 부모가 자녀에게 좋은 부모역할을 수행하게 되면, 영유아들은 건강하고 행복한 모습으로 성장하게 될 것이며, 이러한 과정에서 교사는 자기 자신의 역할 수행에 대한 보람과 긍지를 가지고 교사로서의 자긍심과 만족감이 증가할 것이다. 또한, 부모교육을 준비하거나 교육을 수행하는 과정에서 인간교육에 대한 긍정적이고 다양한 아이디어를 체험하고 공유하는 기회를 갖게 될 것이다. 또한, 이러한 과정을 통해 교육에 대한 폭넓은 체험, 교사로서의 역할 수행을 위한 바람직한 교육 전략을 향상시키게 될 것이다.

② 부모교육 실시 방법

일반적으로 부모교육 프로그램은 세 가지로 분류할 수 있다. 첫째, 부모에게 효율적인 자녀양육에 필요한 올바른 정보를 제공하기 위한 프로그램이다. 둘째, 성인으로서의 부모 자신의 능력 개발을 통해 자아실현의 기회를 제공하는 것을 목적으로 자녀양육이나 부모의 관심 분야에 대한 각종 지식, 정보, 기술에 대해 파악할 수 있는 기회를 제공하는 프로그램이 있다. 셋째, 가족의 안정과 가정생활 전반의 효율적인 운영을 목적으로 필요한 지식 및 정보를 다루는 프로그램이 있다(이순형 외, 2000).

이러한 내용을 제공하는 부모교육 실시 방법으로는 크게 면대면 방법과 문서 및 온라인 부모교육 방법으로 나누어 볼 수 있다. 이에 대한 내용을 구체적으로 살펴보면 다음과 같다(김애란 외, 2017).

〈면대면 부모교육〉

면대면 부모교육으로는 학부모 오리엔테이션, 부모면담, 강연회, 집단토의, 워크숍, 수업참관, 참여수업, 가족행사를 들 수 있으며, 구체적인 내용을 살펴보면 다음과 같다.

• 학부모 오리엔테이션

학부모 오리엔테이션은 입학 전에 어린이집 운영 및 영유아의 생활에 관한 전반적인 내용을 소개하는 것을 의미한다. 보통 입학하기 2~3주 전쯤 2월에 실시하며, 신입생 입학이 결정되면 오리엔테이션 시기를 미리 알려준다.

영유아가 어린이집에 입학하기 전에 학부모가 알아야 할 반 배정, 교직원 소개, 어린이집의 보육과정 및 연간보육행사, 일정을 안내하고, 보육료 및 기타 경비의 납부 시기와 방법, 학부모 협조사항을 안내한다. 또한 각반의 담임과 교직원 및 그 역할과 호칭에 대해 소개하고, 원복(체육복), 가방, 이름표 등을 배부한다.

신입원아 OT 및 부모 간담회 안내

본 어린이집에서는 신입원아의 어린이집 적응을 위한 오리엔테이션 및 부모간담회를 통해 부모님들에게 다양한 교류 기회를 제공하고자 하오니, 부디 참석하시어 활발한 교류의 장이 마련될 수 있도록 협조 바랍니다.

일 시	20 년 월 일(요일) 오후 시 분 ※ 부모간담회는 신입원아 오리엔테이션이 끝나고 이어집니다.
장 소	각 반 보육실
내 용	• 신입원아 오리엔테이션 • 반 특징 및 담임소개 • 부모 소개 • 부모교육 안내 • 각 반 담임을 중심으로 간담회 실시

절 취 선

※ 신입원아 OT 및 부모간담회 참가 신청서

________ 반 이름 : ____________

참석	불참	불참사유

※ 참석 여부에 따라 해당하는 곳에 ○표하여 어린이집으로 일(요일)까지 보내 주시기 바랍니다.

출처: 보건복지부(2011b)

• 부모면담

부모면담은 교사와 부모가 영유아에 관한 정보를 주고받음으로써 어린이집과 가정이 일관성 있는 보육효과를 가져오기 위해 실시하는 방법이다. 부모면담을 통해 부모와 교사는 협조관계를 형성하여 영유아에 대해 보다 더 잘 이해할 수 있으며 이를 통해 영유아를 보다 더 긍정적으로 보육할 수 있다(김송이 외, 2012). 일반적으로 어린이집에서 부모면담은 정기적으로 1학기 초와 2학기 말에 개인별로 이루어지거나 사안에 따라 비정기적으로, 집단적으로 이루어지기도 한다.

학기 초 면담에서는 주로 영유아의 초기 적응과정의 정보와 양육과정에서 교사가 꼭 알아야 할 사항, 가정에서의 생활모습 등에 관한 내용으로 이루어진다. 학기 말 면담에서는 영유아의 생활과 발달에 관한 전반적인 내용이 다루어지는데 이를 설명할 수 있는 관찰자료를 통해 객관적인 평가자료를 준비해야 한다.

• 강연회

강연회는 정해진 분야에 대한 전문가나 관련 인사를 초청하여 강의가 이루어지는 부모교육 방식이다. 이 방법은 단시간 내에 많은 사람에게 정보를 전달할 수 있다는 장점이 있어 어린이집에서 활용하기 쉬운 부모교육 방식 중 하나이다. 대체로 학부모가 가장 많이 모일 수 있는 오리엔테이션 당일이나 여름방학 · 겨울방학을 앞둔 시기에 실시한다.

이를 통해 학부모는 육아정보 및 영유아의 특성 및 발달, 지도 방법에 관한 다양한 정보를 접할 수 있고, 어린이집에서는 학부모의 영유아보육에 대한 인식을 높여줄 수 있어 부모가 양육자로서 제 역할을 잘할 수 있도록 지원해 주며, 이후 영유아들의 생활에서 학부모들의 관심과 협조를 보다 효과적으로 얻어낼 수 있다.

강연주제는 학부모 요구도 조사 등을 통해 사전에 선정 · 진행하면 더욱 효과적일 수 있다. 또한 강연회가 성공적으로 이루어지기 위해서는 너무 긴 시간을 계획하지 않도록 하며, 강의가 끝난 후 다시 소집단으로 나누어 학부모들이 직접 의견을 나누도록 하는 것도 하나의 방법이다.

• 집단토의

집단토의는 학부모들의 주관심사를 주제로 선정하여 서로 의견과 경험을 나누고 결론에 도달하는 것을 말한다. 집단토의는 특정한 시기 없이 주요 이슈가 쟁점

화됐을 때 또는 연중 실시할 수 있다. 집단토의는 문제가 되는 주제를 선정하여 그것이 가지는 문제점과 해결 시의 교육적 효과 등에 관하여 경험과 정보를 나누고 해결책을 구한다. 토의의 주제 선정은 영유아와 관련된 모든 상황이다.

집단토의를 통해 학부모는 자신의 문제가 타인에게도 있음을 공감하고, 학부모 서로 간에 친밀감을 느낀다. 또한 각자의 경험을 통해 양육의 문제에 대한 이해와 인식을 높이고 새로운 해결방안을 모색해 볼 수 있다.

• 워크숍

워크숍은 전문가의 도움을 받아 익힌 학습경험을 가정에서 영유아들과 함께 활용해 볼 수 있도록 하는 부모교육 방법으로 부모가 직접 활동에 참여하여 부모교육내용을 배우고 연습해 보는 방식이다. 부모워크숍은 특정 시기 없이 연중 실시할 수 있다. 이를 통해 학부모는 자녀양육과 교육에 필요한 전문지식과 기술을 배우고 익힐 수 있으며 다른 학부모들과의 친밀감도 형성할 수 있다.

예를 들어 자녀와 다양한 방법으로 놀이하고 싶어 하는 부모들에게 자녀와 함께 해볼 수 있는 활동을 소개해 준다. 영유아용 교재 · 교구 만들기, 발달연령에 따른 영유아의 책읽기 지도, 부모의 취미나 교양을 위한 활동, 다양한 팝업북 만들기, 자녀와 함께할 수 있는 놀이를 배우기 위한 워크숍 등이 있다.

• 수업참관

수업참관이란 영유아들의 수업이나 행사를 지켜봄으로써 영유아의 발달 및 생활에 대한 학부모의 궁금증을 해소하고 어린이집의 보육 방향을 알려주는 것을 말한다. 참관 방법으로는 보육실 뒤나 같은 공간 안에서 활동에 방해가 되지 않는 범위에서 지켜보는 방법과 일방경이 설치된 별도의 관찰실을 이용하는 방법이 있다.

수업참관은 연중 이루어질 수 있으나 영유아들이 어느 정도 어린이집에 적응한 이후가 바람직하다. 어린이집의 경우 보육실 내 CCTV를 설치하여 학부모에게 실시간으로 영상을 제공하는 웹캠서비스 이용도 증가하는 추세다.

수업참관을 통해 어린이집에서의 활동 내용, 영유아들의 생활을 자연스럽게 관찰할 수 있으며 이를 통해 어린이집에 대한 이해를 넓히고, 영유아의 발달 정도, 학습습관, 생활태도 및 친구관계에 대한 정보를 얻을 수 있다. 수업참관은 영유아의 생활뿐 아니라 어린이집의 모든 상황이 공개되므로, 환경구성, 교사의 수업 준비, 상호작용 등에도 세심하게 준비한다.

- 참여수업

참여수업은 영유아들의 수업에 학부모가 직접 참여하여 함께 활동하고 어린이집의 생활을 체험해 보는 것을 말하며 대체로 영유아들이 어린이집 생활에 적응된 5, 6월이나 10월경에 실시한다.

이를 통해 학부모는 어린이집의 보육활동 내용과 활동에 대해 깊이 이해할 수 있게 되며, 영유아의 어린이집 생활의 면모를 엿볼 수 있다. 한편, 어린이집의 입장에서는 어린이집의 보육활동 내용을 자연스럽게 안내하고 보여줌으로써 추후 학부모의 협조와 신뢰를 얻을 수 있다.

참여수업의 내용으로는 실내 자유놀이, 바깥놀이, 대 · 소집단활동, 개별활동, 신체활동, 미술활동, 요리활동, 음률활동 등 어린이집에서의 자연스러운 모든 놀이와 활동이 가능하다.

- 가족행사

가족행사란 어린이집 행사에 재학생과 부모 및 가족 구성원이 참여하는 것을 의미한다(작은음악회, 가족놀이 한마당 등). 이 행사를 통해 영유아에게는 교육적 의미와 추억을 동시에 줄 수 있고, 교사, 어린이집과 부모 간에 의미 있는 교류가 이루어지며 진정한 부모교육의 효과가 있다(이원영, 2008).

가족행사는 연중 계획을 통해 실시되며, 행사를 통해 학부모는 어린이집의 보육 방향, 교사-유아의 상호작용 등 경험을 통해 어린이집에 대해 깊이 이해하고, 보다 신뢰하며 영유아를 보낼 수 있게 된다.

〈문서를 이용한 부모교육〉

문서를 이용한 부모교육은 가정통신문, 소책자, 관찰기록장 등이 있다. 그 구체적인 내용을 살펴보면 다음과 같다.

- 가정통신문

가정통신문은 보육과정이나 어린이집에서 일어나는 여러 행사들을 주 단위나 월 단위로 알려주는 방식으로 어린이집에서 학부모에게 알려야 할 공지사항을 중심으로 작성된다. 일반적으로 가정통신문은 주 1회 발송하며, 한주가 끝나는 금요일에 영유아 편에 보낸다. 이외에 특별한 행사가 있거나, 급하게 알려야 할 사항이 있을 경우에는 금요일 이외에도 발송할 수 있다.

가정통신문 작성 시 문장은 가능한 간결하게 하여 부모들이 한눈에 알아볼 수 있게 하는 것이 좋으며 꼭 강조하고 싶은 내용은 글자색을 다르게 하여 눈에 띄게 한다.

대체로, 2019년 1학기까지는 다음 주간에 수행할 보육활동을 예상하여 가정통신문에 기재하였으며, 따라서 변경될 가능성이 있음을 알리곤 하였다.

그러나 2019 개정 누리과정이 3~5세반에서 실행되는 2019년 2학기부터 또는 제4차 어린이집 표준보육과정이 0~5세반에서 실행되는 2020년 2학기부터는 가정통신문이 사전에 작성되는 것이 아니라, 사후에 작성되므로 그 주간에 수행된 보육활동을 객관적으로 작성할 수 있게 되었다. 따라서 학부모는 1주일동안 어린이집에서 영유아들이 경험했던 놀이와 활동을 파악할 수 있게 되었다.

- 소책자

소책자를 통한 부모교육은 많은 내용을 부모들에게 전달할 수 있는 장점이 있으나, 부모들이 주의 깊게 읽지 않을 경우 효과를 보지 못한다는 단점이 있다.

가정통신문

2019년
기간 : 3월 1주 (월 일 ~ 월 일)

학부모님께

따스한 봄을 맞이하여 인사드립니다.

우리 어린이집에서는 부모님들의 자녀양육을 돕고자 가능한 시간을 서로 의논하여 어린이집을 개방하고 있습니다. 이를 통해 영유아가 어린이집에서 경험하는 하루 일과를 지켜보거나 활동의 일부를 자녀와 함께 할 수 있도록 기회를 제공하고자 합니다. 자녀와 함께하는 보육 경험은 자녀의 행동 및 어린이집을 이해하는 데 도움이 될 것입니다.

1) (월간 또는 주간) 보육 계획안
2) 식단표(매월 작성 및 공지)
3) 어린이집의 주요행사
4) 공지사항(예시)
- 필수예방접종 및 건강검진 안내
- 신체계측 실시 방법 및 결과통보 방법
- 부모면담 실시 안내
- 아동권리 존중 안내(가정에서의 실천방안)
- 식중독 예방 및 식품 알레르기 관련 안내
- 감염병 발생 시 공지 및 대처방안 안내
- 운영위원회 회의 개최 및 회의 내용 안내
- 부모교육 자료
- 계절 및 날씨 관련 안전수칙, 교직원 근무현황 등
- 지역사회 관련 정보 및 행사
- 기타

2019년 3월 ○일
○○ 어린이집

출처: 한국보육진흥원(2017)을 재구성

소책자의 내용으로는 특정 주제를 중심으로 제작하는 소책자와 일반적인 자녀양육에 대한 내용을 중심으로 제작한 소책자, 화보중심의 소책자가 있다. 소책자를 보내는 시기는 다양하며, 어린이집의 제작 여력이 허락하는 한도 내에서 가능한 정기적인 간격을 정해 놓고 규칙적으로 보내는 것이 교육적 효과가 높다.

• 관찰기록장

관찰기록장은 일일 연락장 또는 마주 이야기라고 하며 부모와 교사가 영유아의 어린이집 생활과 가정 생활을 공유하며 쌍방 간에 원활한 의사소통을 할 수 있도록 돕는다. 관찰기록장은 일반적으로 부모가 가정에서의 생활을 작성하고, 교사가 어린이집에서의 생활을 작성하도록 되어 있다. 관찰기록장은 일반적으로 영유아 편이나 혹은 등 · 하원 시 부모나 교사를 통해 매일 보내는 것이 일반적인 방법이다.

〈온라인을 이용한 부모교육〉

온라인을 이용한 부모교육으로는 전화통화 및 문자서비스, 인터넷이 있다. 그 구체적인 내용을 살펴보면 다음과 같다.

• 전화통화 및 문자서비스

차량을 이용하여 등 · 하원하는 영유아들의 부모는 교사와 직접적으로 만날 기회가 적기 때문에 전화 및 문자를 이용하여 요구사항을 전달하거나 상담을 하는 경우가 많다. 교사의 경우도 부모와 신속하게 의사소통을 하는 방법으로 전화 및 문자서비스를 많이 이용한다.

전화나 문자를 이용한 부모와의 잦은 의사소통은 자녀교육 및 영유아보육에 대한 이해를 높이고 교사와 어린이집에 대한 신뢰를 쌓아가게 한다.

교사가 전화통화나 문자를 주고받는 시간은 일과시간이 끝난 후이며, 사전에 부모들에게 전화통화가 편리한 시간이나 혹은 희망하는 시간을 물어보는 편지를 보내거나, 부모들에게 교사와 통화하거나 문자를 주고받을 수 있는 시간을 공지한다. 일과 시간 중에 부모가 보내는 문자는 교사가 볼 수 없으므로 급한 용무가 있을 경우는 어린이집 전화를 통해 간접적으로 전달받을 수밖에 없음을 이해시킨다.

• 인터넷

어린이집에서는 홈페이지나 블로그를 통해 부모에게 전달해야 할 사항을 알리거나 부모교육을 실시하고 있다. 인터넷을 시간과 공간의 구애를 받지 않기 때문에 부모들이 편리한 시간과 장소를 정해서 정보를 활용할 수 있다.

어린이집에서 홈페이지를 개설했으면, 개설 여부를 부모에게 안내하고 활용 및 참여를 독려한다. 여러 이유로 홈페이지 개설이 어려울 경우 포털사이트의 카페나 블로그를 활용하여 운영할 수 있다. 인터넷을 이용한 부모교육의 내용으로는 어린이집 소개, 보육 프로그램, 공지사항, 보육정보, 보육활동 사진이나 동영상, 보육 상담 등이 있다. 아울러 인터넷을 통해 부모교육의 강의를 제공할 때 동영상과 텍스트를 활용할 수 있다.

표 2-12 | 부모참여 연간 계획안

시기	추진계획		추진방법
3월	– 적응 프로그램 설명	– 발달 체크리스트 제출	발달특징 설명–표준보육 과정 내용
4월	– 부모면담 1차	– 학부모 자원봉사	개별상담
5월	– 부모교육	– 참여활동 I	강의, 학부모 재능 기부
6월	– 부모참여수업	– 참여활동 II	행사참여, 학부모 배식 지도

시기	추진계획		추진방법
7월	– 장마철 위생생활	– 어린이집 대청소	서면, 자원봉사
8월	– 장마철 위생생활	– 반별 모임	서면, 행사참여
9월	– 부모면담 2차	– 바자회	개별상담, 행사참여
10월	– 가족 운동회	– 부모교육	행사참여, 강의
11월	– 부모참여수업	– 반별 모임	행사참여
12월	– 학부모 자원봉사	– 가족 연말 행사	서면, 행사참여
1월	– 겨울철 건강관리	– 교육활동 참관	행사참여, 서면
2월	– 부모 오리엔테이션	– 부모 만족도 설문조사	설문조사, 서면

2) 어린이집과 지역사회와의 협력

(1) 지역사회와의 협력의 중요성 및 의미

영유아의 가정, 어린이집, 그리고 지역사회는 영유아에게 매우 중요한 환경이며, 이들은 서로 연계되어 영유아의 삶에 지대한 영향을 미친다. 영유아는 자신이 살고 있는 지역사회에 따라 영유아의 경험과 생활은 달라진다. 또한, 어린이집은 지역사회의 특성과 요구, 지지 및 지원에 따라 운영 전반에 영향을 받게 되고, 반대로 지역사회에 영향을 미치기 때문에 지역사회와 협력적인 관계를 구축해야 한다(박희숙 외, 2017).

「영유아보육법 시행규칙」 제23조 보육 내용의 별표 9에 의하면 '지역사회 인사의 보육활동의 참여, 지역사회의 어린이집 활용, 어린이집의 지역사회 시설 활용, 대중매체를 통한 지역사회와의 의사소통 등을 통하여 효율적인 보육 프로그램 운영과 어린이집, 가정, 지역사회와의 공조체제와 책임분담을 도모함으로써 아동, 가정, 지역사회 모두의 복지에 공헌하도록 하여야 한다'고 규정하고 있다. 이는 영유아보육은 개인이 아닌 국가, 사회가 연대하여 책임을 지는 사회화기능을 강조하고 있는 최근 보육에 대한 사회적 흐름을 담고 있다고 볼 수 있다.

따라서 어린이집은 영유아들이 자신이 속한 지역사회의 특성에 대해 자연스럽게 배우도록 지역사회에서의 일상적인 경험들을 보육과정에 반영하여야 한다. 아울러 지역사회는 다양한 자원들을 어린이집에 제공함으로써 보육의 질을 높이도록 협력하여야 한다. 어린이집에서는 지역사회 발전에 기여할 수 있는 내용을 적극적으로 보육과정에 포함시켜야 한다. 또한, 영유아에게 다양한 경험을 확장시키기 위해서 어린이집의 자원만으로는 한계가 있으므로, 지역사회가 가지고 있는 다양한 물리적 · 인적자원을 활용함으로써 어린이집과 지역사회의 협력을 도모하여야 한다.

어린이집과 지역사회와의 협력이 주는 의미는 다음과 같다. 첫째, 어린이집과 지역사회과 생태학적으로 관련되어 있으므로 영유아들에게 지역사회의 다양한 자원과 서비스가 활용되는 통합지원이 이루어질 수 있다. 둘째, 지역사회 협력은 영유아들의 미래에 대한 투자이자 지역사회의 발전이라는 공생적 성장의 의미를 지닌다. 셋째, 지역사회와의 협력은 영유아들의 사회적 · 정서적 · 교육적으로 안정된 성장과 발달을 경험할 수 있다(이혜영 외, 2006).

(2) 어린이집과 지역사회의 연계방안

어린이집과 지역사회를 연계하는 방안을 살펴보면 다음과 같다(박희숙 외, 2017).

- 지역사회 홍보: 지역사회에 어린이집의 존재와 업무 등을 알리고 지역사회에 영유아보육에 대한 관심과 지지를 구하며, 이용자들에게 선택권을 주는 것
- 지역사회 봉사: 지역사회 내의 집단 또는 전체 지역사회를 위하여 서비스를 제공하는 것으로 지역사회의 보육욕구를 파악하여 영유아보육에 대한 이해를

높이고 지역주민의 부모역할 강화를 위한 제반교육 및 상담을 하는 것. 지역특성에 맞는 다양한 형태의 특수보육 실시 및 영유아에게 사회봉사와 지역사회 통합의 가치를 학습시키는 사회화의 역할을 담당하는 것 등이 포함됨

- 지역사회 참여: 지역사회의 생활에 집단 또는 기관 및 위원회로서 참여하는 방법, 타기관과의 연대, 서비스의 조정, 유지 및 관련을 맺을 수 있음
- 지역사회자원 동원: 보육활동에 활용할 수 있는 지역사회자원을 동원함(의료기관, 다문화지원센터, 건강가정지원센터, 각종 문화단체, 자원봉사지원센터, 공공기관, 사회복지관, 근린공원, 놀이터, 노인정 등)

(3) 지역사회 자원의 활용

어린이집에서 지역사회의 자원들을 활용하고 지역사회활동에 참여할 수 있는 경험을 영유아에게 제공할 수 있도록 노력하여야 한다. 이를 위한 방안을 살펴보면 다음과 같다(박희숙 외, 2017).

① 지역사회 물리적 자원의 활용

지역사회 내의 환경이나 각종 기관 등은 영유아에게 다양한 교육적 경험을 제공할 수 있는 자원이 된다. 예를 들어, 동네 근처에 있는 각종 가게들이나 마트, 지하철 · 버스 등의 운송수단, 동사무소, 소방서 경찰서, 병원, 공원, 도서관, 박물관 등은 영유아들에게 실제적인 경험을 제공해 줄 수 있는 물리적 자원이 된다.

보육 프로그램을 진행하면서 지역사회의 각종 기관이나 시설들을 견학하는 것은 영유아로 하여금 실제로 보고 듣고 느낄 수 있는 풍부한 경험을 제공하며 이미 알고 있는 개념들을 확인해 주는 역할을 하기도 한다. 이러한 과정 속에서 어린이집과 지역사회의 상호 협력관계를 이해할 수 있으며 자신의 주변 환경에 대해 관심을 갖도록 도와줄 수 있다.

최근에는 박물관이나 도서관 등과 같은 기관에서 영유아들을 대상으로 한 견학 프로그램을 자체적으로 실시하기도 하는데, 이러한 실제적 경험을 바탕으로

어린이집에서는 더욱 심도 있는 활동으로 연계하여 주제를 진행할 수 있다.

② **지역사회 인적자원의 활용**

어린이집에서는 다양한 지역사회 인사를 자원봉사자로 활용할 수 있다. 이를 위해 보육교사는 어린이집에 자녀를 보내고 있는 가족들의 다양한 특성이나 지역사회의 활용 가능한 인적자원에 대해 다양한 정보를 얻을 수 있어야 한다. 어린이집에서 자원봉사자들은 다음과 같은 역할을 할 수 있다.

- 직접적인 보육서비스를 제공하는 보조교사의 역할 수행
- 특별활동교사로 참여 : 미술, 음악, 체육활동 등
- 행정업무를 돕는 역할 수행
- 일일 교사나 특별활동 강사로 초빙

(4) 지역사회를 위한 어린이집의 활동

어린이집은 영유아보육의 중요성에 대한 지역사회의 인식을 높이기 위해 다양한 노력을 기울이며, 지역주민을 대상으로 다양한 행사나 프로그램을 실시하여 지역사회의 복지 향상에 기여하여야 한다. 지역사회 연계를 위하여 다음과 같은 활동을 계획할 수 있다.

- 양로원 방문
- 아동발달 및 자녀양육에 대한 강연회
- 어린이집 소식지를 이용하여 각종 유아상담
- 지역 내의 다른 어린이집과 어린이집의 보육 프로그램에 대한 정보교환
- 어린이집의 책이나 장난감을 가지고 이동도서관을 운영
- 지역주민을 위한 바자회와 알뜰장터

표 2-13 | 가족 및 지역사회연계 연간 계획서

활동명	일시	장소	비고
○○시 철도축제	연 1회	부곡 철도박물관	
어린이날 행사	연 1회	어린이집 실외/ 시 행사 참여	
실습생교육	연 2회	관 내, 인근 지역 대학교	
부모교육	분기별 1회	육아종합지원센터	교육연계
손 씻기 체험	연 1회	보건소	체험기 대여
현장학습체험	연 1회	소방서	
노인사회활동지원사업 (색종이 접기, 동화구연)	연중	사랑채 – 의왕시 시니어 클럽	
노인사회활동지원사업 (이야기 할머니)	연중	한국국학진흥원	
안전 · 성교육	연 2회	한국생활안전협회	
경찰의 날	연 1회	청계파출소, 의왕경찰서	
사랑의 동전 모으기	연중	청계주민센터	독거노인 석식 제공
사랑의 쌀 모으기	연 2회	명륜보육원, 청계주민센터	
우유갑 모으기	연중	청계주민센터 – 자원재활용	
황구지천, 의왕 습지 산책	연중	어린이집 주변	
아토피 천식 안심기관 운영	연중	보건소	

활동명	일시	장소	비고
급식위생교육	격월	급식관리지원센터	
센터 놀러 가기	필요 시	육아종합지원센터	
현장학습체험	연 1회	조류생태박물관, 왕송 호수	
현장학습체험	연 1회	어린이교통공원	
현장학습체험	연 1회	철도공원	
현장학습체험	연 1회	자연학습공원	
현장학습체험	연 1회	청계산맑은숲공원	
○○시 특화 사업 연계운영	연중	육아종합지원센터	
카네이션 달아드리기, 세배드리기(설날), 떡 전달해드리기(명절)	연중	경로당	
뮤지컬, 인형극 관람	매월 1회	관 내 공연장	

CHAPTER 02

연습문제

01 보육교사의 역할을 아래에서 찾아 쓰시오.

> 사회화모델, 따뜻한 돌봄, 보육환경의 구성, 친밀감 형성, 보육실 질서 유지

1) 영유아가 사회의 성원으로서 적절한 태도와 가치관, 규범을 내면화하는 데 좋은 본보기가 되어야 한다. (　　　　)

2) 영유아가 질서를 잘 지킬 수 있도록 협의하여 최소한의 실현 가능한 규칙을 세우도록 한다.(　　　　)

3) 가정의 부모와 같은 따뜻함으로 영유아를 돌보아 그들이 정서적 안정을 갖도록 도와주어야 한다.(　　　　)

4) 영유아가 새로운 환경에 적응하고 안정감을 느낄 수 있도록 충분한 시간을 가지고 기다려 주고, 일관되고 친절한 태도로 영유아의 일상을 돌보아 주고, 영유아를 격려해주는 상호작용을 한다. (　　　　)

5) 영유아가 자발적으로 놀이자료를 선택하고 놀이에 몰입할 수 있도록 환경을 마련한다.
(　　　　)

02 다음은 부모참여의 실제를 설명한 글이다. 관련 있는 것끼리 선으로 이어보시오.

1) 어린이집의 운영에 관한 사항이나 영유아의 건강, 영양 및 안전에 관한 사항, 보육시간, 보육과정의 운영 방법, 보육환경 개선에 대해 협의하고 그 밖의 운영에 대한 제안이나 건의를 할 수 있다. •		• 일일교사
2) 주제와 맞추어 필요한 경우 참여하거나 수업의 일부를 준비하여 유아들과 함께 활동해 볼 수 있다. •		• 학급보조
3) 교사의 보육활동을 돕는 방식으로 참여한다. 등·하원 시 안전지도를 하거나 점심시간에 배식을 도와주는 일, 현장학습 시 영유아들을 지도하는 등의 형태로 참여할 수 있다. •		• 어린이집 운영위원

03 만 5세 유아반에서 "건강한 여름을 지내려면?"이라는 주제에 관심이 모아졌다. 이 주제를 지역사회와 연계하여 활동할 수 있도록 토의하시오.

( )

CHAPTER

03

영유아 보육과정

1 _ 보육과정의 개념 및 구성원리

2 _ 영유아중심 · 놀이중심 보육과정

3 _ 우리나라 국가 수준 보육과정

4 _ 국외의 영유아 보육과정

보육에 있어 핵심이라고 할 수 있는 보육과정은 영유아의 어린이집 생활 경험을 체계적으로 구성한 큰 그림과 같은 것이다. 보육과정은 보육목표와 보육 내용, 교수 · 학습 방법, 보육평가의 순환적 구조로 구성되어 있다.

3장에서는 보육과정의 개념과 구성원리에 대한 이해를 중심으로 영유아중심 · 놀이중심 보육과정을 위한 기초적 내용을 살펴보고자 한다. 아울러 우리나라 국가 수준 보육과정의 변천과 국외의 영유아 보육과정을 살펴보면서 앞으로 영유아에게 의미 있는 보육과정을 계획하고 운영하는 데 시사점을 찾아보고자 한다.

학습 목표

1. 보육과정의 구성체계와 구성원리를 설명할 수 있다.
2. 영유아중심 · 놀이중심 보육과정을 이해하고 보육과정을 실행하기 위한 교사의 역할을 설명할 수 있다.
3. 우리나라 국가 수준 보육과정의 변천과 제4차 어린이집 표준보육과정을 이해한다.
4. 국외 영유아 보육과정을 이해하고 각 보육과정에 따른 교사의 역할을 탐색한다.

1. 보육과정의 개념 및 구성원리

보육과정을 어떻게 이해하고 접근할 것인가에 따라 보육과정의 개념은 다양하게 설명할 수 있다.

여기에서는 영유아기의 특성과 놀이중심의 접근 등이 기반이 되는 보육과정의 개념을 살펴보고, 보육과정의 구성체계 및 구성원리를 알아보기로 한다.

1) 보육과정의 개념

보육과정이란 영유아보육에서 어린이집의 보육 계획과 운영에 관한 설계도를 의미한다. 마치 집을 짓기 전에 집의 디자인과 건축 방법을 구체화한 설계도를 그리는 것과 같이 어린이집에서도 보육에 대한 계획과 운영 방향에 대한 구체적인 설계도를 갖추는 것이 중요하다. 집을 짓는 곳의 지역적 특성, 기후, 거주자의 요구 등에 따라 집의 모양과 특성이 다양하게 설계될 수 있듯이, 보육과정 또한 어린이집 운영자의 보육철학이나 어린이집의 환경적 특성, 영유아들의 요구, 가정과 지역사회의 특성, 시대적 요구 등에 따라 다양하게 계획 · 운영될 수 있다. 예를 들어 어린이집 운영자나 교사의 생각이 '철저하게 준비된 환경에서 교사가 안내하는 체계적인 놀이와 활동을 경험하며 배우도록 하는 것이 중요하다'라는 철학을 가진 어린이집과 '자유롭게 놀이하는 가운데 우연히 발생되는 경험을 통해 배우도록 하는 것이 중요하다'라는 철학을 가진 어린이집이 있다고 가정해 보자. 전자의 경우 영유아의 흥미를 고려한 교사의 세밀한 계획에 의해 보육과정이 운영될 수 있으며, 후자의 경우 교사의 세밀한 계획보다는 현재 영유아가 관심을 보이는 놀이를 중심으로 융통성 있게 보육과정이 운영될 수 있을 것이다. 두 어린이집 모두 영유아가 행복하고 건강하게 발달하기를 바라는 보육 목적을 공통적으로 가지고 있으나 그 목적을 실현하기 위해 제공하는 보육 경험과 학습 방법은 차이가 있을 수 있다. 이와 같은 교사의 철학적 태도뿐만 아니라 보육의 주체, 보육의 다양한 여건에 따라 보육의 접근 방법은 달라질 수 있을 것이고 보육과정에 대한 개념도 달라질 수 있다.

먼저, 보육과정을 위한 계획과 결정을 누가 하는가, 혹은 학습자와의 거리 수준이 어떠한가에 따라 그 개념도 달라질 수 있는데(Goodlad, 1996; 김종서, 1993), 보육과정 결정자 수준에 따라 국가 수준의 보육과정, 어린이집 수준의 보육과정, 교사 수준의 보육과정, 영유아 수준의 보육과정으로 구분해 볼 수 있다.

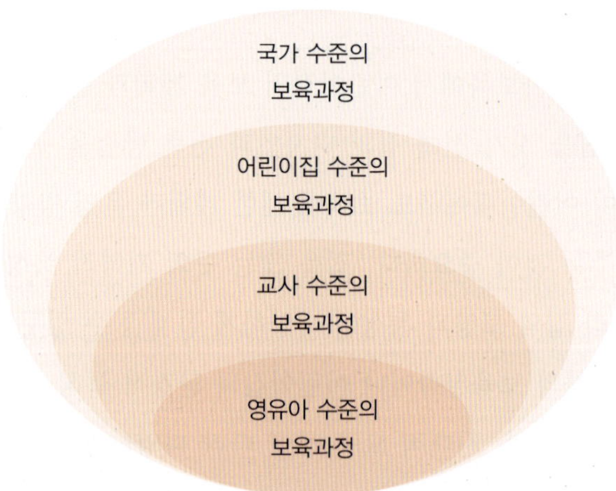

그림 3-1 | 보육과정 결정자 수준에 따른 보육과정

국가 수준의 보육과정은 보건복지부나 교육부에서 제정 · 고시하는 보육과정이나 교사용 지침서, 보육자료와 같이 문서화되어 공개된 약속과 같은 보육과정을 의미한다. 어린이집의 영유아들에게 국가 수준에서 제공하는 공통적인 보육의 목표와 내용을 명시한 표준보육과정이 바로 대표적인 국가 수준의 보육과정이라고 볼 수 있는데, 이것은 각 어린이집에서 보육의 방향을 계획하는 데 근간이 된다.

국가 수준의 보육과정에 기반하여 어린이집의 원장과 교사들은 함께 협의하는 과정을 통해 보육의 방향을 설정하고, 영유아들의 발달적 요구와 특성, 어린이집의 생태 환경적 특성, 지역의 보육사업 지침을 반영한 어린이집의 실천 계획을 수립할 수 있다. 이것을 어린이집 수준의 보육과정이라고 하는데 연간 보육 계획안이 그 대표적인 예이다.

어린이집의 하루 일과를 계획한다고 하였을 때 그 계획의 주체는 교사이다. 우리 반에서 영유아들과 함께 건강하고 즐거운 하루를 보내기 위해서 교사는 놀이유형, 놀이자료, 공간 이동, 시간 분배 등을 어떻게 할지 구체적으로 사전에 계획한다. 이와 같은 하루 일과의 계획은 일일 보육 계획이 되고, 이것을 한 주나 한 달의 단위로 계획한다면 주간 보육 계획이나 월간 보육 계획으로 통합될 수 있다. 이것을 교사 수준의 보육과정이라고 한다.

영유아(학습자) 수준의 보육과정이란 실제로 영유아가 무엇을 배웠는가를 의미하는 것으로 이때는 영유아가 보육과정의 주체가 된다. 각 어린이집은 표준보육과정을 기초로 어린이집 수준의 보육과정을 결정하고, 각 반 교사들이 영유아의 발달과 흥미, 놀이의 흐름을 중심으로 보육과정을 계획하고 운영할 때 그 결과는 학습자인 영유아의 배움, 즉 의미 있는 행동 변화로 나타난다.

그런데 교사가 아무리 영유아의 요구나 흥미 등을 고려하여 보육 계획을 세심하게 수립하였다고 하더라도 영유아의 개인차에 따라 학습경험은 다양하게 이루어질 수도 있고, 교사의 계획과는 상관없이 뜻밖의 학습이 일어날 수도 있을 것이다. 따라서 국가 수준, 어린이집 수준, 교사 수준, 영유아 수준의 보육과정이 서로 연관되거나 일치되는 정도에 따라서 이상적인 보육과정이 된다고 볼 수 있다.

이처럼 보육과정을 계획하고 결정함에 있어 주체가 누구냐에 따라 보육과정의 개념을 설명할 수도 있지만, 특히 영유아보육에 있어서는 영유아의 흥미와 잠재적 능력, 놀이중심의 통합적 접근, 주변의 다양한 상황과 환경이 영유아에게 주는 영향력 등을 고려한 관점에서 보육과정의 개념을 설명하기도 한다. 슈바르츠와 로비슨(Schwartz & Robison, 1982)은 영유아 보육과정을 우연히 일어난 것으로서의 보육과정, 영유아가 어린이집에서 갖게 되는 모든 경험으로서의 보육과정, 교수계획으로서의 보육과정, 교수요목으로서의 보육과정, 프로그램으로서의 보육과정의 다섯 가지 개념으로 구분하여 설명하였다(박찬옥 외, 2020에서 재인용).

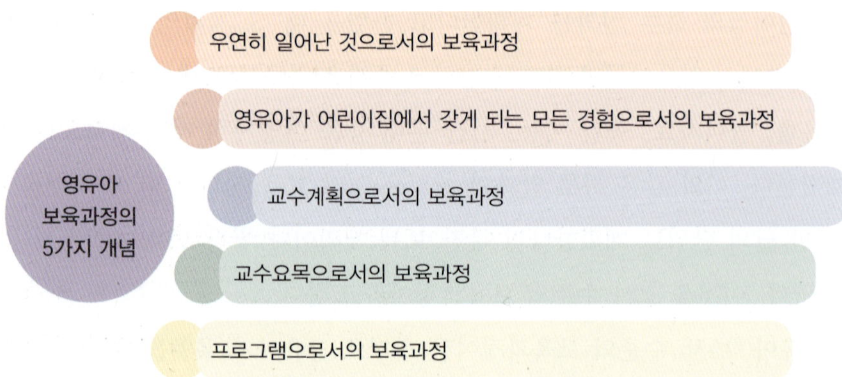

그림 3-2 | 슈바르츠와 로비슨이 제시한 영유아 보육과정의 다섯 가지 개념

(1) 우연히 일어난 것으로서의 보육과정

개별 영유아의 요구와 흥미를 중심으로 보육 경험이 결정되는 영유아 보육과정을 의미한다. 이 보육과정에서는 영유아가 스스로 선택한 놀이와 활동에 능동적으로 참여하는 가운데 학습이 이루어진다고 본다. 기본적으로 영유아의 선택에 의해 보육활동이 이루어지기 때문에 교사가 영유아를 위한 보육 내용을 미리 예상하여 계획하기는 어렵다. 그러나 교사가 어떻게 환경을 구성하였느냐가 영유아의 놀이와 활동 선택에 영향을 주기 때문에 교사는 영유아의 다양한 요구와 흥미를 분석하여 체계적으로 보육환경을 구성해야 한다.

보육과정을 우연히 일어난 것으로 개념화할 때 무엇을 학습하였는가에 대한 구체적인 지식보다는 학습하는 과정을 더 중요하게 생각한다. 따라서 교사는 영유아가 자연스럽게 놀이와 활동을 경험할 수 있는 분위기와 하루 일과를 마련해 주고 지속적으로 영유아를 관찰하고 배려하며 영유아를 안내해야 한다. 이 보육과정은 영유아중심의 개별화보육을 실시하는 데는 효과적이나 보육과정의 범위가 모호하고 유능한 교사를 필요로 한다는 어려움이 있다.

우리나라의 제4차 어린이집 표준보육과정은 영유아의 개별적 특성을 존중하고 영유아의 놀이경험에서 발현된 배움을 지원하는 교사의 역할을 강조하는 '영유아중심 · 놀이중심'을 강조하고 있다는 점에서 이 보육과정의 성격과 가장 가깝다고 볼 수 있다.

(2) 영유아가 어린이집에서 갖게 되는 모든 경험으로서의 보육과정

영유아가 어린이집에서 갖게 되는 의도적 · 비의도적 모든 경험을 영유아 보육과정으로 보는 것이다. 즉, 교사가 의도한 보육 경험뿐만 아니라, 의도하지는 않았지만 영유아가 어린이집에서 은연중에 경험하게 되는 보육과정까지를 포함하는 개념이다. 이 보육과정에서는 보육실의 분위기, 교사와 영유아 · 영유아와 영유아 · 영유아와 놀이자료의 상호작용, 일상에서의 언어적 · 비언어적 의사소통 등과 같은 물리적 · 심리적 환경이 중요하다. 교사는 영유아의 놀이를 민감하게 관찰하고 놀이경험에 영향을 미칠 수 있는 많은 요인들에 대해 세심하게 배려해야 한다. 제4차 어린이집 표준보육과정에서도 영유아의 놀이 경험을 매우 중요하게 생각하고 있다. 즉, 교사중심의 활동에서만 배움이 이루어지는 것이 아니라 어린이집에서 경험하는 일상생활과 놀이 상황 등 모든 일과 속에서도 얼마든지 배움은 일어날 수 있으므로 교사는 하루 일과를 운영할 때 놀이뿐만 아니라 교사가 안내하는 활동과 일상생활도 영유아가 즐겁게 경험하도록 지원해야 한다.

(3) 교수계획으로서의 보육과정

영유아가 자발적으로 탐구하면서 지식을 구성(혹은 재구성)하는 것은 교사의 교수계획에 달려있다고 보는 영유아 보육과정 개념이다. 영유아보육에서 교수계획은 교사가 영유아의 욕구, 흥미와 관심사를 예측하고 놀이자료와 환경을 체계화함으로써 영유아의 지적 탐구활동과 보육활동 간의 연계성과 통합성을 높이고자 하는 데 의미를 둔다. 보육과정 계획은 사실이나 정보, 개념, 아이디어 등의 내용에 대한 계획, 내용을 수행할 수 있는 놀이와 활동 등에 대한 계획, 활동을 수행하는 데 작용하는 사고과정의 계획 등 이 모두를 종합적으로 고려하여 계획하는 것이다.

제4차 표준보육과정에서는 영유아중심 · 놀이중심 보육과정을 강조하고 있어 교사의 사전 계획보다는 영유아 주도의 놀이과정을 중시하고 있는데, 그렇다고 해서 교사의 계획이 전혀 필요하지 않다는 것은 아니다. 놀이를 지원하고 확장하도록 안내하는 활동 계획이나 영유아기에 적합한 지식 · 기술 · 가치와 태도가 형성되도록 돕는 교사의 보육 계획은 여전히 중요한 것이며, 이것은 영유아의 발달이나 흥미, 관심에 기반하여 장기적 혹은 단기적으로 계획할 수 있다.

(4) 교수요목으로서의 보육과정

영유아에게 가르칠 수 있는 보육목표, 내용, 순서를 일련의 문서로 작성한 교수요목을 영유아 보육과정으로 보는 것이다. 이 보육과정은 영유아가 일정 시기에 주제별로 경험하는 내용이 교수요목으로 미리 짜여 있어서 누가 운영하든지 그 순서대로 진행할 수 있게 되어 있다. 이와 같은 교수요목으로서의 보육과정이 국가 수준에서 획일화된 문서로 제시된다면 어린이집 및 지역사회의 특성, 영유아의 흥미와 요구, 현장에서의 실제적인 경험들이 반영되기 어려울 것이다. 영유아는 각자 자신에게 가장 적합한 방식으로 놀이하며 배운다는 점에서 교사가 획일화된 보육과정을 있는 그대로 운영하기보다는 영유아가 주도적으로 놀이를 실천하도록 지원하는 보육과정 운영을 위해 노력해야 할 것이다.

(5) 프로그램으로서의 보육과정

몬테소리 프로그램, 발도르프 프로그램, 영아 적응 프로그램 등과 같이 한 가지의 접근 방법이나 보육학자들의 이론, 특정 대상에 기초한 영유아보육 모델 유형을 영유아 보육과정이라고 보는 것이다.

일반적으로 보육과정을 말할 때는 국가 수준의 보육과정과 같이 포괄적이고 일반적인 성격을 가진 것이라면, 프로그램은 개별 어린이집이나 한 연령 학급의 보육 설계도와 같은 특수하고 구체적인 성격을 가진 보육과정을 의미한다. 따라서 일반적인 보육과정의 개념에 비해 구체화되고 실제 현장에서 경험하게 되는 보육 내용을 상세하게 기술한 협의의 개념이라고 볼 수 있다. 이와 같은 프로그램으로서의 영유아 보육과정은 어린이집의 유형, 설립목적 및 주체, 영유아발달이나 학습에 대한 철학적 관점 등에 따라 선택적으로 취하는 경우가 있다. 영유아보육은 영유아 개개인의 요구와 발달 수준을 고려하는 것이 중요하므로 보육현장에서는 다양한 프로그램이 개발되고 융통성 있게 운영되고 있다. 그러나 프로그램을 선택하는 어린이집에서는 프로그램에 대한 깊은 이해가 없는 상태에서 무분별하게 적용하지 않도록 배경 철학이나 보육 내용, 접근 방법에 대한 충분한 이해를 기반으로 적용하여야 한다.

이상의 내용에서 살펴본 바와 같이 보육에서 누가 중심이 되는지, 어떤 경험을 강조하는지 등의 측면에 따라 보육과정의 개념은 다양하게 설명될 수 있다. 결론적으로 영유아 보육과정에 대한 개념 정의를 종합해 볼 때 '영유아 보육과정이란 영유아의 전인적 성장과 발달을 돕기 위해 어린이집이 유의미한 보육적 상황을 마련하고 모든 종류의 교수 · 학습 경험을 체계적으로 구성한 보육설계도'라고 할 수 있다.

2) 보육과정의 구성체계 및 구성원리

영유아의 발달과 성장을 지원하기 위해 교사는 영유아를 어떻게 보호하고 교육할 것인지에 대한 방향을 정해야 한다. 즉, 보육과정을 운영하기 위해서는 보육의 목적과 목표를 정하고, 보육 계획을 수립하여 실행하며 과정과 결과를 평가하는 전체적인 조직 설계가 필요하다.

타일러(Tyler, 1949)는 「교육과정과 학습지도의 기본원리(Basic Principles of Curriculum and Instruction)」라는 책에서 교육과정의 구성요소를 제시하였다. 즉, 교육의 분명한 방향이 무엇이며, 그 목표를 달성하기 위해 무엇을 어떻게 전개할 것인가를 계획하는 작업이 교육과정을 구성하는 일이라고 하였는데, 그 구성요소를 교육목표의 선정, 학습경험의 선정, 학습방법의 조직, 교육평가로 제시하였다.

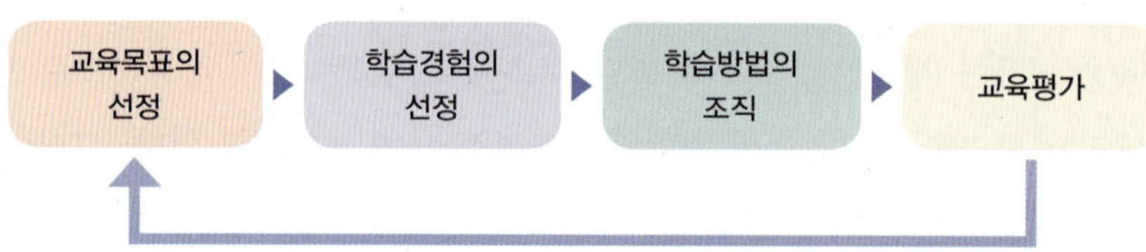

그림 3-3 | 타일러의 교육과정 구성요소

보육과정 역시 이러한 구성체계를 고려하여 보육목적과 목표, 보육 내용 선정 및 조직, 보육 경험 실행, 보육평가의 요소로 생각해 볼 수 있다.

영유아 보육과정 관계의 방향은 항상 목표에서 평가의 일방향으로 고정된 것은 아니다. 또한 보육과정의 네 가지 요소는 개별적으로 독립되어 있기보다는 서로 연결되어 순환적인 관계를 이루고 있으며 각각의 구성 요소들 간 상호 영향을 줄 수 있는 관계로 구성된다. 즉, 보육과정을 구성할 때 보육목적과 목표를 설정하고, 설정된 보육목표를 달성하기 위한 보육 내용을 선정 · 조직하고, 영유아에게 최적의 보육방법을 모색한다. 이후 영유아의 행동변화와 보육과정을 평가하고 그 결과는 다음 보육목표 설정 시 반영하여 보육과정이 상호작용적 · 순환적 관계로 제시되도록 구성해야 한다는 것이다.

타일러의 교육과정 구성체계가 목표 지향적 성격을 가지고 있다면, 영유아 보육과정은 과정 지향적 성격을 가지고 있다. 보육 경험을 실행하는 과정에서도 영유아가 발현적으로 경험하는 바를 수용하여 새롭게 보육 내용으로 선정하거나 영유아의 놀이에서 발현하는 아이디어가 반영되어 보육목표가 새롭게 결정될 수도 있다는 것이다. 제4차 어린이집 표준보육과정은 영유아중심 · 놀이중심 보육과정의 성격을 가지고 영유아가 놀이하는 과정에서 배움이 일어나는 것을 강조한다. 따라서 교사가 목표를 정하고 이 목표에 도달하기 위해 미리 계획한 것을 그대로 실행하는 것이 아니라 시시각각 변하는 영유아의 놀이경험을 관찰하여 얻어진 목표를 평가하고 다음의 놀이지원을 위한 보육 내용과 방법 등에 대한 계획을 하게 되는 것이다.

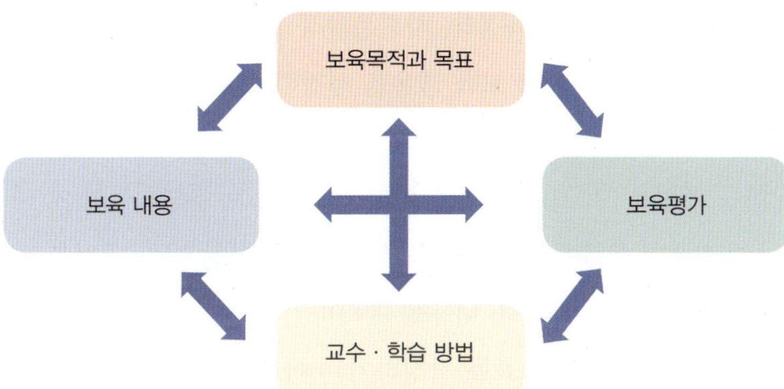

그림 3-4 | 순환적 · 상호적 관계의 보육과정 구성체계

이와 같은 보육과정의 순환적이고 상호적 관계의 구성체계는 그림 3-4와 같으며 네 가지 구성요소를 보육목적과 목표, 보육 내용, 교수 · 학습 방법, 보육평

가로 구분하여 구체적으로 살펴보기로 한다.

보육의 목적과 목표는 '앞으로 영유아가 어떻게 변화하기를 기대하는가'와 같이 어린이집에서 기르려는 인간 특성을 명확하게 정하는 것이다. 이것은 앞으로 일어날 보육과정의 길잡이 역할을 하는 가장 기초적이고 결정적인 요인이 된다. 보육목적과 목표가 명확하다면 이를 위한 보육 내용 선정과 조직, 교사의 상호작용 및 환경지원 방법, 평가의 방향을 구체화할 수 있을 것이다. 모든 교사들은 분명한 보육목적과 목표를 가지고 하루 일과에서부터 한 달, 일 년의 보육과정을 운영하는 것이 중요한 것임을 인식해야 한다.

보육의 목적과 목표를 설정하였다면 이후에는 설정한 목적과 목표를 달성하는 데 유용한 보육 경험을 선정하고 조직하는 과정이 필요하다. 즉, '무엇을 가르칠 것인가'에 대한 것이 보육 내용의 선정이며 이 내용 중에 '어떤 순서로 가르칠 것인가'에 대한 것이 보육 내용의 조직이다. 보육 내용의 선정과 조직은 영유아기의 발달적 요구와 흥미, 보육철학, 사회문화적 요구 등에 따라 달라질 수 있으며, 교사는 영유아기에 적합한 보육 내용을 선정하고 조직할 수 있어야 한다.

교수 · 학습 방법은 '이 보육 경험을 어떠한 과정으로 운영하는가'에 대한 것으로 앞에서 계획했던 보육목표와 내용을 실제로 실행하는 실천 과정을 의미한다. 아무리 세심하고 철저하게 보육 내용을 계획하였다고 하더라도 그 내용이 실제 실행되지 않는다면 보육의 목표를 달성하기는 어려울 것이다. 교사는 영유아에게 제공되는 보육 경험이 의미 있는 경험이 되도록 안내해야 한다. 영유아들은 각기 다른 관심을 가지고 있으며 배우는 방식도 다양하다. 따라서 교사는 영유아들로부터 학습 동기를 이끌어내거나 영유아의 학습 특성을 고려하여 최적의 교수 · 학습 방법을 모색해야 한다. 제4차 어린이집 표준보육과정에서는 놀이중심의 보육 경험을 특히 강조하고 있다. 어린이집에서의 보육 경험은 놀이 속에서 통합되어, 놀이와 연계한 활동에 영유아가 자연스럽게 몰입하면서 주변 사물과 교사, 또래와의 상호작용으로 배움이 일어나도록 해야 한다는 것이다.

보육과정의 평가는 '보육목표의 성취 정도를 어떻게 평가할 것인가'에 대한 것으로 선정한 보육목표에 대해 실제 그러한 변화가 일어났는가를 확인하는 과정이다. 보육평가를 하는 이유는 궁극적으로 영유아의 전인발달을 지원하기 위해 보육의 질을 향상시키는 것이다. 따라서 보육과정이 어떻게 운영되었는지, 영유아의 특성 및 변화 정도는 어떠한지를 중심으로 보육평가가 이루어진다. 여기서 중요한 것은 보육평가의 결과는 영유아에 대한 이해와 보육과정 운영 개선을 위해 다음 계획에 반영되어 보육과정의 순환이 이루어질 수 있어야 한다는 것이다.

일반적인 교육의 상황과는 다르게 영유아보육에서는 일상적인 맥락과 우연한 상황에서 일어나는 사건들, 영유아의 흥미와 놀이 등이 의미 있게 다루어져야 한다. 보육과정에서도 영유아의 발달적 요구와 흥미, 놀이와 활동, 일상생활의 경험이 통합되는 보육과정을 지향하여야 한다.

영유아 보육과정을 구성하기 위한 기본적인 원리는 다음과 같다.

첫째, 영유아가 중심이 되는 보육과정을 구성한다.

영유아는 교사와 함께 보육과정을 구성하고 운영하는 주체임을 생각하고, 교사는 영유아가 자유롭게 놀이하고 그 안에서 배움을 구성하는 유능한 존재임을 신뢰해야 한다. 영유아중심의 보육과정을 구성하기 위해서는 영유아의 개별적인 흥미와 동기에 따라 선택할 수 있는 기회를 제공해야 하며, 영유아가 놀이와 활동에 자발적으로 참여하도록 지원하는 다양한 경험과 놀이자료를 지원해야 한다.

둘째, 영유아에게 의미 있는 경험과 내용을 중심으로 보육과정을 구성한다.

어린이집에서 경험하는 보육 경험과 내용은 영유아의 생활 경험, 흥미와 발달적 욕구 등과 긴밀하게 연결될 때 의미 있는 경험이 될 수 있으며 이를 통해 영유아의 전인발달을 도모할 수 있다.

보육과정을 구성할 때 영유아가 경험하는 놀이와 활동의 연계, 영유아의 과거 경험과 현재 경험의 연계, 가정과 어린이집, 지역사회 간의 경험이 자연스럽게 연계될 때 영유아의 삶에 유의미한 경험을 지원할 수 있을 것이다.

셋째, 놀이중심의 보육과정을 구성한다.

영유아에게 있어 놀이는 학습의 원천이다. 영유아는 놀이를 통해 자신과 자신을 둘러싼 세상을 더 잘 이해할 수 있게 된다. 놀이하는 과정에서 영유아는 다양한 감정 표출을 통해 정서적 안정감과 즐거움을 느끼게 된다. 또한 또래와 함께 놀이하며 사회적 기술을 익히기도 하고, 놀잇감을 다루며 사물을 조작하는 기술을 습득하기도 한다. 따라서 보육과정은 영유아가 자신과 타인, 놀잇감, 주변 환경과 다양하게 상호작용하며 놀이하는 경험이 배움으로 연결되도록 지원하는 놀이중심의 보육이 이루어지도록 해야 한다.

넷째, 영유아의 흥미와 선행 경험, 어린이집의 실정, 부모 및 지역사회의 상황을 고려하여 보육과정을 구성한다. 영유아는 영유아 자신뿐만 아니라 사회문화적 환경과의 상호 관계 속에서 전체적으로 기능하는 역동적인 존재이다. 따라서 보육과정도 현재의 교사와 영유아 간의 부분적인 차원에서 구성하기보다는 개별 영유아의 흥미와 과거의 경험, 가정에서의 생활 경험들이 반영되도록 하여야 하며, 어린이집이나 지역사회의 인적·물리적 상황이나 환경적 특성을 고려하여 구성하여야 한다. 이를 위해서는 어린이집과 가정, 지역사회의 협력이 중요하다. 또한 현장학습, 부모 및 가족 참여, 지역사회 자원 등도 적극적으로 활용할 수 있어야 한다.

2. 영유아중심 · 놀이중심 보육과정

놀이가 없는 영유아의 삶은 상상할 수 없을 것이다. 영유아들은 놀이를 통해 자신의 욕구나 소망을 충족시키기도 하고 주변 세상을 탐색하고 이해한다. 놀이하기 위해 몸을 움직이고 상상하는 가운데 영유아들은 자기를 발견하기도 하고 문제를 해결하기도 하며 다른 사람들과 어울려 지내는 방법을 익힌다. 영유아보육은 일찍이 놀이의 가치를 인식하고 보육에서 놀이를 핵심 원리로 두고 보육과정을 운영해 왔다. 제4차 어린이집 표준보육과정을 '영유아중심 · 놀이중심 보육과정'이라고 부를 만큼 영유아가 주도하는 놀이 경험을 매우 강조하고 있다.

여기에서는 영유아중심 · 놀이중심 보육과정의 이해를 통해 영유아의 자발적인 놀이를 지원하는 교사의 역할에 대해 살펴보기로 한다.

1) 영유아중심 · 놀이중심 보육과정의 이해

제4차 어린이집 표준보육과정은 '영유아중심 · 놀이중심'을 추구하는 보육과정이다. '영유아중심 · 놀이중심'을 추구하는 보육과정을 계획하고 운영하기 위해 다음과 같은 사항을 이해해야 할 것이다.

- 영유아를 존중하는 보육과정

'영유아중심'을 추구한다는 것은 보육과정을 계획하고 운영할 때 영유아의 건강과 행복, 놀이를 통한 배움의 가치를 최대한 존중하여 반영하는 것을 의미한다. 영유아는 저마다 각기 다른 흥미와 요구, 기질, 발달적 능력을 가지고 있다.

영유아를 존중한다는 것은 이러한 영유아의 개인차와 다양성을 있는 그대로 수용하고 가치 있게 생각하는 것이며 보육과정은 이를 민감하게 반영한 것이어야 한다. 또한 영유아는 자유롭게 놀이하는 가운데 즐거움과 행복을 느낀다. 이런 차원에서 보육과정은 영유아의 즐거움과 행복을 지원하기 위해 자유롭고 충분히 놀이할 수 있도록 보육과정을 구성하고 운영하여야 할 것이다. 영유아의 성장은 영유아가 속한 다양한 생태문화적 환경의 맥락에 의해 영향을 받는다. 따라서 보육과정 역시 영유아의 일상적 경험과 관련되고 의미 있는 경험을 제공해 주어야 한다.

① 놀이중심의 보육과정

영유아는 놀이를 좋아하고 놀이를 하면서 가장 잘 배운다(교육부, 보건복지부, 2019b). 놀이중심의 보육과정은 영유아들이 놀면서 사물을 탐색하고, 자신을 표현하며 다른 사람과 교류하도록 하는 것이다. 즉, 배움의 주체는 '영유아'이며 영유아가 배우는 내용과 방법은 바로 '놀이'라는 것이다. 영유아는 자신의 흥미와 관심에 따라 즐겁게 놀이하는 과정에서 자연스럽게 환경을 탐색하고 문제를 해결하며 세상의 이치를 배운다. 따라서 보육과정은 영유아 주도적인 놀이가 충분히 이루어지도록 하여야 하며 영유아가 스스로 놀이하는 경험을 중심으로 보육과정을 운영해야 한다. 영유아 경험의 대부분은 일상생활과 놀이를 통해 이루어지기 때문에 교사는 영유아가 일상생활과 놀이를 통해 배우는 실제 내용을 존중하고 놀이와 연계된 활동을 지원하면서 놀이중심 보육과정을 실천할 수 있다.

② 영유아와 교사가 함께 만들어가는 보육과정

제4차 어린이집 표준보육과정에서는 '영유아와 놀이'를 최우선으로 존중하는 보육과정임을 강조하고 있다. '만들어가는 보육과정'은 교사가 미리 정해놓은 보육과정을 중심으로 진행되는 '교사중심의 보육과정'이 아닌, 영유아와 교사가 동시에 주체가 되는 보육과정을 의미한다. 즉, 교사가 계획한 주제와 활동을 경험하고 교사가 정해놓은 제한된 범위에서 영유아가 놀이하는 방식에서 벗어나 영유아가 놀이 방법과 유형을 자율적으로 선택하고 주도적으로 놀이에 참여하는 가운데 배움이 일어날 수 있는 영유아 주도의 놀이 방식을 강조한다는 것이다. 영유아의 놀이는 미리 예측하기 어렵고 상황에 따라 다양하게 나타날 수 있으므로 영유아의 흥미, 놀이 전개 방향, 보육실의 상황 특성 등에 따라 보육과정 역시 다양하게 나타날 수 있다. 영유아의 놀이가 교사의 계획과 맞지 않더라도 영유아의 관심과 생각을 우선적으로 존중하고 영유아의 놀이가 활성화될 수 있도록 지원하는 것이 무엇보다 중요하다.

만들어가는 보육과정을 실천하는 교사는 국가 수준의 보육과정 안에서 영유아가 놀이를 통해 배움이 최대한 이루어질 수 있도록 영유아의 놀이에 귀 기울여야 한다. 또한 영유아의 관심과 흥미, 놀이에 대한 이해를 바탕으로 영유아의 놀이를 지원하는 보육과정 주체자로서 놀이중심의 보육과정을 실천하도록 노력해야 한다.

2) 영유아중심 · 놀이중심 보육과정에서 교사의 역할

영유아중심 · 놀이중심 보육과정이 실현되기 위해서는 교사의 자율성과 책무성이 중요하다. '자율성'이란 학급의 고유한 특성이 드러나도록 영유아의 놀이를 중심으로 보육과정을 운영하는 것을 의미한다. 교사는 영유아들이 놀이과정에서 나타내는 새로운 흥미와 관심에 따라 보육과정을 운영할 수 있기 때문에 동일한 연령이라도 학급마다 전혀 다른 내용의 보육과정을 운영할 수 있다. '책무성'이란 영유아중심 · 놀이중심 보육과정에서 놀이, 일상생활, 활동이 잘 이루어질 수 있도록 고민하고 지원하는 교사의 역할 인식 및 실천을 의미한다. 교사의 책무성은 놀이 속에 녹아 있는 배움과 표준보육과정 영역의 내용을 읽어내고 지원하는 것이라고 할 수 있다.

자율성과 책무성에 기반한 영유아중심 · 놀이중심 보육과정을 실행하기 위해 교육부와 보건복지부(2019a)에서는 놀이지원자로서의 역할과 협력자로서의 역할로 구분하여 설명하고 있다.

(1) 놀이지원자로서의 교사 역할

첫째, 영유아의 놀이를 지원하는 보육 계획을 수립한다.

보육 계획이란 교사가 영유아의 놀이를 통한 배움을 지원하기 위하여 보육과정 내용과 시간을 조직하는 것을 의미한다. 교사는 영유아의 발달과 요구, 어린이집의 실정에 맞게 보육 계획을 수립한다. 보육 계획의 양식이나 작성 시기, 활용 방법은 어린이집의 지역적 특성이나 철학에 맞게 자율적으로 정할 수 있다. 영유아중심 · 놀이중심 보육과정을 실행하기 위해서 영유아가 경험해야 할 내용을 바탕으로 배움의 통합성, 융통성, 자율성을 강조하므로 연간, 월간, 주간, 일일 계획안의 형식이나 분량을 자율적으로 할 수 있으며 통합하거나 선택적으로 활용할 수 있다.

둘째, 영유아의 놀이를 지원하는 일과를 구성한다.

일과는 놀이, 일상생활, 활동으로 구성하되 놀이가 충분히 이루어지도록 편성하여 운영하도록 한다.

놀이는 시간이 분절되지 않고 지속적으로 운영될 때 놀이에 몰입하면서 의미 있는 배움의 기회를 가질 수 있으므로 영유아가 충분히 놀았다고 느낄 수 있도록 놀이 시간을 충분히 운영한다. 일상생활은 영유아의 기본적인 욕구를 충족시켜주고 놀이를 잘할 수 있는 심신의 건강을 제공하는 시간이므로 영유아가 자율적이고 주도적으로 일상생활을 할 수 있도록 충분한 시간을 허용해 주어 영유아가 편안함을 느끼는 가운데 즐거운 배움이 일어나도록 지원한다.

교사는 영유아의 놀이를 지원하는 과정에서 필요한 경우 이야기 나누기, 노래, 동화, 게임 등의 적절한 유형의 활동을 연결하여 운영한다. 교사가 활동을 계획하였다고 하더라도 영유아의 흥미와 놀이진행 상황에 따라 내용과 방법을 변경하거나 운영하지 않을 수 있으며, 활동의 방법 또한 영유아가 즐겁게 참여할 수 있는 교수 방법을 사용한다.

영유아의 놀이의 흐름이 끊어지지 않고 충분히 놀이할 수 있도록 일과를 구성하며 일과를 융통성 있게 운영한다.

셋째, 영유아의 놀이지원을 실천한다.

영유아중심 · 놀이중심 보육과정에서는 영유아의 흥미와 관심, 개별 특성을 존중하며 영유아의 다양한 놀이와 경험을 지원하는 교사의 역할이 중요하다. 교사는 보육과정을 운영하면서 영유아의 배움을 지원하는 놀이공간, 놀이자료, 상호작용, 놀이와 안전, 통합학급에서의 놀이지원의 다섯 가지 측면을 고려하여 실천한다.

놀이공간	• 놀이공간을 융통성 있게 배치해본다. • 놀이하는 공간을 넓혀본다. • 영유아에게 공간 배치의 주도권을 주어본다. • 다른 놀이공간을 찾아본다.
놀이자료	• 영유아가 결정한 자료활용 방법을 격려한다. • 자연물이나 자연현상도 자료로 활용한다. • 다양한 일상의 사물을 놀이자료로 활용한다. • 자료가 없어도 놀이할 수 있도록 격려한다. • 기존의 자료도 새롭게 활용해 본다.
상호작용	• 영유아와 영유아의 상호작용을 지원한다. • 영유아와 환경의 상호작용을 지원한다. • 놀이지원을 위해 관찰한다. • 제안하며 놀이를 지원한다. • 영유아의 놀이에 참여하며 지원한다. • 질문하며 놀이를 지원한다. • 정서적으로 지원해준다.

놀이와 안전	• 안전이라는 이유로 놀이를 불필요하게 제한했는지 점검해 본다. • 위험한 요소가 있는지 영유아 스스로 살펴볼 시간과 기회를 주어본다. • 새로 찾아본 놀이공간의 안전을 영유아와 함께 점검해본다. • 모든 구성원이 놀이와 안전에 대해 소통한다.
통합학급에서의 놀이지원	• 장애 영유아가 또래와 함께 놀 수 있는 기회를 최대한 확보한다. • 놀이공간과 자료를 준비할 때 장애 영유아의 특성을 고려한다. • 수시로 협의하면서 문제를 해결한다.

넷째, 영유아의 놀이지원을 평가한다.

보육과정을 계획하고 운영하는 교사의 자율성이 강화됨에 따라 영유아의 놀이지원을 위한 평가 방법도 다양할 수 있다. 교사는 관찰과 기록, 수집, 부모설문지 등의 다양한 방법을 통하여 영유아와 보육과정 운영에 대한 평가를 실시한다.

보육과정은 영유아의 놀이와 일상생활, 활동 속에서 이루어지므로 교사는 영유아들의 놀이와 일상을 관찰하여 기록한다. 관찰 기록은 영유아의 놀이를 중심으로 기록하되 짧은 메모, 일지 양식 변형 등 다양한 방식으로 기록한다. 수집된 자료를 이용하여 영유아의 특성 및 변화 정도를 평가할 수 있고, 전반적인 보육과정을 평가하고 이를 다음 보육과정 개선 계획에 반영할 수 있으며, 표준보육과정의 영역과 관련된 영유아의 경험이 어떻게 이루어졌는지 검토하고 지원 계획을 세울 수 있다.

(2) 협력자로서의 교사 역할

첫째, 동료 교원과 함께 협력한다.

교사는 놀이를 통한 배움이 일어나도록 영유아 가까이에서 배움을 지원하는 보육과정의 주체자이기도 하지만 교사 또한 영유아들과 함께 배우고 성장하는 존재라고 볼 수 있다. 영유아의 놀이를 읽어내고 지원하는 교사의 전문성을 기르기 위해서는 협력적인 조직문화 조성이 필요하다. 원장은 교사가 자율적으로 보육과정을 운영하도록 지원하여야 하며 교사는 의사결정 과정에도 자발적으로 참여하여 합의된 교육적 가치와 비전이 실현되도록 하여야 한다. 교사들이 함께 보육과정과 수업을 연구하고 놀이지원과 관련한 고민이나 해결방안을 모색하는 학습공동체를 다양하게 구성하고 운영할 수 있다.

둘째, 가정 · 지역사회와 함께 협력한다.

영유아중심 · 놀이중심 보육과정은 영유아를 포함한 다양한 주체가 협력하여 함께 만들어가는 보육과정을 지향한다. 특히 영유아중심 · 놀이중심 보육과정에 대한 학부모의 이해는 보육과정 실행에 영향을 주는 핵심적 요인이 되므로 교사는 학부모와 소통하고 협력하여 보육과정 변화에 참여하도록 지원하여야 한다. 이를 위해 놀이 이해를 돕는 학부모 모임을 구성하거나 학부모와 소통하며 놀이 정보를 지속적으로 공유해야 한다. 교사는 영유아의 경험 확장을 위해 지역사회의 자원을 활용할 수 있다. 지역사회에는 여러 공공기관이나 놀이터, 박물관, 공원 등 다양한 시설과 자연환경, 전문 지식을 갖춘 전문가들이 있는데, 이와 같은 물적 · 인적 자원을 활용하여 영유아 경험의 폭을 넓혀 줄 수 있다.

셋째, 지역지원체계와 함께 협력한다.

영유아중심 · 놀이중심 보육과정의 구현을 위해 시 · 도청 및 시 · 군 · 구청, 육아종합지원센터 등도 보육과정 운영의 자율성과 전문성 신장을 지원한다. 보육과정 운영의 자율화 실현을 위해 연수의 기회, 맞춤형 컨설팅, 소그룹 워크숍 등 지역지원체계로부터 보육현장 지원을 받을 수 있다. 시 · 도청 및 시 · 군 · 구청, 육아종합지원센터의 영유아중심 · 놀이중심 보육과정 운영 지원을 위한 학부모 교육을 활용하거나 제4차 어린이집 표준보육과정의 실천사례 공유를 통해 지역지원체계와 협력을 모색할 수 있다.

3. 우리나라 국가 수준 보육과정

표준보육과정은 어린이집의 0~만 5세 영유아들에게 국가 수준에서 제공하는 보편적이고 공통적인 보육의 목표와 내용을 제시한 것이다. 보육과정은 보육철학, 영유아의 발달적 요구, 생태 환경적 특성 등에 따라 다양하고 유연한 형태로 계획되고 운영되어야 한다. 영유아 보육과정에서 다양성을 중시함에도 불구하고 국가에서 표준보육과정을 제공하는 이유는 전국 어디에서든지 영유아가 경험하는 보육의 질이 균일하도록 최소한의 지침을 제공하는 것이라고 볼 수 있다.

여기에서는 보건복지부(2020c)에서 제시한 어린이집 표준보육과정의 고시 배경의 내용을 중심으로 우리나라 국가 수준 보육과정의 변천사항을 알아보고, 특히 2020년 4월에 고시한 제4차 어린이집 표준보육과정에 대해 알아보기로 한다.

1) 어린이집 표준보육과정의 변천

우리나라의 보육과정이 법적 기반을 마련한 것은 1991년 「영유아보육법」이 제정되면서이다. 이를 토대로 2004년에 「영유아보육법」이 개정되어 표준보육과정의 개발 및 보급을 위한 법적 근거가 마련되었다. 이후 2005년 여성가족부가 '표준보육과정'을 연구 · 개발하고 2006년 11월 10일에 「영유아보육법 시행규칙」 제30조 관련 표준보육과정령을 개정하였다. 이에 2007년 1월 3일 최초의 '표준보육과정의 구체적 보육 내용'을 고시하게 되었다.

'표준보육과정'이 고시됨에 따라 2007년부터 2세 미만 보육과정, 2세 보육과정, 3~5세 보육과정이 보육현장에 적용되었는데, 이후 급변하는 사회와 보육 여건의 변화에 따라 '표준보육과정'에 대한 부분 개정의 필요성이 대두되었다. 또한, 2011년 정부는 어린이집과 유치원의 이원화된 '표준보육과정'과 '유치원 교육과정'을 통합한 공통과정을 제정하겠다고 발표하여 우선 만 5세를 대상으로 어린이집과 유치원의 공통과정인 '5세 누리과정'을 제정하여 2011년 9월에 고시하게 되었다. 따라서 '5세 누리과정'과의 연계를 고려하여 재수정한 후 0~4세 영유아를 대상으로 한 '제2차 표준보육과정'을 2012년 2월에 고시하였다.

'5세 누리과정' 제정에 이어, 2012년 '3~5세 연령별 누리과정'이 개발되었으며, '제2차 표준보육과정' 중 '3~5세 연령별 누리과정'의 목표와 내용을 고려하여 0~1세 보육과정, 2세 보육과정을 개정하였다. 이에 2013년 1월에 누리과정을 포함하여 '제3차 어린이집 표준보육과정'을 고시하였다.

보건복지부는 2017년 12월 제3차 중장기보육 기본계획(2018~2022)을 발표하였는데, 여기에서 '영유아의 행복한 성장을 위해 함께 하는 사회'라는 비전을 설정하였으며 보육의 공공성 강화, 보육체계 개편, 보육서비스의 품질 향상, 부모 양육지원 확대를 제시하였다.

2019년 말, 어린이집에 다니는 0~5세 대상 보육과정 중 3~5세를 위한 보육과정(누리과정)은 이미 개정되었고, 0~2세는 어린이집에만 해당되므로 보건복지부 주관으로 0~5세 영유아의 연속적 경험과 연령 간 발달적 연계를 위하여 누리과정 개정 방향 및 내용을 고려하여 「제3차 어린이집 표준보육과정」 중 0~1세 및 2세 보육과정의 개정이 필요한 상황이었다. 이를 위해 2019년 10월부터 누리과정 및 표준보육과정 연구진을 중심으로 '「제3차 어린이집 표준보육과정」(0~2세) 개정 연구'를 통해 0~1세 보육과정과 2세 보육과정의 영역별 내용을 개정하였고, 0~2세 보육과정과 3~5세 보육과정(누리과정으로 이미 개정됨)을 포괄하는 총론의 일부를 개정하여, 2020년 4월 9일에 「제4차 어린이집 표준보육과정」을 고시하였다.

표 3-1 | 어린이집 표준보육과정의 변천

	고시년도	법령	주요내용
1차	2007년 1월	여성가족부 고시 제2007-1호	표준보육과정의 구체적 보육 내용 및 교사 지침 고시 – 기본생활, 신체운동, 사회관계, 의사소통, 자연탐구, 예술경험의 6개 영역 – 만 2세 미만(1, 2, 3수준), 만 2세(2수준), 만 3~5세(1, 2, 3수준)
2차	2012년 2월	보건복지부 고시 제2012-28호	5세 누리과정 제정과 더불어 0~4세를 포함하여 고시 – 5세 누리과정과의 연계를 고려하여 0~4세 영유아를 대상으로 함 – 만 2세 미만은 수준 세분화(1, 2, 3, 4수준)
3차	2013년 1월	보건복지부 고시 제2013-8호	0~1세 보육과정, 2세 보육과정, 3~5세 보육과정(누리과정)을 포함하여 전체적으로 고시 – 어린이집에 다니는 모든 영유아를 대상으로 함 – 0~1세 보육과정, 2세 보육과정, 3~5세 보육과정(누리과정)으로 구성 – 0~2세 보육과정은 6개 영역, 3~5세 보육과정은 5개 영역으로 구성
4차	2020년 4월	보건복지부 고시 제2020-75호	2019 개정 누리과정과 연계하여 0~2세 표준보육과정 개정 – 영유아중심 · 놀이중심 보육과정 – 0~1세, 2세 보육과정은 수준 세분화 없이 6개 영역으로 구성 – 3~5세 보육과정(누리과정)은 연령을 통합하여 5개 영역으로 구성

국가 수준의 보육과정은 그 나라 보육의 방향을 규정하고 나아가 국가 경쟁력의 기반이 되는 인재 양성의 발판이 되기도 한다.

따라서 어린이집에서는 국가가 고시한 표준보육과정의 내용을 숙지하고 이를 바탕으로 어린이집 보육 계획을 수립한 후 통합적 일과 운영을 통해 보육과정을 실행하여야 한다. 또한 보육과정의 운영 결과를 평가하고 영유아에 대한 관찰 및 평가를 통해 어린이집의 보육과정 운영을 되돌아보고, 그 평가 결과를 다음 보육계획 수립에 반영하도록 한다. 어린이집에서는 보육과정 운영 시 계획 수립, 실행, 평가의 모든 단계에서 표준보육과정을 적용할 수 있다.

특히, 현대사회에서 중요하게 생각하는 인재상은 표준보육과정이 추구하는 인간상에 비추어 그 강조점을 찾아볼 수 있다. 제4차 어린이집 표준보육과정에서는 미래사회에서 유능하게 잘 적응하고 자신의 능력을 발휘하기 위한 핵심역량을 반영하여 건강한 사람, 자주적인 사람, 창의적인 사람, 감성이 풍부한 사람, 더불어 사는 사람을 추구하는 인간상으로 제시하고 있다. 교사는 표준보육과정의 변천을 이해하면서 현대사회의 보육의 강조점을 인식하고 영유아가 놀이를 통해 인간상을 통합적으로 경험하도록 지원해야 할 것이다.

2) 제4차 어린이집 표준보육과정

제4차 어린이집 표준보육과정(보건복지부 고시 제2020-75호)은 성격, 총론, 영역별 목표 및 내용으로 구성체계를 갖추고 있다.

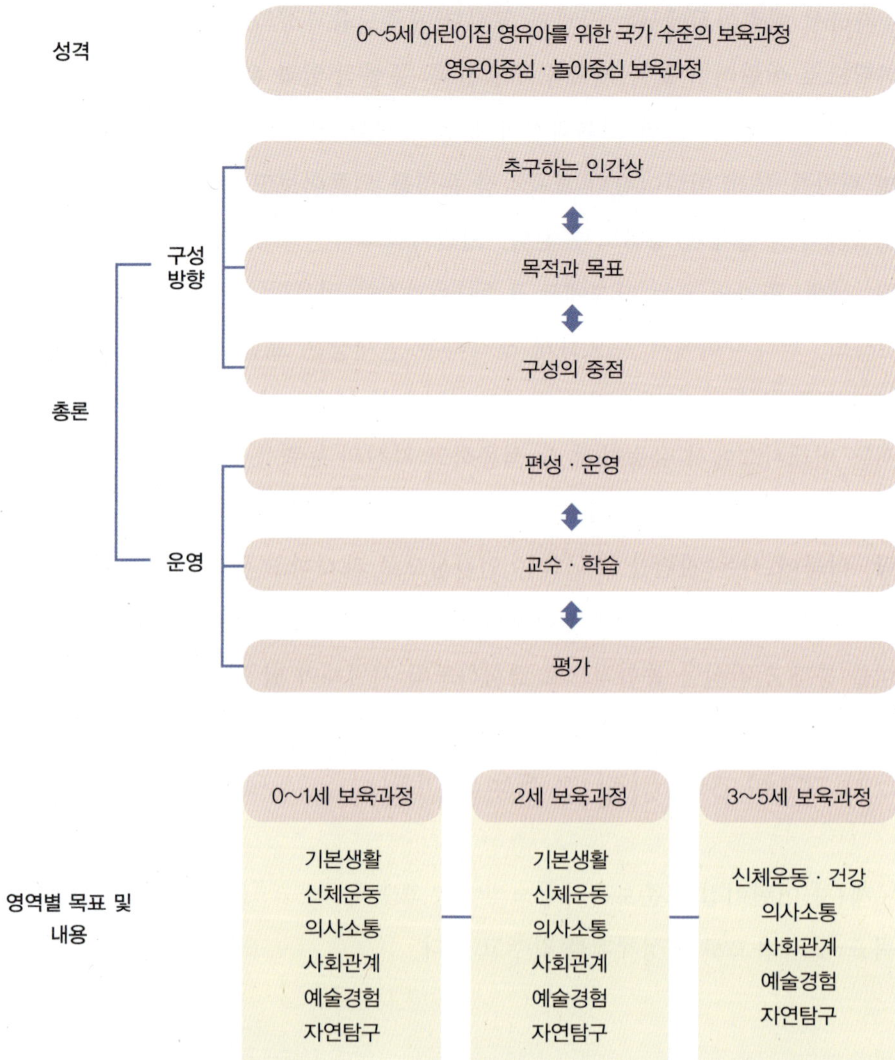

그림 3-5 | 제4차 어린이집 표준보육과정 구성체계

제4차 어린이집 표준보육과정은 총론에 앞서 표준보육과정의 성격을 먼저 제시하고 있다. 표준보육과정에서 제시되는 성격은 국가 수준 보육과정의 구성체계를 확립하는 출발점을 의미한다. "제4차 어린이집 표준보육과정의 성격은 0~5세 영유아를 위한 국가 수준의 보육과정이며 0~1세 보육과정, 2세 보육과정, 3~5세 보육과정(누리과정)으로 구성한다."명시되어 있으며 영유아중심 · 놀이중심 보육과정임을 강조하고 있다.

제4차 어린이집 표준보육과정의 성격을 구체적으로 열거하면 다음과 같다.

첫째, 국가 수준의 공통성과 지역, 기관 및 개인 수준의 다양성을 동시에 추구한다.

둘째, 영유아의 전인적 발달과 행복을 추구한다.

셋째, 영유아중심과 놀이중심을 추구한다.

넷째, 영유아의 자율성과 창의성 신장을 추구한다.

다섯째, 영유아, 교사, 원장, 부모 및 지역사회가 함께 실천해가는 것을 추구한다.

총론에서는 표준보육과정의 구성 방향과 운영으로 구성되어 있다. 구성의 방향은 추구하는 인간상, 목적과 목표, 구성의 중점을 제시하고 있다. 운영에서는 편성 · 운영, 교수 · 학습 및 평가로 나누어 제시하고 있다.

영역별 목표 및 내용에서는 0~1세 영역별 목표와 내용, 2세 영역별 목표와 내용, 3~5세 영역별 목표와 내용을 기술하고 있다.

이제 보건복지부 고시 제2020-75호 제4차 어린이집 표준보육과정의 총론과 영역별 목표 및 내용을 구체적으로 소개하기로 한다.

제1장 총론

Ⅰ. 표준보육과정의 구성 방향

1. 추구하는 인간상

가. 건강한 사람

나. 자주적인 사람

다. 창의적인 사람

라. 감성이 풍부한 사람

마. 더불어 사는 사람

2. 목적과 목표

표준보육과정의 목적은 영유아가 놀이를 통해 심신의 건강과 조화로운 발달을 이루고 바른 인성과 민주 시민의 기초를 형성하는 데에 있다.

0~2세 보육과정 목표	3~5세 보육과정 목표
1) 자신의 소중함을 알고 건강하고 안전한 환경에서 즐겁게 생활한다.	1) 자신의 소중함을 알고, 건강하고 안전한 생활 습관을 기른다.
2) 자신의 일을 스스로 하고자 한다.	2) 자신의 일을 스스로 해결하는 기초 능력을 기른다.
3) 호기심을 가지고 탐색하며 상상력을 기른다.	3) 호기심과 탐구심을 가지고 상상력과 창의력을 기른다.
4) 일상에서 아름다움에 관심을 가지고 감성을 기른다.	4) 일상에서 아름다움을 느끼고 문화적 감수성을 기른다.
5) 사람과 자연을 존중하고 소통하는 데 관심을 가진다.	5) 사람과 자연을 존중하고 배려하며 소통하는 태도를 기른다.

3. 구성의 중점

가. 영유아는 개별적인 특성을 지닌 고유한 존재임을 전제로 구성한다.

나. 0~5세 모든 영유아에게 적용할 수 있도록 구성한다.

다. 추구하는 인간상 구현을 위한 지식, 기능, 태도 및 가치를 반영하여 구성한다.

라. 표준보육과정은 다음의 영역을 중심으로 구성한다.

1) 0~1세 보육과정과 2세 보육과정은 기본생활, 신체운동, 의사소통, 사회관계, 예술경험, 자연탐구의 6개 영역을 중심으로 구성한다.

2) 3~5세 누리과정은 신체운동·건강, 의사소통, 사회관계, 예술경험, 자연탐구의 5개 영역을 중심으로 구성한다.

마. 0~5세 영유아가 경험해야 할 내용으로 구성한다.

바. 초등학교 교육과정과의 연계성을 고려하여 구성한다.

Ⅱ. 표준보육과정의 운영

1. 편성·운영

가. 어린이집의 운영 시간에 맞추어 편성한다.

나. 표준보육과정을 바탕으로 각 기관의 실정에 적합한 계획을 수립하여 운영한다.

다. 하루 일과에서 바깥 놀이를 포함하여 영유아의 놀이가 충분히 이루어지도록 편성하여 운영한다.

라. 성, 신체적 특성, 장애, 종교, 가족 및 문화적 배경 등에 따른 차별이 없도록 편성하여 운영한다.

마. 영유아의 발달과 장애 정도에 따라 조정하여 운영한다.

바. 가정과 지역사회와의 협력과 참여에 기반하여 운영한다.

사. 교사 연수를 통해 표준보육과정의 운영을 개선할 수 있도록 한다.

2. 교수·학습

가. 영유아의 의사 표현을 존중하고 민감하게 반응한다.

나. 영유아가 흥미와 관심에 따라, 놀이에 자유롭게 참여하고 즐기도록 한다.

다. 영유아가 놀이를 통해 배우도록 한다.

라. 영유아가 다양한 놀이와 활동을 경험할 수 있도록 실내외 환경을 구성한다.

마. 영유아와 영유아, 영유아와 교사, 영유아와 환경 사이에 능동적인 상호작용이 이루어지도록 한다.

바. 각 영역의 내용이 통합적으로 영유아의 경험과 연계되도록 한다.

사. 개별 영유아의 요구에 따라, 휴식과 일상생활이 원활히 이루어지도록 한다.

아. 영유아의 연령, 발달, 장애, 배경 등을 고려하여 개별 특성에 적합한 방식으로 배우도록 한다.

3. 평가

가. 표준보육과정 운영의 질을 진단하고 개선하기 위해, 평가를 계획하고 실시한다.

나. 영유아의 특성 및 변화 정도와 표준보육과정의 운영을 평가한다.

다. 평가의 목적에 따라 적합한 방법을 사용하여 평가한다.

라. 평가의 결과는 영유아에 대한 이해와 표준보육과정 운영 개선을 위한 자료로 활용할 수 있다.

제2장. 영역별 목표 및 내용

Ⅰ. 기본생활영역(0~1세, 2세) / 신체운동·건강영역(3~5세)

1. 목표

0~1세	2세	3~5세
건강하고 안전한 일상생활을 경험한다.	건강하고 안전한 생활습관의 기초를 형성한다.	실내외에서 신체활동을 즐기고, 건강하고 안전한 생활을 한다.
1) 건강한 일상생활을 경험한다.	1) 건강한 생활습관의 기초를 형성한다.	2) 건강한 생활습관을 기른다.
2) 안전한 일상생활을 경험한다	2) 안전한 생활습관의 기초를 형성한다.	3) 안전한 생활습관을 기른다.

2. 내용

내용 범주	내 용		
	0~1세	2세	3~5세
건강하게 생활하기	도움을 받아 몸을 깨끗이 한다.	자신의 몸을 깨끗이 해 본다.	자신의 몸과 주변을 깨끗이 한다.

내용 범주	내 용		
	0~1세	2세	3~5세
건강하게 생활하기	음식을 즐겁게 먹는다.	음식에 관심을 가지고 즐겁게 먹는다.	몸에 좋은 음식에 관심을 가지고 바른 태도로 즐겁게 먹는다.
	하루 일과를 편안하게 경험한다.	하루 일과를 즐겁게 경험한다.	하루 일과에서 적당한 휴식을 취한다.
	배변 의사를 표현한다.	건강한 배변 습관을 갖는다.	
			질병을 예방하는 방법을 알고 실천한다.
안전하게 생활하기	안전한 상황에서 놀이하고 생활한다.	일상에서 안전하게 놀이하고 생활한다.	일상에서 안전하게 놀이하고 생활한다.
			TV, 컴퓨터, 스마트폰 등을 바르게 사용한다.
	안전한 상황에서 교통수단을 이용해 본다.	교통수단을 안전하게 이용해 본다.	교통안전 규칙을 지킨다.
	위험하다는 말에 주의한다.	위험한 상황에 대처하는 방법을 경험한다.	안전사고, 화재, 재난, 학대, 유괴 등에 대처하는 방법을 경험한다.

Ⅱ. 신체운동영역(0~1세, 2세) / 신체운동·건강영역(3~5세)

1. 목표

0~1세	2세	3~5세
감각으로 탐색하고 신체활동을 즐긴다.	감각을 활용하고, 신체활동을 즐긴다.	실내외에서 신체활동을 즐기고, 건강하고 안전한 생활을 한다.

0~1세	2세	3~5세
1) 감각 탐색을 즐긴다.	1) 감각을 활용하고, 신체를 인식한다.	1) 신체활동에 즐겁게 참여한다.
2) 신체활동을 즐겁게 경험한다.	2) 신체활동을 즐긴다.	

2. 내용

내용 범주	내 용		
	0~1세	2세	3~5세
감각과 신체 인식하기	감각적 자극에 반응한다.	감각 능력을 활용한다.	
	감각으로 주변을 탐색한다.		
	신체를 탐색한다.	신체를 인식하고 움직인다.	신체를 인식하고 움직인다.
신체활동 즐기기	대소근육을 조절한다.	대소근육을 조절한다.	신체 움직임을 조절한다.
	기본 운동을 시도한다.	기본 운동을 즐긴다.	기초적인 이동운동, 제자리 운동, 도구를 이용한 운동을 한다.
	실내외 신체활동을 즐긴다.	실내외 신체활동을 즐긴다.	실내외 신체활동에 자발적으로 참여한다.

Ⅲ. 의사소통영역

1. 목표

0~1세	2세	3~5세
의사소통 능력의 기초를 형성한다.	의사소통 능력과 상상력의 기초를 형성한다.	일상생활에 필요한 의사소통 능력과 상상력을 기른다.

0~1세	2세	3~5세
1) 일상생활에서 듣고 말하기를 즐긴다.	1) 일상생활에서 듣기와 말하기를 즐긴다.	1) 일상생활에서 듣고 말하기를 즐긴다.
2) 읽기와 쓰기에 관련된 관심을 가진다.	2) 읽기와 쓰기에 관심을 가진다.	2) 읽기와 쓰기에 관심을 가진다.
3) 책과 이야기에 관심을 가진다.	3) 책과 이야기에 재미를 느낀다.	3) 책이나 이야기를 통해 상상하기를 즐긴다.

2. 내용

내용 범주	내 용		
	0~1세	2세	3~5세
듣기와 말하기	표정, 몸짓, 말과 주변의 소리에 관심을 갖고 듣는다.	표정, 몸짓, 말에 관심을 갖고 듣는다.	말이나 이야기를 관심 있게 듣는다.
	상대방의 이야기를 들으면서 말소리를 낸다.	상대방의 이야기를 듣고 말한다.	상대방이 하는 이야기를 듣고 관련해서 말한다.
			바른 태도로 듣고 말한다.
	표정, 몸짓, 말소리로 의사를 표현한다.	표정, 몸짓, 단어로 의사를 표현한다.	상황에 적절한 단어를 사용하여 말한다.
		자신의 요구와 느낌을 말한다.	자신의 경험, 느낌, 생각을 말한다.
			고운 말을 사용한다.
읽기와 쓰기에 관심 가지기			말과 글의 관계에 관심을 가진다.
	주변의 그림과 상징에 관심을 가진다.	주변의 그림과 상징, 글자에 관심을 가진다.	주변의 상징, 글자 등의 읽기에 관심을 가진다.

내용범주	내 용		
	0~1세	2세	3~5세
읽기와 쓰기에 관심 가지기	끼적이기에 관심을 가진다.	끼적이며 표현하기를 즐긴다.	자신의 생각을 글자와 비슷한 형태로 표현한다.
	책에 관심을 가진다.	책에 관심을 가지고 상상한다.	책에 관심을 가지고 상상하기를 즐긴다.
			동화, 동시에서 말의 재미를 느낀다.
	이야기에 관심을 가진다.	말놀이와 이야기에 재미를 느낀다.	말놀이와 이야기 짓기를 즐긴다.

Ⅳ. 사회관계영역

1. 목표

0~1세	2세	3~5세
나를 인식하고, 친숙한 사람과 관계를 맺는다.	나를 알고, 다른 사람과 더불어 생활하는 경험을 한다.	자신을 존중하고 더불어 생활하는 태도를 가진다.
1) 나를 고유한 존재로 안다.	1) 나를 알고 긍정적으로 여긴다.	1) 자신을 이해하고 존중한다.
2) 안정적인 애착을 형성하고, 또래, 교사와 함께 지낸다.	2) 다른 사람과 즐겁게 지내기 위한 태도를 기른다.	2) 다른 사람과 사이좋게 지낸다.
		3) 우리가 사는 사회와 다양한 문화에 관심을 가진다.

2. 내용

내용 범주	내 용		
	0~1세	2세	3~5세
나를 알고 존중하기	나를 인식한다.	나와 다른 사람을 구별한다.	나를 알고 소중히 여긴다.
	나의 욕구와 감정을 나타낸다.	나의 감정을 표현한다.	나의 감정을 알고 상황에 맞게 표현한다.
	나와 친숙한 것을 안다.		
		내가 좋아하는 것을 한다.	내가 할 수 있는 것을 스스로 한다.
더불어 생활하기	안정적인 애착을 형성한다.	가족에게 관심을 가진다.	가족의 의미를 알고 화목하게 지낸다.
	또래에게 관심을 가진다.	또래와 함께 놀이한다.	친구와 서로 도우며 사이좋게 지낸다.
			친구와의 갈등을 긍정적인 방법으로 해결한다.
	다른 사람의 감정과 행동에 관심을 가진다.	다른 사람의 감정과 행동에 반응한다.	서로 다른 감정, 생각, 행동을 존중한다.
			친구와 어른께 예의 바르게 행동한다.
	반에서 편안하게 지낸다.	반에서의 규칙과 약속을 알고 지킨다.	약속과 규칙의 필요성을 알고 지킨다.
사회에 관심 가지기			내가 살고 있는 곳에 대해 궁금한 것을 알아본다.

내용 범주	내 용		
	0~1세	2세	3~5세
사회에 관심 가지기			우리나라에 대해 자부심을 가진다.
			다양한 문화에 관심을 가진다.

V. 예술경험영역

1. 목표

0~1세	2세	3~5세
아름다움을 느끼고 경험한다.	아름다움을 느끼고 즐긴다.	아름다움과 예술에 관심을 가지고 창의적 표현을 즐긴다.
1) 자연과 생활에서 아름다움에 관심을 가진다.	1) 자연과 생활에서 아름다움을 느끼고 관심을 가진다.	1) 자연과 생활 및 예술에서 아름다움을 느낀다.
2) 예술적 경험을 표현한다.	2) 예술을 통해 자유롭게 표현한다.	2) 예술을 통해 창의적으로 표현하는 과정을 즐긴다.
		3) 다양한 예술 표현을 존중한다.

2. 내용

내용 범주	내 용		
	0~1세	2세	3~5세
아름다움 찾아보기	자연과 생활에서 아름다움을 느낀다.	자연과 생활에서 아름다움을 느끼고 즐긴다.	자연과 생활에서 아름다움을 느끼고 즐긴다.

내용 범주	내 용		
	0~1세	2세	3~5세
아름다움 찾아보기	아름다움에 관심을 가진다.	아름다움에 관심을 갖고 찾아본다.	예술적 요소에 관심을 갖고 찾아본다.
창의적으로 표현하기	소리와 리듬, 노래로 표현한다.	익숙한 노래와 리듬을 표현한다.	노래를 즐겨 부른다.
			신체, 사물, 악기로 간단한 소리와 리듬을 만들어 본다.
		움직임과 춤으로 자유롭게 표현한다.	신체나 도구를 활용하여 움직임과 춤으로 자유롭게 표현한다.
	감각을 통해 미술을 경험한다.	미술 재료와 도구로 표현해 본다.	다양한 미술 재료와 도구로 자신의 생각과 느낌을 표현한다.
	모방 행동을 즐긴다.	일상생활 경험을 상상놀이로 표현한다.	극놀이로 경험이나 이야기를 표현한다.
예술 감상하기			다양한 예술을 감상하며 상상하기를 즐긴다.
			서로 다른 예술 표현을 존중한다.
			우리나라 전통 예술에 관심을 갖고 친숙해진다.

VI. 자연탐구영역

1. 목표

0~1세	2세	3~5세
주변 환경과 자연에 관심을 가진다.	주변 환경과 자연을 탐색하는 과정을 즐긴다.	탐구하는 과정을 즐기고, 자연과 더불어 살아가는 태도를 가진다.
1) 일상에서 탐색을 즐긴다.	1) 일상에서 탐색하는 과정을 즐긴다.	1) 일상에서 호기심을 가지고 탐구하는 과정을 즐긴다.
2) 주변 환경을 탐색한다.	2) 주변 환경에 관심을 가지고 탐색한다.	2) 생활 속의 문제를 수학적, 과학적으로 탐구한다.
3) 생명과 자연에 관심을 가진다.	3) 생명과 자연에 관심을 가진다.	3) 생명과 자연을 존중한다.

2. 내용

내용 범주	내 용		
	0~1세	2세	3~5세
탐구 과정 즐기기	주변 세계와 자연에 대해 호기심을 가진다.	주변 세계와 자연에 대해 호기심을 가진다.	주변 세계와 자연에 대해 지속적으로 호기심을 가진다.
	사물과 자연 탐색하기를 즐긴다.	사물과 자연을 반복하여 탐색하기를 즐긴다.	궁금한 것을 탐구하는 과정에 즐겁게 참여한다.
			탐구과정에서 서로 다른 생각에 관심을 가진다.

내용 범주	내 용		
	0~1세	2세	3~5세
생활 속에서 탐구하기	친숙한 물체를 감각으로 탐색한다.	친숙한 물체의 특성과 변화를 감각으로 탐색한다.	물체의 특성과 변화를 여러 가지 방법으로 탐색한다.
	물체의 수량에 관심을 가진다.	물체의 수량에 관심을 가진다.	물체를 세어 수량을 알아본다.
	주변 공간과 모양을 탐색한다.	주변 공간과 모양을 탐색한다.	물체의 위치와 방향, 모양을 알고 구별한다.
			일상에서 길이, 무게 등의 속성을 비교한다.
	규칙성을 경험한다.	규칙성에 관심을 가진다.	주변에서 반복되는 규칙을 찾는다.
		주변 사물을 같고 다름에 따라 구분한다.	일상에서 모은 자료를 기준에 따라 분류한다.
		생활 도구에 관심을 가진다.	도구와 기계에 대해 관심을 가진다.
자연과 더불어 살기	주변의 동식물에 관심을 가진다.	주변의 동식물에 관심을 가진다.	주변의 동식물에 관심을 가진다.
			생명과 자연환경을 소중히 여긴다.
	날씨의 변화를 감각으로 느낀다.	날씨와 계절의 변화를 감각으로 느낀다.	날씨와 계절의 변화를 생활과 관련짓는다.

4. 국외의 영유아 보육과정

보육과정은 지역적인 특성뿐만 아니라 사회, 문화, 역사적 상황을 반영하며 발전해 왔다. 국외의 영유아 보육과정들은 영유아발달에 적합하고 의미있는 경험을 제공하기 위하여 어떻게 보육과정을 계획하고 운영하였는지를 살펴보고, 현재의 우리나라 보육과정 운영에 시사점을 얻도록 하는 것은 의미가 있다고 할 수 있다.

여기에서는 몬테소리 프로그램, 레지오 에밀리아 프로그램, 발도르프 프로그램을 중심으로 알아보기로 한다.

1) 몬테소리 프로그램

(1) 배경 및 기본 개념

1870년 이탈리아에서 태어난 마리아 몬테소리는 로마대학의 의학부에서 공부를 마친 후 정신과에서 의사로 일하게 되었다. 지적장애 아동들이 겪는 정신적 결함은 의학적 문제보다는 교육방법의 문제와 관련되어 있다고 생각하고 이를 증명하기 위해 그녀가 만든 실물 자료를 가지고 실험을 진행하였다. 이 과정에서 자극이 되는 환경과 목적 있는 활동이 인지적 성장을 향상시킬 수 있음을 확신하게 되었고 이후 몬테소리는 이탈리아의 빈민가에 '어린이의 집(Casa dei Bambini)'을 개설하게 되면서 몬테소리의 교구와 교육철학을 전파하기 시작하였다.

몬테소리는 영유아를 스스로 발달하고자 하는 내적 생명력이 있는 존재이며, 스스로 자신을 발달시킬 수 있는 힘을 가진 존재로 보았다. 이와 같은 아동관을 가진 몬테소리 프로그램의 기본 개념은 '민감기', '흡수정신', '자동교육', '정상화이론', '준비된 환경'이라는 용어로 정리해 볼 수 있다.

• 민감기

'민감기'란 특정 행동에 대한 감수성이 예민해져서 특정 기능을 보다 쉽게 배울 수 있는 일정 기간을 의미하는 것으로, 몬테소리는 이 시기가 바로 영유아기라고 하였다. 영유아기는 인간발달에 있어 어느때보다 중요한 시기이며, 개인적 특성이나 능력을 개발하는 데 가장 적절한 시기라는 것이다.

• 흡수 정신

영유아들은 주변의 여러 가지 인상이나 자극을 능동적으로 흡수하여 유아 자신의 내재적인 정신 능력으로 발달시켜 나가는데, 몬테소리는 이러한 유아의 정신 형태를 '흡수 정신'이라고 하였다.

• 자동교육

몬테소리는 영유아 스스로의 학습이 가능하다고 보았다. 즉, 영유아들은 준비된 학습 환경에서 감각적 경험을 통해 능동적으로 활동에 참여할 때 자연스럽게 학습이 이루어진다고 보았으며 이러한 상황에서 이루어지는 교육을 자동교육이라고 칭하였다.

• 정상화 이론

몬테소리에 의하면 성인중심의 환경은 영유아가 자신의 잠재능력을 최대한 발휘하고 예정된 정상적인 발달을 이루는 데 방해가 된다. 정상화란 환경의 부적절함으로 인해 잠재적 발달 궤도로부터 일탈된 상태를 본래의 발달 궤도로 되돌려 놓는 것을 의미한다. 영유아가 준비된 환경 속에서 스스로 교구를 선택하고 선택한 교구에 대해 흥미를 갖고 작업에 집중하는 과정에서 즐겁고 행복하게 정상화된다고 보았다.

• 준비된 환경

준비된 환경이란 교사가 세밀한 관찰을 통해 영유아의 발달 단계를 파악하고 그에 적절하게 교구를 마련해주는 보육환경을 의미한다. 준비된 환경에서 교사는 교수자료를 잘 배열하고, 그 자료를 사용하는 순서와 방법을 보여준다. 이것을 본 영유아들은 자신이 어떤 자료를 가지고 어떻게 활동하고 싶은지를 결정할 수 있다.

(2) 보육과정

몬테소리 프로그램의 보육목적은 지식을 익히도록 하는 것이 아니라, 영유아의 잠재능력이 나타나도록 하는 데 있다. 따라서 몬테소리 프로그램은 영유아의 전인적 성장을 통해 주변 환경에 적응할 수 있도록 하고 영유아 본래의 정상성을 회복하는 것에 목표를 두고 있으며 나아가 영유아의 인격 완성을 궁극적인 목적으로 한다.

몬테소리 보육 내용은 크게 다섯 가지 영역, 즉 일상생활영역, 감각영역, 언어영역, 수영역, 문화영역으로 구성된다.

일상생활영역에서는 일상생활 도구를 사용하는 가운데 자신이 속한 사회에서 인격체로 바로 설 수 있도록 하면서 집중력과 독립성을 기를 수 있는 내용으로 구성되어 있다. 감각영역은 촉각, 시각, 청각, 후각, 미각의 다섯 가지 감각의 발달에 도움을 줌과 동시에 영유아가 교구를 감각적으로 조작해 보면서 구체적인 대상과 추상적인 개념을 연결하여 사고할 수 있도록 돕는다. 언어영역에서는 자기표현과 자유로운 대화를 통해 의사소통능력을 발달시킬 수 있게 하였다. 따라서 영유아가 언어의 속성을 스스로 발견하고 탐구할 수 있도록 하고 언어를 정확하게 사용할 수 있는 기회를 제공한다. 수영역은 교구를 통해 수와 양의 개념을 이해하고 일대일 대응, 서열화, 분류화의 개념을 익히면서 문제해결능력과 논리적 사고능력을 기를 수 있는 기회를 제공한다. 문화영역은 지리, 역사, 과학, 미술, 음악 등의 여러 내용을 포함하여 세상의 다양한 양상을 탐색하고 문화적 의미를 표현할 수 있는 다양한 기회를 제공한다.

몬테소리 프로그램은 관찰을 중심으로 영유아의 발달상황을 평가하는데, 영유아와 교구와의 상호작용이나 또래와의 관계를 중심으로 평가를 실시한다.

(3) 보육과정 계획 및 운영의 시사점

몬테소리 프로그램의 핵심 요소는 준비된 환경과 그러한 환경을 준비하는 교사라고 볼 수 있다. 교사는 관찰을 통해 준비된 환경을 마련하고 영유아가 즐겁게 놀이할 수 있도록 안내해야 한다. 제4차 어린이집 표준보육과정에서도 영유아중심 · 놀이중심 보육과정을 강조하면서 영유아의 놀이를 지원하는 교사의 역할을 강조하고 있는데, 이때 영유아의 놀이에서 의미 있는 배움이 이루어지는 데 기반이 되는 것은 교사의 세밀한 관찰이다. 교사는 관찰을 통해 영유아의 현재 흥미와 관심사, 놀이행동의 의미를 이해하고 스스로 몰입하여 놀이할 수 있는 충분한 시간과 자료를 제공해야 한다. 놀이를 선택하고 자발적으로 학습하는 경험은 영유아가 주체가 되는 것이지만 그러한 경험이 가능하도록 지원하는 것은 교사라는 점에서 시사점을 준다.

2) 레지오 에밀리아 프로그램

(1) 배경 및 기본 개념

레지오 에밀리아 프로그램은 이탈리아의 레지오 에밀리아 시에서 운영하는 영유아보육 프로그램을 총칭하는 용어이다. 레지오 에밀리아 시는 이탈리아 북부 지역에 위치한 지역으로 진보적이고 사회주의적인 성향이 강한 특성이 있는 곳이며 공업이나 상업의 중심지이기도 하다. 따라서 여성의 인권 보장, 남녀의 고용평등, 교육 혁신 등의 다양한 방면에서 개혁이 시도되어 왔고 사회 구성원이 협력하여 공동의 목적을 이루려는 분위기가 강하였다. 영유아보육에서도 시에서 재정적 지원을 하면 지역사회 구성원이 모두 협력하여 새로운 교육적 시도를 하는 과정에서 레지오 에밀리아 프로그램이 만들어졌다고 볼 수 있다.

레지오 에밀리아에서 프로그램에서 영유아에 대한 이미지는 영유아를 능동적이고 강한 존재, 권리를 가진 독특한 존재로 본다. 따라서 성인이 영유아에게 무엇인가를 담아주어야 하는 것이 아니라 영유아의 고유한 생각과 이론을 교사, 부모를 포함한 성인, 또래들과 주고받는 과정에서 지식을 구성해 나가고 발전시켜 나갈 수 있다고 본다. 이와 같은 아동관을 가진 레지오 에밀리아 프로그램의 주요 개념은 '발현적 보육과정', '관계중심의 보육과정', '상징적 표상'으로 정리할 수 있다.

• 발현적 보육과정

발현적 보육과정이란 이미 정해지거나 계획된 보육과정에 따라 보육활동을 전개하는 것이 아니라 영유아의 흥미로부터 나타나는 문제를 주제로 설정하여 교사와 영유아 간의 상호작용에 의해서 계획되는 보육과정을 의미한다. 즉, 레지오 에밀리아 프로그램에서는 영유아의 놀이와 활동에 대한 지속적인 관찰과 기록, 동료 교사와의 토의를 통해 활동과 프로젝트를 수행하는 과정에서 영유아가 문제와 의문점을 스스로 발견하고 문제해결을 위한 가설을 세우고 검증하며 확인하도록 지원한다.

• 관계중심의 보육과정

말라구찌(Malaguzzi, 1993)는 교사와 영유아들의 관계와 상호작용 측면에서 레지오 에밀리아 프로그램을 '관계중심의 보육과정'이라고 하였다. 교사는 영유아의 연령이 증가하여도 같은 학급을 담당하며 영유아와 지역사회에 지속적인 상호관계를 형성한다.

• 상징적 표상

상징적 표상이란 영유아가 경험하고 느낀 것 등을 기호나 다양한 매체로 표현하는 것을 의미한다. 레지오 에밀리아 프로그램에서는 상징적 표상 또한 학습에 있어 중요한 부분이라고 보고 다양한 상징이나 매체로 영유아 스스로가 자신의 생각과 감정을 표상할 수 있는 기회를 제공하는 것이 중요하다고 보았다. 동일한 경험이나 대상이라도 다른 매체를 사용해서 반복적으로 표상하는 기회를 제공해 준다면 영유아는 그 대상을 더욱 깊이 있게 이해할 수 있기 때문이다.

(2) 보육과정

레지오 에밀리아 프로그램의 보육 목표는 영유아와 교사, 가족이 모두 집처럼 편안함을 느끼는 어린이집을 만드는 것과 동시에 영유아가 사회 · 문화적인 환경의 개체로서 다양한 사회적 관계를 적극적으로 활용하여 문제를 해결할 수 있는 능력을 발달시키는 것이다.

레지오 에밀리아 프로그램의 보육 내용은 미리 정해져 있지 않으며 대부분 영유아들의 놀이, 프로젝트, 지역사회 공동체와 문화적 의식 등으로 이루어진다. 구체적인 보육 내용은 영유아와 부모 등의 구성원들과 상호작용하고 협상하는 가운데 만들어지게 되며 교사는 영유아가 관심을 보이는 것, 교육적으로 의미가 있는 것이 무엇인가를 고려하여 무엇을 배우고 경험하게 하며 표현하게 할 것인가를 결정한다. 영유아가 가설을 세우고 검증하면서 주제에 대한 탐구를 하는 과정에는 다양한 형태의 상징언어로 영유아가 이해한 것을 표상한다. 그리고 이러한 활동 과정을 기록으로 남기는 것을 매우 중요하게 강조한다. 기록 작업에는 영유아가 활동을 시작해서 마칠 때까지 만들어 낸 작품, 활동사진, 활동에 대한 설명, 토론 내용, 부모들의 조언 등이 포함된다. 기록 작업을 통해 영유아들은 자신이 한 것에 대해 기억할 수 있으며 교사는 영유아들이 무엇에 관심이 있는지, 무엇을 알고 무엇을 모르는지, 프로젝트를 어떤 방향으로 안내할지 등을 분석할 수 있는 자료로 활용한다. 이러한 기록자료는 부모나 외부 사람들에게 어린이집에서의 영유아의 경험을 이해하도록 돕고 서로 소통하고 협력할 수 있는 자료가 된다.

레지오 에밀리아 프로그램에서는 사회와의 관계 속에서 영유아의 발전과 변화하는 과정을 이해하는 측면으로 평가가 이루어진다.

(3) 보육과정 계획 및 운영의 시사점

레지오 에밀리아 프로그램에서는 영유아의 놀이과정이나 영유아의 변화하는 생각 등을 관찰하고 사진, 영상, 그림, 대화 내용 전사 등의 다양한 방법을 활용하여 기록하는 것을 강조한다. 놀이를 통해 의미 있는 배움을 경험하도록 안내하는 보육과정을 계획하고 운영하기 위해서는 교사의 세심한 관찰이 중요하며 관찰된 내용을 기반으로 영유아 경험의 세계를 확장해 주도록 지원할 수 있어야 한다. 보육교사도 기록 작업을 통해 영유아를 더욱 잘 이해할 수 있으며 기록물들은 교직원 간의 아이디어 교환이나 이후의 활동지원을 계획하는 자료로 활용할 수 있다.

레지오 에밀리아 프로그램에서는 교육자 간의 협력체제를 강조한다. 예를 들어 한 교실에 두 명의 교사가 함께 동등한 역할을 수행하며 '아뜰리에스타'라는 미술 전문교사와도 협력하여 영유아의 창의적 활동을 지원하고 있다. 제4차 어린이집 표준보육과정에서도 영유아의 놀이를 지원하기 위한 보육교사의 자율성을 강조하고 있다. 영유아의 놀이는 예측하여 계획하기 어렵기 때문에 교사는 영유아의 놀이 흐름에 따라 가장 적합한 교육적 지원이 무엇인지를 상황에 따라 판단하고 실천해야 한다. 이때 보육교사 또한 영유아와 함께 배우고 성장하는 전문가로서, 배움공동체나 소모임 등을 형성하여 영유아의 놀이를 지원할 수 있다.

레지오 에밀리아 프로그램의 주체는 유아, 부모, 교사이다. 영유아는 자신의 잠재력을 개발할 수 있는 질 높은 교육과 보호를 받을 권리를 가지고 있으며 이를 위해서는 부모와 교사의 권리도 있다고 본다. 제4차 어린이집 표준보육과정에서도 영유아가 속해있는 가정, 기관, 지역사회 등은 모두 보육과정의 주체이며 상호 연계하고 협력해야 함을 강조하고 있다. 이에 교사는 영유아의 놀 권리와 즐겁게 놀이하며 배우는 놀이의 가치를 이해하여 가정에서 영유아의 놀이를 지원해야 할 뿐만 아니라 지역사회에서도 영유아의 다양한 경험을 지원하기 위해 협력해야 한다는 점에서 어린이집과 가정, 지역사회와의 상호 협의를 통한 보육과정 운영이 원활히 이루어질 수 있도록 해야 한다.

3) 발도르프 프로그램

(1) 배경 및 기본 개념

발도르프 프로그램은 독일의 인지학자 루돌프 슈타이너의 이론이 토대가 되었다. 슈타이너에 의하면 인지학은 자신의 인간성을 인식하도록 인간의 영혼에 지혜를 부여하는 것인데, 인간을 육체, 정신, 영혼을 가진 존재로 보고 인간의 신체와 영혼과 정신을 발달시키는 것이 교육이라고 본다.

최초의 발도르프 학교는 독일의 슈투트가르트 발도르프 아스토리아 담배공장 노동자들의 자녀를 위하여 설립된 '자유 발도르프 학교'이다. 발도르프 프로그램은 '7년 주기 발달론', '모방과 본보기 교육', '상상력'의 개념을 통하여 이해할 수 있다.

- 7년 주기 발달론

슈타이너의 발달이론에 의하면 인간은 7년 주기로 새롭게 출생한다고 보고 인간의 발달 단계를 영유아기(0~7년), 아동기(8~14년), 청소년기(15~21년)의 세 단계로 구분하여 설명한다. 영유아기는 신체를 발달시키는 시기인데, 이 시기에는 감각을 통해 환경에 대하여 학습하도록 해 주어야 한다. 아동기는 상상을 통해 막대한 양의 지적 정보를 의미 있는 방식으로 학습하도록 해야 한다. 청소년기는 개인의 독특한 시각으로 학습하기 시작하며 세계와 자신의 위치에 대해 학습하면서 자아체가 출생하게 된다.

- 모방과 본보기 교육

발도르프 프로그램에서는 모방과 본보기 교육을 강조한다. 영유아는 주로 모방을 통해 학습하기 때문에 모방의 대상이 되는 주변 환경이 영유아의 발달에 중요한 영향을 미친다고 본다. 따라서 발도르프 프로그램에서는 어른과 영유아의 유대감을 기반으로 어른이 진심으로 행동할 때 영유아가 모방하며 자신의 능력을 발휘할 수 있음을 강조한다.

- 상상력

발도르프 프로그램에서는 영유아의 상상력 발달을 중요하게 생각한다. 영유아기에는 상상력과 기억력이 발달하여 일상에서 경험한 일들을 모방하고 재창조하는 놀이가 자주 나타난다. 따라서 영유아의 상상력과 내면의 움직임을 촉진시킬 수 있는 단순한 모형이나 얼굴 없는 인형등을 제공한다. 또한 단순한 모양이나 천연재료, 자연물 등을 제공하여 자연과 최대한 유사한 환경에서 영유아의 본성을 발현할 수 있도록 지원하고 있다.

(2) 보육과정

발도르프 프로그램은 탐색과 상상, 창조적 놀이를 격려하는 환경을 조성하여 영유아 스스로 감각을 통해 세상을 배우도록 하여 전인적 인간으로 성장시키는 데 목적이 있다.

보육 내용은 자유놀이, 작업, 동화모임, 예술활동으로 구분해 볼 수 있다. 자유놀이 시간에는 인위적으로 만들어진 기성품이 아닌 나뭇조각, 헝겊, 돌멩이 등의 자연물이나 교사가 직접 제작한 놀잇감을 가지고 놀이하며 상상력을 펼칠 수 있는 시간과 기회를 제공한다. 바느질이나 수예 등의 작업을 통해 영유아들의 손과 손가락 발달이 촉진되도록 지원한다. 발도르프 프로그램에서 동화는 그림 없이 이야기로만 들려주기도 하고 2~4주 동안 같은 동화를 반복해서 들려주면서 영유아들이 상상하고 새로운 창조를 경험하며 반복의 즐거움을 느낄 수 있도록 지원한다. 수채화 그리기, 오이리트미, 점토로 만들기, 리듬활동 등의 예술 활동을 통해 영유아의 내적 표현과 리듬적인 요소를 경험하도록 지원한다.

발도르프 프로그램은 통합적 교육을 지향하기 때문에 전통적인 방식의 평가나 표준화된 검사 등이 별다른 의미를 갖지 못한다.

(3) 보육과정 계획 및 운영의 시사점

발도르프 프로그램은 전인적인 인간교육을 중요시하며 인지중심으로 치우친 교육에 반대한다. 즉, 영유아가 감각적인 실제 경험을 통해 학습하도록 어떤 행동방식을 강요하지 않는다. 제4차 어린이집 표준보육과정에서 강조하는 바 역시 영유아가 주도적으로 놀이하는 가운데 자연스럽고 즐겁게 배움이 이루어지는 경험이다. 교사는 영유아가 스스로 놀이를 선택하고 능동적으로 놀이에 참여함으로써 몰입감과 즐거움을 느끼도록 놀이자료를 지원해 주고 다양한 생각과 확장된 놀이가 가능하도록 따뜻하고 허용적인 분위기를 조성하여야 한다.

발도르프 프로그램에서 강조하는 모방의 원리에서 영유아는 성인의 일에 본질적으로 강한 호기심을 갖고 모방하기 때문에 교사는 일상적인 일이나 놀이자료를 준비할 때 몰두하고 영유아 스스로 모방하도록 해야 한다. 이와 같은 교사의 역할은 언어적 · 비언어적 상호작용 지원 측면에서도 영유아에게 미치는 영향력을 고려하여 영유아를 존중하고 긍정적인 태도로 지원해야 할 것이다.

CHAPTER 03

연습문제

01~03

다음 (   )안에 알맞은 말을 넣으시오.

01 보육과정의 구성요소는 (   ), 보육 내용의 선정 및 조직, 교수 · 학습 방법, 보육평가로 구성되어 있다.

02 영유아중심 · 놀이중심 보육과정에서 교사의 (   )역할은 어린이집 하루 일과에서 놀이, 일상생활, 활동이 잘 이루어질 수 있도록 고민하고 지원하는 교사의 역할 인식 및 실천을 의미한다.

03 교사의 놀이지원은 놀이공간, (   ), 상호작용, 놀이와 안전, 통합학급에서의 놀이 지원 측면에서 실천할 수 있다.

04~06

다음의 표준보육과정에 대한 설명에 ○, ×로 표기하시오.

04 제4차 어린이집 표준보육과정의 추구하는 인간상은 건강한 사람, 자유로운 사람, 창의적인 사람, 감성이 풍부한 사람, 더불어 사는 사람이다. (   )

05 제4차 어린이집 표준보육과정에서 2세 영아 보육과정은 기본생활, 신체운동, 의사소통, 사회관계, 예술경험, 자연탐구의 여섯 가지 영역으로 구성되어 있다.
(   )

06 표준보육과정 운영의 질을 진단하고 개선하기 위해 영유아의 특성 및 변화 정도와 표준보육과정의 운영을 평가한다. (   )

07 다음에 설명하는 특징을 가진 보육 프로그램은 무엇인가?

- 이탈리아 북부 지역의 시에서 운영하는 영유아보육 프로그램의 총칭
- 영유아를 능동적이고 강한 존재, 권리를 가진 독특한 존재로 봄
- 발현적 보육과정, 관계중심 보육과정, 상징적 표상
- 기록 작업을 중요하게 생각하며 기록자료는 부모나 외부 사람들과 소통하고 협력할 수 있는 자료로 활용

(   )

CHAPTER

04

어린이집 환경구성과 운영관리

어린이집은 가정 환경 못지않게 영유아 성장 · 발달에 중요한 환경으로 자리 잡고 있다. 특히 핵가족화 · 맞벌이 부부 · 여성의 사회진출 · 저출산 등 사회현상으로 인해 영유아가 어린이집에서 보내는 시간이 길어짐에 따라 영유아발달에 미치는 영향력이 커지고 있으며, 이는 많은 학자들의 연구주제가 되기도 한다. 이에, 교사는 영유아발달에 적합한 양질의 보육이 이루어질 수 있도록 시간적 · 공간적으로 융통성이 있으며 심리적으로 안정된 좋은 환경을 구성하여야 한다. 또한, 환경구성을 비롯한 전반적인 보육 프로그램 운영의 충실을 기하기 위하여 인적관리에서부터 시설관리, 문서관리 등에 이르기까지 어린이집 운영관리를 효율적으로 수행하는 것이 중요하다.

4장에서는 어린이집 환경구성과 운영관리에 대하여 알아보고자 한다.

학습 목표

1. 어린이집의 환경의 3요인을 예를 들어 설명한다.
2. 영아반 환경구성의 원리를 이해한다.
3. 유아반 놀이공간 구성원리를 설명한다.
4. 흥미영역과 놀이영역의 차이를 파악한다.
5. 영유아 및 보육교직원 관리요소 및 방법을 이해한다.
6. 어린이집 실내외 시설과 설비기준 및 관리 방법을 파악한다.
7. 어린이집 운영 관련 문서 작성, 보관 방법을 파악한다.

1. 어린이집 환경구성

어린이집의 환경은 어린이집에서 실시하는 보육 프로그램과 서로 유기적인 관계를 맺고 있다. 따라서 보육 프로그램이 잘 운영될 수 있도록 환경이 구성되어야 한다. 어린이집 환경구성은 단순한 공간구성을 의미하는 것이 아니라 보육의 목표를 달성할 수 있도록 계획된 환경을 의미한다.

여기에서는 어린이집 환경의 3요인을 알아보고, 그중에서 물리적 환경을 중심으로 영유아반의 환경구성 원리 및 환경구성 실제를 살펴보기로 한다.

1) 어린이집 환경의 3요인

환경이란 인간이나 동식물 등 생명체의 생활과 발달에 영향을 주는 외부적인 조건의 총체를 말한다. 따라서 환경상태에 따라 삶의 질도 달라질 수 있다. 특히 어린이집 환경은 물리적인 건축물 이상의 의미를 가지며, 내부에서 살아가는 구성원과의 상호작용을 통해 의미를 부여받는다(교육부, 보건복지부, 2019).

어린이집 환경을 크게 시간적 · 물리적 · 인적 환경의 3요인으로 구분하여, 그 의미와 중요성을 제4차 어린이집 표준보육과정에 기초하여 살펴보면 다음과 같다.

(1) 시간적 환경 요인

영유아가 어린이집에서 머무는 시간을 어떻게 구성하는가는 영유아의 어린이집 생활에 있어서 중요한 환경적 요인이라고 할 수 있다. 어린이집에서의 일과는 놀이 및 활동과 함께 등원과 하원, 간식과 점심, 손 씻기와 화장실 다녀오기, 안전에 대한 지도 등의 일상생활로 구성되어 있다. 하루 일과는 교사가 계획하여 준비할 수도 있지만, 영유아와 의논하여 순서를 정할 수도 있고, 영유아들의 놀이가 확장됨에 따라 놀이 시간이 융통적으로 운영될 수 있다. 또한 놀이에 대한 흥미 지속 여부에 따라 계획된 시간 운영이 달라질 수 있다. 이처럼 시간적 환경에는 놀이의 지속 시간, 놀이 및 활동의 융통적 운영 등이 속하며 구체적으로 다음과 같다.

첫째, 충분한 놀이 시간을 제공하는 환경이다.

영유아가 자유롭게 주변 환경을 탐색하고 자신이 하고 싶은 놀이에 충분히 몰입할 수 있는 시간을 제공한다. 영유아들이 놀이하면서 의미 있는 배움의 기회를 가질 수 있으므로 놀이의 흐름이 끊어지지 않고 영유아가 충분히 놀았다고 느낄 수 있도록 놀이 시간을 운영하는 것이 중요하다. 바깥놀이를 포함한 놀이 시간을 일과 중 가장 우선으로 충분히 편성하여야 한다.

둘째, 시간을 분절하지 않고 놀이 시간을 제공하는 환경이다.

놀이 시간은 시간의 구획을 나누지 않고 제공하도록 한다. 놀이의 시작과 끝맺음이 영유아마다 다를 수 있으므로 시간을 분절하여 영유아의 놀이가 단절되기보다는 놀이 시간을 지속적으로 운영하여 자유롭게 놀이를 경험하도록 한다. 충분히 놀이한 후에는 영유아 스스로 놀이를 마칠 수 있도록 한다. 놀이 시간은 바깥놀이를 포함하여 놀이 시간이 분절되지 않고 지속적으로 운영할 수 있으며, 교사는 놀이의 흐름을 중단했을 때 중요한 배움의 순간을 놓칠 수 있다고 판단되면 놀이 시간을 연장할 수 있다. 예를 들면 영유아가 배를 물에 띄워 보는 놀이를 하다가 상자를 이용하여 직접 탈 수 있는 배를 만들고 싶어 한다면 놀이 시간을 계획한 시간보다 연장하여 충분하게 놀이할 수 있는 시간을 확보하도록 한다.

참고
어린이집 평가제(2020)의 놀이 시간

어린이집 평가에서는 하루 일과에서 영유아가 충분히 놀이할 수 있는 시간을 확보하여 운영하도록 하고 있다. 어린이집 평가제에서는 놀이를 실내놀이 시간과 실외놀이 시간으로 구분하여 운영하도록 제시하고 있다.

* 실내놀이 시간: 매일 실내놀이 시간을 2시간 이상으로 운영해야 함. 이때, 오전에 자유놀이를 1시간 이상 연속적으로 운영했는지를 평가함.
* 실외놀이 시간: 매일 바깥놀이를 기준 시간 이상으로 배정하여 운영하여야 함.

<어린이집 대상별 실외놀이 기준 시간>

대상	실외놀이 기준 시간
영아	만 0세는 주 3회, 30분 이상 만 1, 2세는 매일 30분 이상
유아	매일 1시간 이상
장애아전문	1회 이상 장애유형, 장애정도, 발달 수준에 따라 융통성 있게 운영

출처: 보건복지부, 한국보육진흥원(2020)

셋째, 융통성 있는 시간을 운영하는 환경이다.

어린이집에서의 하루 일과의 순서는 일관성이 있어야 하지만 융통성 있게 시간을 운영한다. 일과시간의 융통성 있는 운영은 영유아로 하여금 놀이와 활동을 주도적으로 경험해 볼 수 있는 기회를 제공한다. 영유아와 함께 일과를 평가하고 다음 날의 일과 중 일부를 영유아 스스로 정해보게 하는 것, 일과 시간의 변화가 필요하다고 판단될 때, 교사가 단독적으로 결정하는 것이 아니라 영유아와 함께 토론하여 선택해 볼 수 있다. 또한 다른 연령과 놀이 경험을 공유하기 위하여 교사들 간의 협의를 통해 일과나 시간을 조정할 수 있고, 날씨나 자연현상에 따른 관심을 놀이에 반영하기 위해 일과 순서를 바꿀 수도 있다. 이러한 시간 운영의 융통성은 영유아의 자발적 흥미가 고조되고 아이디어가 확장되는 시기에 놀이 시간을 더 확장하고, 계획되어 있었던 오전 이야기 나누기 시간을 오후로 변경하여 영유아의 요구를 반영할 수 있다.

(2) 물리적 환경 요인

영유아의 놀이 유형과 형태는 공간의 특성에 따라 영향을 받는다. 공간의 넓이, 놀잇감의 종류, 이동 동선, 공간 특성에 따라 놀이의 유형과 지속 시간, 몰입도 등이 달라질 수 있다. 물리적으로 좋은 놀이 환경에 있을 때 영유아는 자발적 선택과 놀이집중, 놀이 경험에서 오는 배움을 얻게 된다. 아이젠버그와 자롱고(Isenberg & Jalongo)는 창의적이고 좋은 물리적 환경의 특성을 분위기 · 구조화 정도 · 난이도 · 활동성 · 접촉도 · 도전성 및 집단 크기 등 일곱 가지 차원으로 구분하고, 각 차원의 양면적 속성이 균형 있게 조성되는 환경을 의미한다고 제시한 바 있다. 예를 들어, 놀이자료 및 놀이도구 장의 구조화 정도가 개방적인 것과 폐쇄적인 것의 어느 한 편보다는 균형을 이루는 것이 좋은 환경이라고 할 수 있다.

심우경, 김민경(2013)은 영유아를 위한 물리적 환경을 안전성, 쾌적성, 융통성, 편의성, 자존성, 이동성, 심미성 등 일곱 가지 요소로 나누어 평가할 것을 제안하였다(박찬옥 외, 2020). 물리적으로 좋은 환경은 영유아의 능동적 참여와 자기주도학습을 동기화한다는 점에서 중요한 환경요인이라고 할 수 있다.

(3) 인적 환경 요인

영유아의 보육환경에 있어서 시간과 공간이라는 환경과 더불어 영유아에게 가장 큰 영향을 주는 요인은 바로 교사이다. 영유아의 놀이와 활동이 영유아의 관심과 선택에 의해 이루어질 때 의미 있는 경험이 될 수 있으므로, 교사는 영유아의 자발성과 주도성을 인정해 준다면 영유아는 자신의 흥미와 요구에 맞는 적절한 놀이와 활동을 선택하여 집중할 수 있다. 이처럼 교사는 영유아의 의미 있는 배움을 이루어 나가는 데 매우 중요한 인적 환경이다. 교사는 심리적인 안정감, 민주적인 허용적인 분위기를 제공해 주고, 적절한 상호작용을 통해 영유아의 놀이가 유지되고 촉진될 수 있도록 돕고, 영유아의 놀이 및 활동에 필요한 물리적 환경구성과 놀이자료들을 적절히 제공함으로써 영유아를 지원할 수 있다. 이러한 교사의 인적 환경은 보육실 안에서 영유아가 선택하고 주도적으로 참여하며 즐거움과 기쁨을 느끼며 생활할 수 있도록 지원하는 매우 중요한 요인이다.

2) 물리적 환경구성의 원리

제4차 어린이집 표준보육과정에 기초할 때 어린이집의 물리적 환경은 놀이공간으로서의 의미를 갖는다. 영유아는 놀이를 통해 하나의 공간을 자신들의 놀이에 적합한 공간으로 새로운 목적을 부여하여 사용하는가 하면, 놀이할 공간을 스스로 찾아내거나 만들기도 하며, 공간과 공간을 연결하여 새로운 놀이로 확장하기도 한다(교육부, 보건복지부, 2019).

교사는 실내놀이공간을 어떻게 구성할지, 실외놀이공간을 어떻게 활용할지에 대해 늘 연구하게 된다. 보육실에 기존의 흥미영역이 구성되어 있어도 원아 수, 영유아들의 놀이 성향, 놀이주제 등을 고려하여 흥미영역의 재배치 또는 놀이영역의 구성 등을 지원해야 한다. 대체로 학기 초에는 놀이자료를 구분하기 위한 기본적인 영역을 구성하고, 칸막이 등을 사용하여 영역별로 안정된 공간을 확보하는 것이 좋다. 그러나 한번 정한 영역을 한 학기 내내 고정하지 않고 놀이에 따라 융통성있게 재배치하거나, 복도, 계단 등을 포함한 실내외 전체 공간을 놀이를 위해 다양하게 활용할 필요가 있다.

이제, 어린이집의 영아반과 유아반으로 나누어 물리적 환경구성의 원리를 알아보기로 한다.

(1) 영아반 환경구성의 원리

영아를 위한 환경은 편안하고, 안전하며, 영아의 발달에 적합하도록 구성되어야 한다. 영아를 위한 보육실은 일상생활공간과 놀이공간으로 구성된다. 일상생활공간은 기본적인 욕구를 충족해줄 수 있는 공간이며, 놀이공간은 영아가 자신의 흥미와 관심에 따라 탐색하고 놀이할 수 있는 공간이다.

영아반 환경구성의 원리는 다음과 같다(박찬옥 외, 2020).

첫째, 영아의 건강한 안전을 최우선으로 고려하여 실내외 시설과 설비를 구성한다.

영아기는 출생 이후 가장 빠르고 극적인 성장과 발달이 진행되는 시기로서 운동능력이 급격하게 발달한다. 영아는 주변을 활발하게 탐색하면서 활동범위가 넓어지고 호기심이 많아 다양한 도전과 시도를 하면서 위험 상황을 예측하지 못하여 호기심에 의한 사고가 발생할 수 있다. 어린이집 내 안전사고 원인은 '부딪힘'이 가장 많았으며, 그다음으로 '넘어짐, 끼임, 떨어짐, 이물질삽입, 화상, 식중독/급식, 통학버스/교통사고' 등으로 나타났다. 어린이집 실내외 시설 및 설비는 영유아의 신체 사이즈를 고려하여 배치하고, 영아가 부딪히지 않도록 바닥은 부드럽되 미끄럽지 않게 하고, 책상과 가구에 뾰족한 모서리가 노출되지 않도록 구성하여야 한다. 또한 영아 간 이동시 부딪히지 않도록 통행이 자유롭게 구성한다. 교사는 보육실 안에서 안전하게 생활하고 있는지 관찰 가능하도록 보육실의 시설 및 설비를 배치하고, 모든 설비, 교구, 및 놀이기구를 정기적으로 점검해야 한다.

둘째, 정서적 안정감을 느끼도록 구성한다.

어린이집에서 생활하는 영아들은 낮의 대부분 시간을 어린이집에서 보낸다고 할 수 있다. 영아는 안락함을 느낄 때 정서적으로 안정감을 갖게 되어 주변의 사물이나 주위에서 일어나는 일들에 대해 관심을 가지고 탐색할 수 있게 된다. 영아의 발달특성상 정서발달이 중요한 시기이므로 가정과 같이 포근하고 편안한 환경을 구성하여 영아가 쉬거나, 격리불안을 완화하거나, 조용한 활동을 할 수 있도록, 편안한 카펫 공간이나 소파, 패브릭 등을 활용하여 정서적 안정감을 주는 공간을 마련하도록 한다.

셋째, 영아의 발달과 흥미를 반영한 놀이가 다양하게 이루어지도록 놀이영역을 구성한다.

영아는 신체적 발달이 급속한 시기이므로 마음껏 놀이할 수 있는 충분한 놀이공간을 구성한다. 영아가 자신의 신체를 활용하여 자유롭게 주위 환경을 탐색하면서 다양한 경험의 기회를 가질 수 있도록 영아의 신체발달 조건에 적절한 놀잇감과 놀이공간을 구성한다.

넷째, 탐색과 발견의 기회가 많이 이루어지도록 다양한 놀잇감을 제공한다.

영아를 위한 보육환경은 영아의 연령과 발달 수준에 적절하며 영아가 흥미를 가지고 탐색하고 놀이할 수 있는 놀잇감을 제공한다. 영아는 자신의 지식을 구성해 나가는 방식으로 자신의 주변 환경을 탐색하면서 관심 있고 흥미 있는 놀잇감이나 도구들에게 반응하면서 의미 있는 지식을 구성해 나간다. 영아가 5감각을 활용하여 탐색하고 다른 영아와 상호작용이 일어날 수 있도록 다양한 놀잇감을 배치하도록 한다.

다섯째, 보육실에는 영아의 발달 특성을 고려한 일상생활영역과 놀이영역을 함께 구성한다.

영아의 발달 특성을 반영하여 기본적인 욕구를 충족해줄 수 있는 수유, 낮잠, 기저귀 갈이 등을 위한 일상생활영역과 영아가 자신의 흥미와 관심에 따라 탐색하고 놀이할 수 있는 영역을 함께 구성한다. 영아가 연령이 증가함에 따라 보육실의 놀이영역 수를 늘려 놀이영역을 중심으로 구성한다.

여섯째, 영아들이 좋아하는 놀잇감의 경우 같은 모양, 색깔, 크기의 놀잇감을 여러 개 준비하여 제공한다.

영아는 자기중심성이 강한 시기이므로 혼자놀이에 익숙하기 때문에 놀잇감을 함께 나누어 쓰거나 순서를 지키거나 양보하는 것을 어려워한다. 따라서 영아 간 갈등을 미리 예방하기 위해서 한 가지 놀잇감을 가지고 마음 놓고 놀이할 수 있도록 같은 모양, 색깔, 크기의 놀잇감을 여러 개 준비하여 제공하도록 한다.

일곱째, 어린이집의 공간과 여건, 영아의 발달과 흥미 등을 고려하여 융통성 있게 환경을 구성한다.

영아들(0~2세)은 유아들(3~5세)보다 더 넓은 공간을 필요로 하기 때문에 영아들을 위한 보육실의 경우 유아의 교실보다 영아의 발달 특성과 흥미를 고려하여 소수의 영역으로 구성한다. 그리고 학기 시기와 보육 내용에 따라 보육실 환경을 알맞게 변화시킬 수 있도록 가구나 비품을 이동하거나 변화하여 배치하는 등 융통성 있는 환경을 구성하도록 한다. 흥미영역의 내용이나 공간에 맞추어 영아가 놀이해야 하는 것이 아니라, 영아의 요구와 흥미에 따라 얼마든지 융통성 있게 다양한 놀이를 할 수 있도록 한다.

(2) 유아반 환경구성의 원리

2019 개정 누리과정에서는 놀이공간을 융통적이고, 통합적이며 유아주도적인 환경구성이 되도록 강조하고 있다. 또한 기존의 흥미영역을 융통적으로 활용하면서 유아가 놀이 경험을 통해 의미 있는 배움이 일어날 수 있도록 환경을 구성할 것을 강조하고 있다. 2019 개정 누리과정에서 제시한 유아놀이 공간구성을 중심으로 유아반 환경구성의 원리를 제시하면 다음과 같다.

첫째, 놀이공간을 융통성 있게 배치한다.

기존에는 교실의 환경은 유아의 성장발달, 보육과정 및 주제에 알맞게 구성되며, 유아에게 다양한 경험을 위한 새로운 자극과 흥미를 제공하고 유아가 흥미영역을 자발적으로 선택하여 참여할 수 있도록 공간을 구성하였다. 그러나 2019 개정 누리과정에서는 유아의 자발적인 놀이는 공간의 한계나 흥미영역에서의 놀이의 제한을 뛰어넘을 수 있다는 흥미영역의 운영 방식에 대한 제고가 요청되었다. 2019 개정 누리과정은 교실 내에 반드시 흥미영역이 배치되어야 하는 것이 아니므로 유아의 놀이를 지원할 수 있도록 공간을 융통성 있게 구성하도록 한다.

유아의 놀이에 따라 넓은 공간이 필요하기도 하고 분리된 작은 공간이 필요하기도 하므로 영역의 크기는 무조건 넓게 하는 것이 아니라 유아의 흥미와 놀이의 흐름에 따라 조정하도록 한다. 즉, 놀이영역을 확장하거나 축소하기도 하고, 구석진 곳이나 조용한 곳에 옮겨주기도 하고, 놀이가 서로 연결될 수 있도록 가까이에 배치해 주기도 하는 등 자율성과 융통성을 발휘해 본다.

둘째, 놀이하는 공간을 넓혀본다.

지나치게 많은 놀잇감, 교구장, 책상과 의자로 가득 찬 교실은 유아가 놀이할 수 있는 공간이 충분하지 않은 경우가 있다. 모든 흥미영역을 배치하고 놀이 인원수를 제한하거나 공간이 좁아 놀이 결과물을 즉시 치워야 한다면 놀이의 흐름이 중단될 수 있다. 유아의 놀이를 관찰한 결과 좁은 공간이 놀이를 방해하는 요소라고 판단되었거나, 유아가 놀이공간을 넓히고 싶다고 스스로 요구하였을 때, 교사는 놀이를 방해하는 설비를 치우거나, 유아에게 관심이 적은 놀잇감을 제거함으로써 놀이할 수 있는 충분한 공간을 만들어 줄 수 있다. 이때 교실에서 꺼낸 자료를 보관할 수 있는 어린이집 내 여유공간을 확보하고 동료 교원들과 의논하여 안전이 보장되는 범위에서 놀이공간을 확장한다.

셋째, 유아에게 공간 배치의 주도권을 주어본다.

놀이공간은 모든 구성원의 삶이 반영되는 곳이다. 대부분의 유아들은 교실의 소유권이 교사에게 있다고 생각한다. 그러나 교사가 유아의 놀이를 따라가면서 자연스럽게 유아 스스로 놀이공간을 배치하거나 변경하도록 지원하다보면 유아가 교실이 자신의 공간이라고 생각하게 된다. 다만 어떤 유아는 조용한 혼자만의 놀이공간이 필요하거나 공간구성이 지나치게 자주 바뀌는 것을 싫어할 수도 있으므로 개인의 놀이가 고루 존중되는 교실의 문화를 만드는 것이 좋다.

넷째, 다른 놀이공간을 찾아본다.

유아는 스스로 찾아낸 공간, 놀이를 하다가 우연히 발견한 공간을 더 좋아하고 애착을 갖는다. 교사는 교실이나 실외 놀이터 외에도 복도, 현관 입구, 교실과 교실 사이의 공유 공간, 계단 및 등도 안전하다면 유아의 놀이공간으로 허용할 수 있다. 단, 교사는 각 공간의 위험요소를 사전에 점검하고 위험요소를 치우거나 안전하게 처리한 후 유아와 함께 안전에 유의할 수 있는 방법 및 공간을 활용할 수 있는 방법에 대해 의논한다.

연령별 흥미 및 놀이영역 구성의 예를 살펴보면 다음과 같다.

표 4-1 | 연령별 흥미 및 놀이영역 구성의 예

연령	흥미 및 놀이영역
0세	신체영역, 언어영역, 감각 · 탐색영역
1세	신체영역, 언어영역, 감각 · 탐색영역, 역할 및 쌓기놀이영역
2세	신체영역, 언어영역, 감각 · 탐색영역, 미술영역, 음률영역, 역할 및 쌓기놀이영역
3~5세	언어영역, 미술영역, 음률영역, 수 · 조작영역, 과학영역, 역할놀이영역, 쌓기놀이영역

* 놀이영역은 흥미영역으로도 구성 가능하나 영유아의 놀이가 반영되어 있는 놀이영역 구성이 우선되어야 함. 놀이영역 구성의 예: 물감놀이, 점토놀이, 팽이놀이, 가게 놀이, 공룡테마파크 놀이 등

출처: 보건복지부, 한국보육진흥원(2020b)

3) 물리적 환경구성의 실제

(1) 영아반 실내 환경구성하기

영아반은 일상생활영역과 놀이영역으로 구성한다. 0~2세반은 일상생활영역(수유, 낮잠, 기저귀 갈이 등)과 함께 놀이영역을 구성한다. 어린이집에 기저귀 갈이, 수유를 하는 영아가 있을 경우 일상생활영역과 필요한 물품을 비치하여 사용하여야 한다.

표 4-2 | 영아 보육실 환경구성

연령	일상생활영역	놀이영역
0세	수유, 휴식, 기저귀 갈이	신체영역, 언어영역, 감각 · 탐색영역
1세		신체영역, 언어영역, 감각 · 탐색영역, 역할 및 쌓기놀이영역
2세		신체영역, 언어영역, 감각 · 탐색영역, 미술영역, 음률영역, 역할 및 쌓기놀이영역

① 일상생활공간

• 휴식공간

휴식영역은 놀이영역과 분리된 조용한 곳에 배치하고, 아늑하고 편안한 분위기를 조성하여 영아가 언제든지 이용할 수 있도록 한다. 영아는 컨디션이 좋지 않거나 잠이 부족할 경우, 휴식을 갖거나 충분한 수면을 취할 수 있도록 배려한다. 휴식공간은 부드러운 느낌의 큰 쿠션 및 패브릭, 침대, 소파, 푹신한 의자, 봉제인형 등을 활용하여 정서적 안정감을 가질 수 있도록 마련해 준다. 보육실이 협소할 경우, 언어영역과 통합하여 휴식영역을 사용할 수 있다.

- 수유영역

영아들의 개별적 수유 시간표에 맞추어 수유할 수 있도록 마련한 영역으로 항상 청결해야 하고, 일정 공간에 영아의 수유를 위한 공간이 마련되어 있어 영아를 위한 별도의 테이블, 영아의 의자 등 필요한 물품이 비치되어야 한다. 영아가 수유할 때는 편안한 기분을 가질 수 있도록 조용히 말을 걸거나 눈으로 상호작용 하고, 영아의 수유 양을 기록해 두어야 한다. 영아 개인용 우유병, 턱받이, 수건, 휴지 등을 비치하고, 사용 후 소독할 수 있는 우유병 소독기가 있어야 한다.

- 기저귀 갈이 영역

이 영역은 영아의 개별 생리적 리듬에 따라 기저귀를 갈아주고 청결하게 씻겨 주기 위한 영역이다. 기저귀 갈이 영역은 영아를 눕히기에 적당한 크기의 푹신한 매트 등을 비치하여 영아가 바닥에서 기저귀를 갈지 않도록 한다. 영아들이 하루에도 여러 번 이 영역을 이용하게 되므로 단순히 기저귀를 가는 곳이라기보다 즐거운 느낌을 받을 수 있는 영역이 될 수 있도록 배려한다. 기저귀 갈이 할 때 필요한 개별 기저귀, 타월, 파우더, 휴지통, 물티슈, 휴지 등을 수납하는 수납장이나 선반에 비치하고 사용한다. 영아가 관심을 보일 만한 딸랑이, 인형, 모빌 등을 비치하여 영아들에게 즐거움을 줄 수 있도록 구성하다. 기저귀 갈이 영역에 관심을 가지고 기저귀 갈이 하는 동안 기저귀 갈이 매트를 닦고 교사 역시 손을 씻어, 항상 기저귀 갈이가 청결하게 이루어지도록 한다. 연령이 높아짐에 따라 영아용 이동식 변기를 마련하여 점차 배변훈련이 되도록 한다.

- 낮잠영역

영아들을 하루 중 여러 차례 낮잠을 잘 수 있으므로 아무런 방해 없이 편안하게 잠을 잘 수 있도록 배려한다. 소음과 분리된 곳에 커튼을 치거나 부드럽고 포근하게 환경구성한다. 영아의 개인용 침구와 부드러운 애착 인형, 조용한 음악 테이프 등을 구비한다.

② **실내놀이영역**

• 신체운동영역

영아들은 이동운동능력이 급격히 발달함에 따라 움직임에 대한 욕구가 강해지고 신체 및 운동발달과 협응능력이 급속도로 이루어진다. 걸음마기 영아들은 자기 스스로 조작하여 움직이거나 달리기, 오르기, 뛰기와 같은 대근육활동을 충족시키기 위해 서툴지만 뛰어다닌다. 이 시기 활동적인 놀이를 할 수 있도록 밀고 당기는 장난감, 대근육을 쓸 수 있는 놀잇감과 시설을 구비하고 안전하게 신체놀이를 할 수 있는 안전한 공간을 마련하도록 한다.

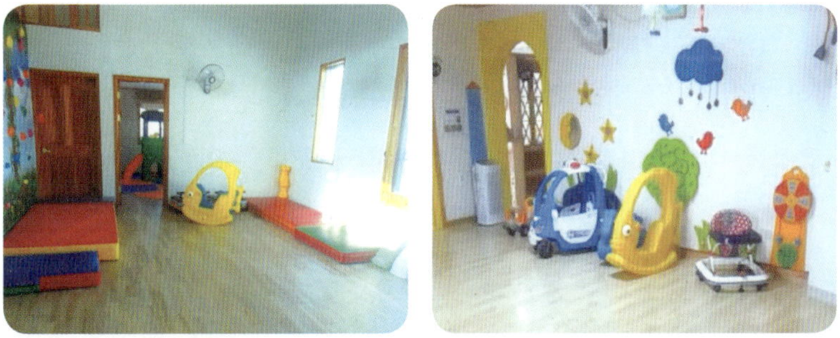

그림 4-2 | 영아반의 대근육 기구 및 탈것

• 언어영역

영아를 교사 무릎에 앉혀 책을 읽어주면 책 읽기를 즐기게 된다. 언어영역은 조용하고 밝은 곳에 배치하며, 바닥에 매트, 카펫을 깔고, 소파나 큰 쿠션 등을 활용하여 아늑하고 편안한 분위기로 구성한다. 영아를 위한 책으로는 감각책, 그림책, 촉감책 등을 준비하고 인형, 그림, 사진 등과 같이 다양한 자료를 준비하여 언어적 상호작용이 풍부하게 일어날 수 있도록 한다.

그림 4-3 | 영아반의 언어영역

• 감각 · 탐색영역

영아들이 감각발달을 도모하고 탐색할 수 있도록 다양한 모양, 크기, 재질 및 색깔의 교구를 비치한다. 영아가 5감각을 활용하여 눈으로 보기, 직접 만지기, 사물을 입에 넣기, 냄새 맡기, 듣기 등의 다양한 감각을 경험하고 사물과 자료를 탐색할 수 있도록 다양한 크기의 공, 소리 나는 공, 촉감교구, 점토 등을 비치한다. 다만 영아가 삼킬만한 작은 놀잇감은 제공하지 않는다. 영아용 놀이감은 영아의 건강을 위해 자주 세척하거나 소독해 주도록 한다.

그림 4-4 | 영아반의 감각 · 탐색영역

• 미술영역

영아들이 주변을 탐색하는 과정에서 자신의 신체와 감각을 탐색하고 창의적으로 표현할 수 있는 기회를 제공해 주어야 한다. 소근육보다 대근육을 활용하는 것이 더욱 수월하므로 영아들이 입에 넣어도 무해한 크레파스와 큰 종이를 비치하여 마음대로 끄적거리거나 낙서 등을 할 수 있도록 하며, 여러 가지 점토를 비치하여 창의적으로 표현할 수 있도록 한다. 자료를 쉽게 꺼내 쓰고 정리할 수 있도록 교구장에 미술도구와 재료의 그림이나 사진을 붙여주도록 한다.

그림 4-5 | 영아반의 미술영역

• 음률영역

다양한 소리를 직접 내보기도 하고, 다양한 소리를 들을 수 있도록 종, 실로폰, 나팔, 마라카스, 북, 탬버린 등과 같은 다양한 리듬악기를 비치한다. 영아들이 악기를 소리내보고, 노래하며 자신의 생각과 느낌을 표현하고 친구들이 악기나 노래로 즐겁게 표현하는 것을 감상하며 음악적 감수성을 키운다.

그림 4-6 | 영아반의 음률영역

• 역할 · 쌓기놀이영역

영아들은 성인의 행동을 따라하거나 일상생활에서 경험한 것을 표현하는 모방활동이 활발하게 이루어진다. 영아의 경우 모방활동은 대체물을 이용하여 상징놀이가 이루어지므로 일상생활놀이를 할 수 있는 대체물과 구체적인 실물을 제공한다. 영아가 역할놀이를 즐길 수 있도록 여러 가지 주방 놀잇감, 옷, 신발, 모자, 가방, 인형, 블록, 놀잇감을 비치하고 스스로 쉽게 꺼내 쓰고 정리할 수 있도록 교구장에 놀잇감의 그림이나 사진을 붙여주어 스스로 정리할 수 있도록 한다.

그림 4-7 | 영아반의 역할 · 쌓기놀이영역

(2) 유아반 실내 환경구성하기

2019 개정 누리과정에서의 교실 환경구성은 교사가 유아의 발달과 주제에 적합하게 흥미영역을 구성하고 유아들이 어떻게 선택하도록 할 것인가에 중점을 두기보다는, 영유아가 놀이자료를 선택하여 자신들의 놀이에 적합한 공간을 스스로 찾아내거나, 스스로 만들기도 하고, 공간과 공간을 연결하여 새로운 놀이공간으로 확장하는 등 놀이영역을 나름대로 구성하고 그에 따른 놀이주제가 발현되도록 하는 데 중점을 둔다.

2020 어린이집 평가 매뉴얼에서는 3~5세반 흥미영역을 언어영역, 미술영역, 음률영역, 수 · 조작영역, 과학영역, 역할놀이영역, 쌓기놀이영역으로 제시하고 있다. 놀이영역의 수는 어린이집의 보육 프로그램 특성, 영유아의 흥미와 요구에 따라 다를 수 있다. 교실의 공간이나 여건이 충분하지 않은 경우, 유사한 성격의 놀이 및 활동이 이루어지는 영역을 통합하여 구성할 수 있다(한국보육진흥원, 2020).

① 언어영역

언어영역은 유아에게 듣기, 말하기, 읽기, 쓰기의 여러 가지 언어활동이 이루어지며, 유아의 의사소통능력을 길러줄 수 있는 영역이다. 언어영역은 조용하고 햇빛이 잘 들며, 소음이 없는 곳에 위치시킨다. 바닥에는 카펫을 깔고, 부드러운 의자, 큰 쿠션, 낮은 책상을 마련하여 아늑하고 조용하며 안정된 분위기로 조성해준다.

| 언어놀이상황 예 |

한글에 관심이 많아진 유아들이 글씨를 쓰고 싶은데 글씨를 잘 읽지 못하고 글씨가 어렵다고 생각하는 유아들을 위해 교사는 유아들의 언어놀이가 쉽게 잘 이루어질 수 있도록 언어놀이를 통해 지원할 수 있다.

[자료지원] 글자 도장 찍기로 그림을 그려보도록 미술 영역과 연계할 수 있다.

[공간 및 자료지원] 음률영역에 필요한 악기사전을 만들기 위해 언어영역에서 유아들이 한글 도장 찍기로 악기사전을 만들어 볼 수 있도록 연계해줄 수 있다.

| 언어영역 교구 및 자료 |

- 말하기 자료: 이야기 꾸미기 자료와 융판, 이야기 꾸미기 그림 조각, 여러 가지 손 인형, 막대인형, 그림판, 자석인형, 인형극 틀, 그림으로 읽는 동화, 녹음기 공테이프, 마이크 등
- 듣기자료: CD플레이어, 헤드폰, 카세트 레코더, 전화기, 소리 상자 등
- 쓰기자료: 여러 종류의 쓰기도구(연필, 색연필, 사인펜), 종이, 지우개, 작은 책 만들기 등
- 읽기자료: 동물 그림과 동물 이름, 채소 그림과 채소 이름, 과일 그림과 과일 이름 등

그림 4-8 | 유아반의 언어영역

② 미술영역

미술영역은 다양한 미술활동이 전개될 수 있도록 물이 있는 밝은 곳에 배치한

다. 부피가 큰 작품을 할 수 있도록 활동공간과 전시공간이 필요하다. 평면 및 입체활동에 필요한 미술용품을 준비해 준다.

| 미술놀이상황 예 |

겨울에 산책하러 나갈 때마다 도토리를 바구니에 담아오곤 하였다. 몇몇 유아들이 산책 나가서 겨율잠을 자는 동물에 대해 관심을 보이기 시작하였다. "여기 봐, 나무 구멍을 찾았어. 여기다람쥐가 겨울잠 자는 곳이 아닐까?" 하며 도토리에 관심이 많은 유아들이 교실에 와서도 겨울잠 이야기를 하였다. 유아들이 겨울잠에 관심이 많아지면서 겨울잠 자는 동물과 겨울잠 자는 공간에 대해서 미술놀이로 지원할 수 있다.

[교사관찰] 유아가 겨울잠에 관한 관심이 지속적인지 확인하고 유아의 놀이를 지원한다.

[자료지원] 유아들이 동물들이 겨울잠 자는 공간이 모두 다르다는 것을 알고 겨울잠 자는 장소를 만들어 볼 수 있도록 다양한 크기의 상자, 바구니, 재활용품 박스 등을 지원할 수 있다.

[공간지원] 겨울잠 자는 동물들이 잘 수 있는 공간을 만들기 위해 교실공간을 넓혀주고 부족할 경우 복도로 연결하여 미술 놀이가 확장될 수 있도록 지원한다.

| 미술영역 교구 및 자료 |

- 필기구: 크레파스, 사인펜, 색연필, 연필, 볼펜 등
- 물감류: 수채화 물감, 먹물, 포스터칼라 등
- 종이류: 도화지, 갱지, 모조지, 소포지, 색지 등
- 자르고 붙이는 도구: 풀, 가위, 펀치, 끈, 고무줄 등
- 점토류: 밀가루 점토, 찰흙, 색 점토, 지점토 등

그림 4-9 | 유아반의 미술영역

③ **음률영역**

유아들이 음악을 듣고, 노래를 부르고, 여러 가지 악기 소리를 스스로 만들어 보거나 소리를 탐색하며 신체적 표현을 하는 영역으로서 활동적이고 소음이 많은 영역이므로 가능한 교실 입구 가까운 곳에 위치하거나 소음이 심한 악기는 복도나 강당에 배치하여 다른 영역에 방해되지 않도록 지원한다.

음률영역에는 소고, 장구, 북, 징, 꽹과리 등 우리나라 악기와 세계 여러 나라 악기 등을 마련해 준다. 멜로디악기, 리듬악기, 리듬 악보와 음악가 사진, 연주 사진 등을 함께 제공한다.

| 음률놀이상황 예 |

유아가 어제 시장놀이에서 구입한 기타가 유아들의 관심을 불러일으켰다. 줄을 하나씩 튕기며 "어, 소리가 다르네!"라고 이야기하며 기타 탐색을 하거나 줄을 튕기며 소리의 차이에 관심을 가졌으나, 지속 시간은 짧았다. 그래서 캠코더를 설치하고 유아들이 기타를 들고 서서 자신의 모습을 찍고 감상하면서 음률영역에 기타를 선점하려는 유아가 생기면 갈등이 일어나는 상황에서 교사라 지원할 수 있는 방법은 다음과 같다.

[함께 놀이하며 제안하기] 유아가 차례를 지켜 기타를 사용할 수 있도록 순서

정하기 게임을 제안한다.

[자료지원] 유아에게 음률영역의 다양한 악기를 제공하여 합주할 수 있도록 하여 캠코더로 촬영하도록 지원한다.

[공간지원] 음률영역과 역할놀이영역을 통합하여 역할놀이영역에 합주 공연장을 만들어 합주놀이할 수 있도록 지원한다.

| 음률영역 교구 및 자료 |

- 생활악기: 빈병, 높이가 다른 여러 개의 컵, 숟가락 두 개, 젓가락 두 개, 주걱 두 개, 깡통 등
- 리듬악기: 탬버린, 캐스터네츠, 트라이앵글, 심벌즈, 큰북, 작은북 등
- 가락악기: 오르간, 피아노, 하프 아코디언, 멜로디언, 하모니카 등
- 음향기기: 카세트, 녹음된 테이프, 헤드폰, 마이크 등
- 기타: 악기 책, 악기 그림, 노랫말, 악보 등

그림 4-10 | 유아반의 음률영역

④ 수 · 조작영역

수 · 조작영역은 소근육발달, 논리적 사고능력발달, 수학적 개념발달, 문제해결과 집중력, 탐구적 태도와 사고를 향상시킬 수 있는 영역이다. 이 영역은 유아들이 개별적으로 탐색활동을 많이 하므로 정적인 영역에 배치한다. 수학의 하

위 내용인 분류, 서열, 수, 공간, 측정 등을 경험할 수 있는 조작활동을 위한 놀잇감을 비치한다. 특히 놀잇감을 쉬운 것에서부터 어려운 것까지 여러 단계로 분류하여 유아들이 흥미와 능력에 맞게 자료를 선택하도록 한다. 자연물, 단추, 구슬 같은 구체물과 수 카드, 숫자판, 게임 자료 등의 분실 우려가 있으므로 쟁반, 바구니 등에 준비해 준다.

| 수 · 조작놀이상황 예 |

유아들이 유니트 블록을 연결하여 경사로를 만들고 구슬을 굴리면서 놀이하고 있다. 유아들이 교실의 유니트 블록을 모두 사용하여 더 길게 경사로를 만들었다. 유아들은 경사로와 도로를 더 길게 만들고 싶다고 하였다.

[자료지원] 더 길게 경사로를 만들 수 있도록 종이 블록, 단위 블록 등을 지원하고, 규모 있는 경사로를 만들 수 있도록 책상이나 의자 등을 활용할 수 있도록 하여 경사로를 만들 수 있도록 한다. 유아들이 구슬을 굴려보면서 다른 자동차 놀잇감이나 다양한 크기의 공 등을 굴려 보면서 다양한 경사로 놀이가 이루어질 수 있도록 한다.

[공간지원] 교실에서 경사로를 만들면서 교실에서의 공간이 좁다면 책상이나 의자 등을 옮겨 공간을 확보해 줄 수 있다. 교실 내부에서 어려울 경우 복도까지 확장하여 유아들의 경사로 놀이가 확장될 수 있도록 공간을 지원한다.

[함께 놀이하며 제안하기] 교사는 유아들의 놀이를 관찰하면서 구슬을 더 빠르게 굴릴 수 있도록 힘을 줘서 경사로에 굴려보면서 '누가 더 빠른가' 게임을 함께 놀이하며 자연스럽게 제안할 수 있다. 경사로를 길게 만들어서 자동차 놀잇감을 가지고 길은 경사로를 자동차로 다니면서 자동차의 세계 여행을 해보면서 유아들이 경사로 구간 구간마다 나라 이름을 적어주거나, 자신의 마을 이름을 적어주고, 꾸며주면서 세계 여러 나라에 관심을 가질 수 있도록 제안할 수 있다.

| 수 · 조작영역 교구 및 자료 |

- 분류: 다양한 크기와 모양의 단추, 구멍 뚫린 구슬과 끈, 모양 분류 카드, 돌, 구슬 등
- 서열: 크기가 상자, 수 막대, 크기가 다른 단추, 넓이나 크기가 다른 리본, 크기가 다른 병과 병뚜껑, 나사와 나사 구멍, 높이가 다른 원기둥
- 수: 1~10까지 셀 수 있는 구체물, 숫자카드 등
- 공간: 다양한 크기의 도형, 다양한 크기의 입방체 등
- 측정: 자, 체중계, 저울, 모래시계, 줄자 등
- 조작활동: 퍼즐, 자물쇠 맞추기, 볼트와 너트 맞추기

그림 4-11 | 유아반의 수 · 조작영역

⑤ 과학영역

과학영역은 유아들이 과학 개념을 이해하는 데 필요한 영역이다. 과학활동은 과학영역에서만 이루어지는 것이 아니라 생활 주변 어느 곳에서나 이루어질 수 있지만 유아가 실제로 과학적 탐구과정을 통해 구체적인 경험이 이루어질 수 있도록 하는 과학영역이 필요하다.

과학영역에서는 유아들은 동물과 식물, 생물과 무생물, 물질의 성질, 계절에 따른 자연물 등을 만지고, 감상하고, 탐구하고, 조작해 보는 물리적 활동으로 구성한다. 과학영역에서는 정적인 활동들이 주로 이루어지므로 햇빛이 잘 들고

조용한 곳에 배치한다.

돋보기, 저울 등 감각, 조작, 탐색자료를 비치하고 탐색 결과를 정리할 수 있는 필기구가 필요하다. 동식물 기르기를 위해 각 생물들의 특성을 충분히 이해할 수 있는 자료와 사료, 물 등을 비치하고, 유아들 간의 순서를 정해 먹이를 줄 수 있도록 한다.

| 과학놀이상황 예 |

산책을 마치고 교실로 돌아온 유아는 꽃가게를 열었다. 곤충을 만들고 있던 유아들은 꽃가게에 놀러 가서 "꿀을 빨아먹자"라고 말하며 놀이에 합류한다. 다른 유아들도 과학영역의 곤충 모형을 가지고 와서 꽃가게를 꽃밭으로 재구성한 뒤 "여기에 꽃의 꿀을 모으자"라고 놀이하는 상황에서 교사는 과학놀이가 이루어질 수 있도록 지원할 수 있다.

[자료지원] 곤충에 관한 지식을 확장해 주기 위해 곤충 관련 그림책과 곤충 화보를 제공한다.

[공간지원] 꽃가게와 곤충놀이를 넓은 바깥놀이터에서 할 수 있도록 실외로 공간을 확장한다.

[인적지원–함께 놀이하며 지원] 선생님이 곤충이 되어 벌이 꿀을 빨아먹는 모습을 보여주며 곤충의 이야기가 풍성해질 수 있도록 상호작용한다.

| 과학영역 교구 및 자료 |

- 측정을 위한 도구: 체중계, 저울, 신장기, 자, 계량컵, 계량스푼, 시계, 달력, 날씨판, 각종 용기 등
- 실험을 위한 도구: 거울, 확대경, 자석, 손전등, 현미경, 망원경, 쌍안경, 색안경, 깔때기, 크기가 다르고 투명한 플라스틱병이나 컵, 풍선 등
- 각종 표본류: 식물, 곤충, 조개, 돌, 흙, 곡류, 씨앗류, 꽃, 잎 등
- 사육, 재배를 위한 도구: 화분, 투명 수조, 꽃삽, 물뿌리개, 분무기, 화분 등

– 동식물류: 이구아나, 장수풍뎅이, 토끼, 강아지 등
– 가정에서 얻을 수 있는 화합물: 식초, 소다, 소금, 설탕, 알코올 등
– 기타: 과학그림책, 과학백과 등

그림 4-12 | 유아반의 과학영역

⑥ 역할놀이영역

역할놀이영역은 유아에게 역할놀이와 극놀이에 참여하여 다양한 역할과 그 역할에 따른 행동을 해볼 수 있는 기회를 제공한다. 가정이나 병원, 은행, 음식점, 공공기관 등에서 유아가 흥미롭게 느꼈던 경험을 재현해 보거나, 성인들의 행동을 모방해 볼 수 있고, 자신의 상상력을 이용하여 가상놀이를 하는 영역이다. 유아는 역할놀이와 극놀이를 하면서 자기중심적인 사고에서 벗어나 타인과의 관계를 통해 사회성이 발달하고 정서적인 발달을 이룰 수 있다. 쌓기놀이영역과 인접 배치하면 두 영역의 놀이가 서로 연결되고 통합될 수 있다.

| 역할놀이상황 예 |

현장학습과 소풍 등을 다녀와서 유아들은 놀이 시간에 음식과 천을 가지고 소풍놀이를 시작한다. 이때 교사는 유아들의 소풍놀이를 관찰하면서 소풍놀이를 지원할 수 있다.

[공간지원] 교사의 공간 제한 없이 놀이할 수 있도록 교실 내에 있는 카펫을 연결해 줄 수 있다.

[자료지원] 다양한 소풍 장소에 관해 생각해 볼 수 있도록 소풍에 관한 그림책을 제공하고 산, 강, 바다 사진을 게시해 준다.

[자료지원] 소풍에 간 것처럼 느끼며 놀이할 수 있도록 돗자리를 제공해 준다.

| 역할영역 교구 및 자료 |

- 가족놀이: 주방용품, 일상용품, 의류, 신발, 가방, 화장대 용품 등
- 교통기관놀이: 조종사, 선장 등 의류, 지도, 가방, 도로표지판, 도로표시, 모형 탈것 등
- 병원놀이: 의사, 간호사, 약사 의류, 청진기, 주사기, 온도계, 접수대 테이블, 기록지, 붕대, 약봉지 등
- 식당놀이: 음식모형, 테이블, 가격표, 메뉴판, 냅킨, 수저, 그릇 등
- 기타: 미용실 놀이, 은행놀이, 소방서 놀이, 주유소 놀이 등

그림 4-13 | 유아반의 역할놀이영역

⑦ 쌓기놀이영역

쌓기놀이영역은 유아들이 블록을 사용하여 구조물을 만들고 무너뜨리면서 다

시 쌓는 등의 과정을 경험하여 공간지각능력, 구성능력, 측정기술, 원인과 결과에 대한 사고력 등을 확장해 줄 수 있다. 이 영역은 소음이 나는 영역이므로 동적이고 건조한 곳에 위치하는 것이 바람직하다. 블록을 부수고 쌓는 과정의 소음을 줄이기 위해 카펫을 깔고 놀이교구장을 충분히 마련하여 유아들이 블록의 형태나 크기에 따라 블록들을 분류하여 정리할 수 있도록 한다. 여러 가지 블록과 함께 동식물, 사람모형, 탈것, 나무, 교통표지판 등의 소품을 주제에 맞게 제공한다. 역할놀이영역과 인접 배치하면 놀이가 질적으로 확장될 수 있다.

| 쌓기놀이상황 예 |

현장학습과 소풍 등을 다녀와서 유아들은 놀이 시간에 음식과 천을 가지고 소풍놀이를 시작한다. 이때 교사는 유아들의 소풍놀이를 관찰하면서 쌓기영역의 놀이로 소풍놀이를 지원할 수 있다.

[공간지원] 책상과 카펫 등을 이 양옆으로 밀어 냇물을 만들 수 있도록 공간을 넓혀준다.

[자료지원] 냇물을 표현할 수 있도록 푸른색 천과 종이블록을 활용할 수 있도록 한다.

| **쌓기영역 교구 및 자료** |

- 다양한 블록들: 단위블록, 종이벽돌블록, 유닛블록, 나무블록, 널빤지, 스펀지 블록, 재활용 블록 등
- 운동기관: 다양한 자동차, 배, 비행기, 기차 모형 등
- 인형류: 사람 인형, 동물 인형 등
- 사회극 놀이에 필요한 소품들: 동물 가면, 신호등, 교통표지판 등
- 그 밖의 소품들: 교통표지판, 신호등 등

그림 4-14 | 유아반의 쌓기놀이영역

(3) 영유아반 실외 환경구성의 실제

실외놀이 환경은 주로 보육실이라는 협소한 공간이 가진 한계에서 보육실 밖의 주변 세계를 자유롭게 탐색하고 다양한 놀이를 경험하는 중요한 역할을 한다. 실외놀이는 실내에서의 놀이를 연장하거나 확장시킬 수 있는 공간이다. 신체활동뿐만이 아니라 소근육활동이나, 자연을 만나고 경험하는 경험을 함으로써 자연 생태계에 대한 친화력과 탐구력을 기를 수 있다. 실외놀이 환경은 실내에 비해 덜 구조적이고 개방적인 특성을 가지고 있어서 영유아들이 대근육의 발달을 도모할 수 있고 신체활동을 활발하게 할 수 있다. 실외놀이 환경은 영유아가 자연 세계와 상호작용하고 상상력과 감성을 펼치고, 협동놀이에 참여할 수 있는 환경으로 구성하도록 한다.

프로스트와 클라인(Frost & Klein, 1976)은 영유아 실외놀이 환경을 구성할 때 다음과 같은 기준을 제시하고 있다.

첫째, 영유아의 놀이를 장려하도록 한다. 둘째, 영유아의 감각을 자극하도록 한다. 셋째, 영유아의 호기심을 자극하도록 구성한다. 넷째, 여러 가지 상호작용이 빈번하게 일어나도록 구성한다. 다섯째, 영유아의 기본적인 사회적 · 신체적 욕구를 만족시킬 수 있도록 한다. 여섯째, 영유아가 좀 더 발전된 놀이를 할 수 있도록 구성한다.

2020 어린이집 평가지표 중 2-2 실외공간 구성 및 운영에서, 옥외 놀이터 구비(2-2-1), 유아발달 지원의 다양한 놀이 및 활동자료 준비(2-2-2), 유아발달에 적합한 다양한 바깥놀이 및 활동수행(2-2-3)을 제시하고 있다. 특히, 유아발달 지원의 다양한 놀이 및 활동자료 준비(2-2-2)에서는 대근육활동 놀이기구영역, 모래놀이터, 물놀이공간, 동물관찰영역, 텃밭, 화단 등의 영역으로 실외 환경을 구성한다고 제시하고 있다.

2020년도 보육사업안내에 제시된 실외놀이기구의 종류는 다음과 같다.

- 대근육활동 놀이기구(고정식)

- 그네, 미끄럼틀, 정글짐, 회전놀이기구, 공중놀이기구, 흔들놀이기구, 오르기 기구, 건너는 기구, 또는 이를 2가지 이상 결합한 조합놀이대, 고정식 수영장 등
- 2종 이상의 대근육활동 놀이기구를 결합한 조합놀이대는 2종 이상 설치로 간주하며, 아동 안전을 위하여 영아용과 유아용으로 각각 구분하여 설치하는 것을 원칙으로 함(예: 미끄럼틀, 건너는 기구를 결합한 조합놀이대는 2종 설치로 인정)
- 기타 고정식 대근육활동 놀이기구로 인정할만한 놀이기구

그림 4-15 | 대근육활동 놀이기구(고정식)

• 대근육활동 놀이기구(이동식)

– 영유아의 대근육 발달을 위한 놀이기구 중 이동 가능하거나 실내용으로 제작된 놀이기구

– 놀이집, 널빤지와 안전사다리, 삼각대, 뜀틀, 평균대, 점핑 바운서, 구르기용 매트, 헌 타이어, 대형 블록류, 이동식 농구대, 이동식 수영장 등

– 기타 이동식 대근육활동 놀이기구로 인정할만한 놀이기구

그림 4–16 | 대근육활동 놀이기구(이동식)

• 모래놀이기구

– 영유아의 감각 및 정서발달 등을 위한 모래놀이기구

– 모래밭과 모래놀이대 등이 포함

* 물놀이 도구, 게임놀이, 공놀이, 사회적 극놀이 도구(자동차 등 탈것, 소꿉놀이) 등 놀이도구는 놀이기구에 해당하지 않음

그림 4–17 | 모래놀이대

2. 어린이집 운영관리

운영관리란 각 조직과 기관을 운영할 때, 그 기관에 소속된 인적, 물적, 재정적, 기술적, 자연특성 등의 유용한 자원을 효율적으로 활용하여 조직과 기관이 추구하는 목적을 달성하는 행위를 일컫는다. 이에 따라, 어린이집 운영관리는 인적, 물적, 재정적, 기술 등의 유용한 자원을 최대한 효율적으로 활용하여 최상의 보육서비스를 제공하기 위한 일련의 과정으로 정의할 수 있다. 어린이집은 각 기관의 고유한 특성, 기관별 운영 특수성과 차이점, 지역적 특성 등을 반영하여 최상의 보육서비스를 제공하기 위한 합리적인 운영관리가 필요하다.

어린이집의 합리적인 운영관리에 기본이 되는 원리는 다음과 같다(이영자, 권영례, 2003).

첫째, 타당성의 원리이다. 어린이집에서 행하는 모든 활동이나 행사, 행정활동 등은 기관의 보육목적 및 철학에 부합되는 활동이어야 한다.

둘째, 민주성의 원리이다. 기관 구성원인 영유아, 보육교직원이 기관운영에 의견을 반영하는 등의 소통이 원활하게 이루어져야 한다.

셋째, 효율성의 원리이다. 어린이집 모든 과정은 최소한의 노력과 경비로 최대한의 효과를 얻기 위해 계획되어야 한다.

넷째, 적응성의 원리이다. 어린이집은 과학의 진보나 사회의 변화에 대한 통찰을 통해 적응성을 갖지 않으면 현실과 괴리감을 느끼게 되므로 시대의 요구에 따라 영유아발달을 위한 변화라고 인정될 때 긍정적으로 수용하여 적응해 나가도록 한다.

다섯째, 안정성의 원리이다. 적응성의 원리와는 상대적인 개념으로 어린이집의 원장은 변화를 수용하여 적응하면서도 국가와 민족의 전통적인 가치나 교육의 철학 등에 근거한 장기적인 계획을 수립하고 이를 토대로 운영해야 한다.

여기에서는 어린이집 운영관리를 크게 인적 관리, 시설 및 설비 관리, 문서관리, 재무 · 회계관리로 나누어 살펴보기로 한다.

1) 어린이집 인적 관리

어린이집의 인적 요소인 영유아 및 보육교직원을 관리하는 일이다.

(1) 영유아 관리

영유아 관리란 원아모집, 입학, 학급당 영유아 수, 수업 및 보육일수, 출결관리, 영유아에 대한 복지서비스와 평가에 대한 것으로서 어린이집 수요자인 영유아와 학부모의 요구를 반영하여 수요자에게 맞춤형 서비스를 제공하도록 한다. 영유아 관리를 위해 교사는 영유아가 입소할 때부터 영유아에 관한 정보를 충분히 알고, 부모와의 협력체계를 유지하면서 영유아를 보육하는 데 세심한 배려를 하도록 한다.

① 어린이집 원아모집

어린이집의 대부분은 영유아가 통학 거리가 가까운 도보 및 차량이 가까운 지역사회를 중심으로 운영되는 기관이다. 따라서 원아모집 시 아이사랑 포털 홈페이지를 이용하거나, 어린이집 안내 소책자, 현수막 등을 이용하여 원아모집을 할 때 원아모집 시기와 어린이집을 홍보하여 학부모가 자녀가 다니게 될 어린이집을 알아보고 자신의 보육철학과 유사한 어린이집을 선택하는 데 도움을 줄 수 있도록 한다.

어린이집 원아모집을 위한 자료를 제작하기 위해 필요한 내용은 다음과 같다.

- 어린이집 이름
- 어린이집 주소, 연락처, 홈페이지 정보

- 운영 시간
- 모집 대상 및 인원
- 원아모집 과정 및 등록 절차
- 어린이집 보육철학
- 보육 프로그램 내용
- 어린이집의 핵심 주요 프로그램 내용
- 어린이집 장점과 특징
- 실내 및 실외 환경 사진자료
- 기본생활습관, 건강, 영양, 안전교육
- 가정 및 지역사회 연계 내용 및 방법

② 어린이집 입소순위

「영유아보육법」 제28조 및 시행규칙 제29조의 어린이집 입소 우선순위에 대해 알아보면 다음과 같다.

• 입소 1순위

- 「국민기초생활보장법」에 따른 수급자
- 「한부모가족지원법」 제5조의 규정에 의한 보호대상자의 자녀
- 「국민기초생활보장법」 제24조의 규정에 의한 차상위계층의 자녀
- 「장애인복지법」 제2조에 따른 장애인 중 장애의 정도가 심한 장애인의 자녀 또는 형제자매
- 아동복지시설에서 생활 중인 영유아
- 부모가 모두 취업 중이거나 취업을 준비 중인 영유아
- 「다문화가족 지원법」 제2조 제1호에 따른 다문화가족의 영유아
- 자녀가 3명 이상인 가구 또는 영유아가 2자녀 가구의 영유아
- 산업단지 입주기업체 및 지원기관 근로자의 자녀로서 산업단지에 설치된 어린이집을 이용하는 영유아

• 입소 2순위

기타 「한부모가족지원법」에 따른 한부모가족 및 조손가족, 가정위탁 보호아동 및 입양된 영유아, 어린이집 재원 중인 영유아의 형제 및 자매

보육대상은 0~5세의 취학 전 영유아를 원칙으로 하되 필요한 경우 만 12세까지 연장하여 보육할 수 있다(영유아보육법 제2조 제1호 및 제27조). 영유아의 발달에 따라 연령별로 교사 1인당 영유아의 인원을 규정하고 있다. 어린이집 반편성 기준 및 반별 정원 기준은 다음과 같다.

표 4-3 | 연령별 반편성 시 반별 정원 기준(영유아보육법 시행규칙 제10조 별표 2)

연령	0세	1세	2세	3세	4세 이상
원칙	3명	5명	7명	15명	20명

반을 형성할 때, 전체 정원에 따른 연령별 반 구성, 영유아 현원 및 입소대기 상황, 학부모의 요구, 보육실의 면적 등 어린이집의 상황에 따라 복합적인 요인을 고려하여 일반적으로 동일연령 집단을 구성하고 있지만 연령 편성이 불가피한 경우가 있을 경우, 혼합연령으로 편성할 수 있다. 혼합연령반 편성 시에는 교사 대 영유아의 비율이 어린 영유아를 기준으로 하여 교사 대 영유아의 비율을 적용한다.

표 4-4 | 혼합연령반 편성 시 반별 정원 기준

혼합반 운영	만 0세와 만 1세 영아	만 1세와 만 2세 영아	만 0세와 만 2세 영아	만 2세 이하 영아와 만 3세 이상 유아	만 3세와 만 4세 이상 유아
원칙	가능	가능	불가능	불가능	가능

혼합반 운영	만 0세와 만 1세 영아	만 1세와 만 2세 영아	만 0세와 만 2세 영아	만 2세 이하 영아와 만 3세 이상 유아	만 3세와 만 4세 이상 유아
교사 대 아동비율	1:3	1:5	–	–	1:15

출처: 보건복지부(2020a)

정부 인건비 미지원 시설은 지역 내 수급 상황(인근 지역 여유 정원이 없는 경우 등), 학부모의 요구(형제 등 동반 입소) 등 불가피한 사유가 있는 경우에는 시 · 구 사전 승인 후 예외적으로 2세와 3세 아동의 혼합반 운영이 가능하며, 이 중 가정어린이집은 2세아와 유아(방과후 포함)의 혼합반 운영이 가능하다(보건복지부, 2020).

장애아를 포함한 통합보육의 요구가 있을 때는 장애통합반을 편성하며, 장애아 3명당 전담교사 1인을 배정하여야 한다. 또한 3인을 초과할 때마다 1인씩 증원되며, 교사 3인 중 1명 특수교사로 배치하여야 한다.

표 4-5 | 연장보육 반별 정원 편성

반별 정원	영아반	유아반	장애아 포함 또는 0세반	0세반 아동 포함 영아반	
				1개 반	그 외
원칙	5명	15명	3명	3명	5명
탄력 편성 가능인원	2명	5명	0명	2명	2명

출처: 보건복지부(2020a)

연장보육시 반편성은 연령별 또는 혼합연령으로 편성된다. 혼합연령 반편성 시는 영아와 유아를 구분하여 각각의 반으로 편성하는 것을 원칙으로 한다. 연장보육시 반별 기준은 「영유아보육법」에 따라 영아반의 경우 5명, 유아반의 경우 15명, 장애 포함 시 3명을 원칙으로 한다. 연장보육 반별 정원 탄력 편성은 아래 범위 내에서 가능하다.

③ 어린이집 반편성

다음 해의 반편성을 하기 위해서는 원아모집하기 이전인 9~11월경에 어린이집의 총 정원을 준수하여 다음 해 반별 정원 인원을 확정하여 반 편성을 구체적으로 구상하여야 한다.

④ 원아정보관리

어린이집은 영유아가 입소하면서부터 개별 영유아의 주민번호, 주소, 건강정보, 각종 검사자료, 사진, 부모의 주민번호, 휴대폰 번호, 이메일 등 다양한 종류의 개인정보를 수집 · 보관하고 있다. 따라서 모든 교직원은 원아와 관련된 정보에 대한 중요성을 인식하고 관리체계를 수립하여 개인정보가 포함된 문서는 잠금장치 등을 하여 별도의 공간에 보관하고 원아의 정보가 유출되는 일이 없도록 한다.

영유아를 위한 정보관리 목적은 원아의 신상정보 관리를 위해 가정 환경에 대한 자료를 수집하고 분석하여 보육 대상자들인 영유아와 학부모의 요구에 적합한 보육서비스를 제공하기 위해 수집한다. 교사는 생활기록부를 작성하여 지속적으로 원아에 대한 정보를 기록하여 영유아를 관리한다. 생활기록부에는 인적사항, 출결사항, 영유아 표준 예방접종, 신체발달상황, 활동발달상황 등이 기록되어야 한다. 이외에도 출석부, 입소원서, 퇴소원서, 부모면담기록, 응급처치 동의서, 투약의뢰서, 영유아 행동관찰 기록, 발달검사 및 다양한 평가자료 등이 있고, 이 정보 역시 유출되지 않도록 관리해야 한다.

| 참고 |

> 작성 및 관리 요령 　출석부
>
> – 출석부의 반 구성 및 영유아 재원 사항은 보육통합정보시스템(CIS) 상의 정보와 동일하게 운영하여야 하며, 임의로 보육통합정보시스템(CIS)과 달리 운영하지 않도록 유의한다.
>
> – 맞춤 보육을 실시하는 어린이집의 경우 맞춤 보육 출석 내용을 포함할 수 있다.

결재	담당	원장

출 석 부 (출력물 예시)

ㅁ반 명 : 　　　　　　　　　　ㅁ담임교사 :

번호	이름	20 년 월																														출석계	결석계
		1	2	3	4	5	6	7	8	9	10	11	12	13	14	15	16	17	18	19	20	21	22	23	24	25	26	27	28	29	30		
1																																	
2																																	
3																																	
4																																	
5																																	
6																																	
7																																	
8																																	
9																																	
10																																	
출석계																																	
결석계																																	

통계	보육일수	취원 원아수	퇴원 원아수	월말재적 원아수

○○○어린이집

| 참고 |

작성 및 관리 요령 부모동의 및 조사서

– (유의사항) 부모동의 조사서 세부 내용이나 어린이집의 운영상황 등에서 변경사항이 발생하는 경우 보호자 확인절차를 다시 진행하여야 한다.

부모동의 및 조사서

○○어린이집에서는 영유아보육법 및 시행규칙, 보육사업안내 등에 따라 아래의 내용에 대하여 보호자의 동의를 받아 진행하고자 합니다. 아래 내용 확인 후 **빠짐없이 체크, 서명**해 주시기 바랍니다.

1. 영유아 기본 정보

<table>
<tr><td rowspan="3">아 동</td><td>성 명</td><td colspan="2"></td><td>반 명</td><td></td></tr>
<tr><td>성 별</td><td colspan="2">남(　　) 여(　　)</td><td>생년월일</td><td></td></tr>
<tr><td>주 소</td><td colspan="4"></td></tr>
<tr><td rowspan="4">보호자</td><td rowspan="4">보호자</td><td>성명</td><td colspan="2">영유아와의 관계</td><td>연락처</td></tr>
<tr><td></td><td colspan="2"></td><td></td></tr>
<tr><td></td><td colspan="2"></td><td></td></tr>
<tr><td></td><td colspan="2"></td><td>* 응급상황 시 부모와 연락되지 않을 경우 가능한 연락처</td></tr>
</table>

※ 보호자 정보 : 부, 모 연락처와 응급상황 시 부모와 신속하게 연락되지 않을 경우 가능한 연락처를 부모님이 정하여 함께 기재

2. 응급처치 및 귀가동의

구분	처리 내용
응급처치	• 응급상황 발생 시 위의 보호자에게 가장 먼저 연락합니다. 부모님과 신속하게 연락되지 않을 경우에는 위 보호자 정보란의 부모님이 정해주신 연락처로 연락드립니다. • 필요시 119구조대에 연락하여 (기관지정 의료기관명이나 보호자지정 의료기관명)으로 긴급수송할 것입니다.

구분	처리 내용
귀가 동의	• 위 영유아의 귀가 시 위의 보호자에게 인도하여 주십시오. • 정해진 보호자 외 다른 사람에게 인계할 경우 사전에 반드시 연락하겠습니다. ※ 우리 어린이집에서는 영유아를 성인 보호자 없이 혼자 귀가시키지 않습니다. 특히, 영유아가 13세 미만(초등학생) 형제 · 자매하고만 등 · 하원하지 않도록 유념해 주시기 바랍니다. • 등 · 하원방법 : 보호자 동행 □ 차량(어린이집) □ • 차량 이용 시, 등 · 하원 시간: 등원(시 분), 하원(시 분) • 부모 외 인계 보호자 성명: 영유아와의 관계:

3. 특별활동 프로그램 참여

- **특별활동 프로그램 참여 여부: 참여함 □ 참여하지 않음 □**

  * 특별활동에 참여하는 경우, 아래 서식 작성

명칭	내용	실시 횟수 (주 · 월)	요일	운영시간	비용(원)
		회		~	
		회		~	
		회		~	

※ 특별활동에 참여하지 않는 영유아에게 별도의 보육과정(프로그램)을 마련하여 진행하고 있음.

4. 식품 알레르기 조사

- **식품 알레르기 여부 : 있음 □ 없음 □** * 식품 알레르기가 있는 경우, 아래 서식 작성

알레르기 유발 식품*	알레르기 증상	대체가능 식품	기타 특이사항

* 알레르기를 유발하는 대표적인 식품(예): 난류, 우유, 메밀, 땅콩, 대두, 밀, 고등어, 게, 새우, 돼지고기, 복숭아, 토마토, 아황산염 등

※ 현재 식품 알레르기 증상이 없으나 이후 증상이 발생할 경우, 즉시 어린이집으로 관련 내용을 알려주시기 바랍니다.

5. 개인정보활용 동의

「개인정보보호법」에 의거 개인정보의 수집 · 이용 · 제3자 제공'에 대한 동의 여부는
1) 개인정보의 수집 및 이용, 2) 개인정보의 제3자 제공에 **각각 동의 여부를 체크**하여 주시기 바랍니다.

1) 개인정보의 수집 및 이용

수집 · 이용하려는 개인정보의 항목	개인정보의 수집 · 이용 목적	개인정보 이용기간 및 보유기간
영유아 및 부모의 이름, 생년월일, 주소, 전화번호, 건강검진정보, 사진 등	영유아보육활동, 건강관리, 가정과의 연계 긴급한 상황 시 대처	1년간 보관, 이후 폐기 (영유아 퇴소 시 즉시 폐기)

동의함 ☐　　동의하지 않음 ☐

2) 개인정보의 제3자 제공

개인정보를 제공받는 자	제공하는 개인정보의 항목	개인정보를 제공받는 자의 개인정보 이용목적	개인정보를 제공받는 자의 개인 정보 이용기간 및 보유기간
CCTV 영상 확인 요청자	CCTV 영상	영유아의 사고 시 발생 상황 파악	영상을 확인하는 기간 (보조매체로 인해 영상을 보관할 경우 영상 저장 시, 보유기간을 정함)

동의함 ☐　　동의하지 않음 ☐

6. 어린이집 운영 내용 확인 및 협조사항

아래의 내용은 우리 아이들이 건강하고 안전하게 어린이집 생활을 하는 데 기본이 되는 사항이오니 부모님들의 적극적인 협조와 이해 부탁드립니다. 어린이집에서도 우리 아이들이 건강하게 성장해 나갈 수 있도록 최선을 다하겠습니다.

1. 신입원아 적응 프로그램
2. 어린이집의 개방 원칙 및 인계 규정
3. 감염병 질환의 예방과 관리대책
4. 아프거나 다친 영유아에 대한 처리 절차(환아처리 지침, 상해유형에 따른 응급처치 등)

5. 부모동의 및 조사서 작성 안내(귀가동의, 응급처치동의, 식품알레르기 관련, 개인정보활용 등)
6. 상해, 화재, 배상보험 가입 안내
7. 안전사고 발생 시 어린이집이 갖는 책임한계에 관한 규정
8. 맞춤형 프로그램 운영(맞춤형 운영 기준 포함)
9. 보육교직원 윤리강령(아동학대 예방 지침 포함)

※ 어린이집 운영과 관련한 자세한 사항은 오리엔테이션에서 배부한 자료를 참고해 주시기 바랍니다. 문의사항이 있는 경우에는 ○○어린이집(00-000-0000)으로 연락주시기 바랍니다.

○○○○년 ○○월 ○○일

영유아 성명 : 보호자 성명 : (서 명)

출처: 중앙육아종합지원센터(2016)

| 참고 |

작성 및 관리 요령 개인정보 목적 외 이용 · 제공 대장

- 개인정보를 제공받아 이용하고자 하는 기관은 이용 목적 및 개인정보 항목, 이용 기간 등을 명시하여 총괄책임자에게 문서로 요청한다.
- 총괄책임관은 개인정보 제공 여부와 이용기간 등을 결정 · 통보하고, 책임관은 이를 '개인정보 목적 외 이용 · 제공 대장'에 기록 관리한다.

개인정보 목적 외 이용 · 제공 대장

구분	주요내용
① 개인정보 파일명	
② 이용 · 제공받는 기관	
③ 이용 · 제공일자	
④ 이용 · 제공주기	
⑤ 이용 · 제공형태	
⑥ 이용 · 제공목적	
⑦ 이용 · 제공근거	
⑧ 이용 · 제공항목	
⑨ 비고	

출처: 중앙육아종합지원센터(2016)

(2) 보육교직원 관리

보육교직원 관리란 보육교사 자격기준에 따라 보육교직원을 채용한 후 복무 분장, 임금, 경력관리, 직무연수 및 평가 등을 뜻한다.

① 보육교직원 선발 및 임면보고

어린이집의 질은 보육교직원의 질이 크게 좌우하는 결정적인 요인이므로 어린이집에서는 적합한 능력과 자질을 가진 보육교직원을 선발 및 임용하고 임용에 필요한 자료를 구비하여 정식으로 이를 관할시장 · 군수 · 구청장에게 임면보고한다.

어린이집에서 보육교직원을 채용하고 임면보고하는 절차는 다음과 같다.

표 4-6 | 보육교직원 채용 및 임면보고 절차

보육교직원 채용 (원장, 보육교사, 특수교사, 조리원(조리사) 등)	• 채용주체: 어린이집 설치자 • 채용조건: 자격기준을 갖춘 자 • 채용 시 구비서류 – (공통) 인사기록카드, 주민등록등본, 채용신체검사서, 성범죄 경력 및 아동학대 범죄전력 조회 회신서, 개인정보제공 및 고유식별정보 처리동의서, 보수교육 수료증 – (자격이 필요한 자) 자격증 또는 면허증 사본
▼	
교직원 임면보고	– 인사기록카드, 채용신체검사서, 자격증사본, 성범죄 경력 및 아동학대 범죄전력 조회 회신서, 개인정보제공 및 고유식별정보 처리 동의서, 보수교육 수료증 ※ 자격증 사본 및 보수교육 수료증은 보육통합정보시스템으로 확인 가능한 경우 제출 제외 ※ 인사기록카드는 '임신육아종합포털(아이사랑)', '보육통합정보시스템'을 통해 임면보고 가능(2015. 2. 2~) ※ 어린이집 및 시 · 군 · 구에서는 교직원 임면보고를 시스템을 통해 실시하고 적극 지도
▼	
교직원 자격의 적격성 확인	• 확인주체: 시 · 군 · 구청장 • 확인대상: 어린이집 원장, 보육교사, 특수교사, 장애영유아를 위한 보육교사, 치료사, 간호사, 영양사, 조리원 중 조리사 • 확인방법: 각 자격별 자격증명 서류, 보수교육 수료증 및 보육통합정보시스템
▼	
교직원 결격사유 조회 및 범죄경력조회	• 확인주체: 시 · 군 · 구청장 • 확인대상: 어린이집 원장, 보육교사, 특수교사, 장애영유아를 위한 보육교사, 치료사, 간호사, 영양사, 조리원 중 조리사 • 확인방법: 각 자격별 자격증명 서류, 보수교육 수료증 및 보육통합정보시스템
▼	
교직원 결격사유 조회 및 범죄경력조회	• 결격사유조회 및 범죄경력조회 주체: 시 · 군 · 구청장 • 내용: 교직원 결격 사유(법 제20조)
▼	
경력관리시스템 입력 관리	• 교직원 임면 사항을 경력관리시스템에 입력 관리

출처: 보건복지부(2021b)

어린이집 보육교직원 채용조건은 다음과 같다.

> 어린이집 원장은 어린이집 원장 자격기준을 갖춘 자로서 어린이집 원장 국가자격증을 발급받은 자를 채용해야 한다. 다만, 자격증 발급을 신청하고 자격검정이 완료되어 자격증 발급이 예정된 자(자격번호가 부여된 자)는 자격증 발급 조건부로 채용 가능하다. 단, 어린이집 원장은 전임해야 하므로 상근이 어려운 경우 채용대상에서 제외된다.
>
> 보육교사는 보육교사 자격 기준에 해당하는 자로서 보육교사 국가자격증을 발급받은 자를 채용. 다만, 자격증 발급을 신청하고 자격검정이 완료되어 자격증 발급이 예정된 자(자격번호가 부여된 자)는 자격증을 발급받은 것으로 보고 채용할 수 있다. 보육교사 국가자격증 발급 여부는 보육통합정보시스템에 보육교직원 등록 시 조회 가능하다. 보육교사의 출산휴가, 육아휴직, 장기병가 등의 사유 발생 시 채용하는 대체교사(임시교사)도 보육교사 자격이 있는 사람으로 구성하여야 한다.
>
> 어린이집에서 장애영유아를 위한 보육교사, 특수교사, 치료사, 간호사, 영양사, 조리사를 채용시 장애영유아를 위한 보육교사, 특수학교 교사, 치료사, 간호사, 영양사 자격증(면허증) 소지자를 채용하여야 한다.

어린이집 보육교직원 채용 방법은 국가 또는 지방자치단체로부터 보육교직원의 인건비를 보조받는 어린이집의 경우 보육교직원의 채용은 공개경쟁을 원칙으로 이루어진다. 교직원 채용 시 임금, 근로시간 및 그 밖의 근로조건 등을 명시한 근로계약을 체결하며, 근로계약과 관련하여 부당한 내용(결혼, 출산, 육아휴직 등으로 인한 퇴직 요구 등)이 포함되어서는 안 된다.

어린이집 보육교직원이 구비해야 하는 서류는 인사기록카드(시행규칙 별지 제7호 서식 참고), 주민등록등본, 채용신체검사서, 성범죄 경력 조회 및 관리, 아동학대 관련 범죄전력 조회 및 관리 등이 있다. 원장 및 보육교사의 경우 원장 및 보육교사 국가자격증 사본이 구비되어야 한다. 장애영유아를 위한 보육교사, 특수교사 및 치료사의 경우 각 영역의 자격을 증명하는 서류를 구비하여야 한다. 간호사 · 영양사 · 조리사 등 자격(면허)을 요하는 교직원 또한 관련 자격증(면허증) 사본을 구비하여야 한다.

어린이집 명칭:

인 사 기 록 카 드

사 진 (3cm×4cm)	성명	(한글)	직종	
		(한자)	생년월일	
	주소			
	등록기준지			

신체사항	신 장	체 중	시 력	색 맹	혈액형
	cm	kg	좌(　　) 우(　　)		

학력	기 간		학교 및 전공학과	학 위	기 간		학교 및 전공학과	학 위
	부터	까지			부터	까지		

경력	기 간		근 무 처	직 위	기 간		근 무 처	직 위
	부터	까지			부터	까지		

직무 · 승급교육	기 간		종 류	훈 련 기 관
	부터	까지		

포상 · 서훈	년 월 일	종 류	시 행 청

기 록 사 항 확 인	
본인 이 표의 기재사항은 사실과 다름 없음을 서약합니다. 년 월 일 서명 (서명 또는 인)	어린이집의 원장 이 표의 기재사항은 사실과 다름 없음을 서약합니다. 년 월 일 서명 (서명 또는 인)

② **보육교직원 배치**

어린이집의 운영을 위해 보육교직원 배치의 일반 기준은 다음과 같다.

표 4-7 | 어린이집 보육교직원 배치의 일반 기준

구분	배치 기준	자격 기준	비 고
원장	전 어린이집별 1인 ※ 다만, 영유아 20인 이하를 보육하는 어린이집은 어린이집의 원장이 보육교사를 겸임할 수 있음	영유아보육법 시행규칙 제10조 [별표2]	정원 기준
보육 교사	• 만 1세 미만 ⇒ 영아 3인당 1인 • 만 1세 이상 만 2세 미만 ⇒ 영아 5인당 1인 • 만 2세 이상 만 3세 미만 ⇒ 영아 7인당 1인 • 만 3세 이상 만 4세 미만 ⇒ 유아 15인당 1인 • 만 4세 이상 미취학 유아 ⇒ 유아 20인당 1인 ※ 유아 40인당 1인은 보육교사 1급 자격자여야 함 • 취학아동 ⇒ 20인당 1인 • 장애아 3인당 1인 ※ 장애아 9인당 보육교사 1인은 특수교사 자격 소지자여야 함 • 연장반 만 3세 미만 ⇒ 영아 5인당 1인 • 연장반 만 3세 이상 ⇒ 유아 15인당 1인 ※ 연장반의 만 1세 미만 및 장애아 ⇒ 3인당 1인	영유아보육법 시행규칙 제10조 [별표2]	현원 기준
간호사	• 영유아 100인 이상을 보육하는 어린이집		현원 기준
영양사	• 영유아 100인 이상을 보육하는 어린이집		현원 기준
조리사	• 영유아 40인 이상을 보육하는 어린이집		현원 기준 (방과후 제외)

단, 보육교직원 배치 시 원장이 보육교사 겸직 시 원장 자격증과 보육교사 자격증을 모두 소지해야 한다. 간호사는 간호조무사도 무관하다. 영양사는 어린이집 단독으로 두는 것이 곤란한 때에는 동일 시 · 군 · 구의 5개 이내 어린이집이 공동으로 영양사를 둘 수 있다. 조리사의 경우 영유아 40인 이상 80인 이하를 보육하는 어린이집의 경우 조리원 1인을 두며, 영유아 매 80인을 초과할 때마다 1인씩 증원, 영유아 현원은 방과 후 아동을 제외한 영유아를 기준으로 해야 한다.

③ 보육교직원 업무분장

보육교사는 자신의 업무와 역할을 확실하게 파악하고 공동업무에 대해 적절하게 업무를 분장하여 어린이집을 효율적으로 운영할 수 있어야 한다. 정기적인 교사회의를 통해서 분장된 업무가 균형적인지, 교사에게 부여된 업무 내용이 적절하고 적합한지를 분석하고, 분장된 업무 내용에 대한 평가를 통해 재분장할 수 있다. 이를 통해 보육교직원은 맡은 업무를 효율적으로 수행할 수 있도록 한다.

보육교직원의 업무분담은 일반업무분장과 비상상황 시 업무분장으로 구분되며, 이는 모두 문서화되어 보관하고 있어야 한다. 특히 업무분장할 때에는 원장과 보육교직원, 경력교사와 신입교사, 연장자와 연소자, 보육교사와 보육교사를 제외한 직원들 간의 적절한 배치를 하여야 한다.

④ 보육교직원 보수교육

교사의 전문성은 보육의 질에 결정적인 영향을 미치므로 교사에게 다양한 보수교육의 기회를 제공해야 한다. 보육교직원의 보수교육이란, 「영유아보육법」 23조에 의하면 보육교직원의 자질 향상을 위해 실시하는 교육으로서, 보육에 필요한 지식과 능력을 유지 · 개발하기 위하여 보육교직원이 정기적으로 받는 직무교육과 보육교사가 상위 등급의 자격(3급→2급, 2급→1급)을 취득하기 위해 받아야 하는 승급교육 및 어린이집 원장의 자격을 갖추기 위하여 받아야 하는 사전직무교육을 말한다.

어린이집 원장 일반직무교육은 현직에 종사하고 있는 어린이집 원장으로서 어린이집 원장의 직무를 담당한 때부터 만 2년이 지난 사람과 어린이집 원장 직무교육을 받은 해부터 만 2년이 지난 사람이 대상자가 된다.

표 4-8 | 어린이집 원장의 보수교육 내용

직무교육					사전직무교육
일반직무교육		특별직무교육			어린이집 원장 사전 직무교육
기본교육/심화교육	장기 미종사자 교육	영아보육 직무교육	장애아보육 직무교육	방과후보육 직무교육	

보육교사 직무교육은 현직에 종사하고 있는 보육교사로서 보육업무 경력이 만 2년이 지난 사람과 보육교사 직무교육(승급교육을 포함)을 받은 해부터 만 2년이 지난 사람이 대상이 된다.

2급 보육교사의 승급교육은 3급 보육교사 자격 취득 후 보육업무 경력이 만 1년이 지난 사람이 대상자가 되며, 1급 보육교사 승급교육은 2급 보육교사 자격 취득 후 보육업무 경력이 만 2년 이상이 경과한 사람이 대상자가 된다.

표 4-9 | 보육교사 보수교육 내용

직무교육					승급교육	
일반직무교육		특별직무교육			2급 보육교사 승급교육	1급 보육교사 승급교육
기본교육/심화교육	장기 미종사자 교육	영아보육 직무교육	장애아 보육 직무교육	방과후 보육 직무교육		

이외에도 다양한 교육, 세미나 등을 활성화하여 보육교직원 간의 의사소통 및 보육활동에 대한 교육을 활발히 하도록 한다.

2) 어린이집 시설 및 설비 관리

어린이집의 시설은 영유아의 발달 특성과 수준을 고려하여 갖추어져야 한다. 어린이집 시설은 영유아가 보육시설을 이용하기 위해 활용되는 모든 물리적 환경을 의미한다. 어린이집 시설에는 건물, 실외 놀이터, 정원, 사육장 및 건물 안의 현관, 복도, 보육실과 조리실 등의 크기, 구조 등과 관련된 것을 의미한다.

설비는 급수설비, 배수설비, 위생설비, 조명설비, 냉난방 설비, 책상, 의자, 교구장 등과 관련된 것으로 보육활동의 기능을 수행하기 위한 모든 물리적 요소이다.

(1) 어린이집 실내외 시설 및 설비 기준

어린이집의 실내외 시설 및 설비는 영유아의 특성에 맞도록 하여야 한다. 어린이집의 실내외 시설은 영유아 신체 크기에 맞게 설치되어 자유롭게 움직이고 탐색하며 새로운 도전을 시도할 수 있도록 하여야 한다. 영유아가 질병이 발생하거나 가능성을 줄이기 위해 안전하고 건강한 환경으로 구성한다. 어린이집 시설은 가능한 한 융통성 있게 변화를 줄 수 있도록 하여 공간을 영유아의 흥미에 따라 변화를 줄 수 있도록 구성하도록 한다.

어린이집의 실내 시설 및 설비 기준은 어린이집의 설치 기준(영유아보육법 시행규칙 제9조, 별표 1, 개정 2018.2.28.)을 참고하면 다음과 같다.

① 보육실

보육실은 영유아가 주로 생활하는 실내공간으로 반별 정원을 고려하여 별도로 구획된 공간을 의미한다. 전체 정원 및 면적 산정 시에는 보육실, 거실, 공동놀이실을 포함하여 영유아 1명당 2.64제곱미터 이상의 공간을 확보하여야 하며, 보육실을 포함한 시설면적(놀이터 면적은 제외)은 영유아 1명당 4.29제곱미터 이상으로 해야 한다. 채광 · 환기 · 습도 · 침수 등 영유아의 건강과 안전에 문제가 없는 것으로 확인되어야 한다. 어린이집 주 출입구의 하단이 지표면으로부터 1미터 이내여야 하며, 영아를 위한 보육실은 1층에 우선적으로 배치하여야 한다. 보육실에는 침구, 놀이기구 및 쌓기놀이, 역할놀이, 미술활동, 언어활동, 수학 · 과학활동, 음률활동 등에 필요한 교재 · 교구를 갖추어야 하며, 보육실은 바닥난방시설을 갖추어야 하고, 환기 · 채광 · 조명 · 온도 및 습도가 적절히 유지 · 관리되도록 하여야 한다.

② 조리실

조리실은 채광이 잘되도록 하고, 기계 환기시설을 하여 청정한 실내 환경을 유지하도록 하며, 창문에는 방충망을 설치하여야 한다. 조리실은 식기를 소독하고 위생적으로 취사 및 조리할 수 있는 설비를 갖추어야 한다. 공공기관이나 사회복지관 안에 설치된 어린이집, 유치원과 같은 건물에 설치된 어린이집, 직장어린이집이 설치된 건물에 집단급식소를 운영하는 경우에는 조리실을 함께 사용할 수 있다. 직장어린이집이 직장 내 집단급식소를 함께 사용할 경우, 영유아를 위한 음식의 조리공간은 분리(별도의 방을 분리함에 있어 벽이나 층 등으로 구분) 또는 구획(칸막이 · 커튼 등으로 구분)되어 있어야 한다.

③ 목욕실

목욕실은 보육실과 인접한 공간에 위치해야 하고, 난방과 미끄럼 방지장치를 하여야 한다. 목욕실은 샤워 설비, 세면 설비 및 냉 · 온수 공급을 위한 설비를 갖추어야 하며, 수도꼭지는 온수 사용할 때 화상을 입지 아니하도록 온도를 조정하고 고정할 수 있어야 한다.

④ 화장실

화장실은 수세식 유아용 변기를 설치하고, 보육실과 같은 층의 인접한 공간에 있어야 한다. 미끄럼 방지장치를 갖추고, 세정장치와 수도꼭지는 냉온수의 온도를 조정하고 고정할 수 있어야 한다.

⑤ 교사실

보육정원이 21명 이상인 어린이집은 교사가 보육활동을 계획 · 준비하고 자료 제작 등을 할 수 있도록 구획된 교사실을 설치하여야 한다. 교사실에는 보육활동 준비와 행정사무, 휴식 등에 필요한 설비를 갖추어야 한다.

⑥ 폐쇄회로 텔레비전

폐쇄회로 텔레비전은 「개인정보 보호법 시행령」 제3조 제1호에 따른 장치로서 보육실 등을 촬영하고 모니터를 통하여 그 영상을 구현할 수 있으며, 그 영상정보를 녹화 · 저장할 수 있는 기능을 갖추어야 한다.

폐쇄회로 텔레비전 설치 기준

① 각 보육실, 공동놀이실, 어린이집 놀이터 및 식당, 강당에 1대 이상씩 설치하되 사각지대의 발생을 최소화할 수 있도록 설치되어야 한다.
② 보육실 등 일정한 장소에 일정한 방향을 지속적으로 촬영할 수 있도록 설치되어야 한다.
③ 임의로 조작이 가능하거나 녹음기능이 있도록 설치되어서는 안 된다.
④ 폐쇄회로 텔레비전은 화면 속 인물의 행동 등이 용이하게 식별될 수 있도록 고해상도의 성능을 보유하여야 한다.
⑤ 저장장치는 영상정보를 60일 이상 저장할 수 있는 용량을 갖춘 것으로 하여야 한다.
⑥ 어린이집을 설치 · 운영하는 자는 출입구 등 잘 보이는 곳에 폐쇄회로 텔레비전 설치 안내판을 설치하여야 한다(목적, 장소, 촬영범위 및 촬영 시간, 관리책임자의 성명 및 연락처 기입).

⑦ **그 밖의 실내 설비 기준**

- 영유아가 접근할 수 없는 안전한 장소에 응급조치를 위한 비상약품 및 간이 의료기구 등을 갖춰 두어야 한다.
- 비상구를 제외한 모든 출입문 및 창문은 안쪽에서 잠길 우려가 없어야 하고, 밖에서 쉽게 열 수 있어야 하며, 출입문 및 창문의 가장자리에는 영유아의 손이 끼지 아니하도록 손끼임 방지 고무패킹이나 완충장치를 설치하여야 한다.
- 돌출형 방열기(라디에이터)는 영유아의 신체가 직접 닿지 아니하도록 울타리를 설치하여야 하며, 직접 온열기에 닿지 아니하도록 적절한 보호장치를 설치하여야 한다.
- 책상, 의자 등 가구의 모서리는 둥글고 표면이 매끄럽게 처리된 것이나, 고무 등으로 모서리에 보호장치를 설치하여야 한다.
- 보육실에 설치된 교구장, 수납장 등은 안전을 위하여 아랫부분에 무거운 비품을 보관하여야 하고, 선반을 설치하는 경우에는 물건이 떨어지지 아니하도록 지지대를 설치하여야 하며, 무거운 물건은 너무 많이 쌓아 놓아서는 아니 된다.
- 보일러 설비, 퓨즈박스(두꺼비집), 화기, 소독수, 살충제, 조리실의 칼 · 가위 · 포크 · 랩 등은 영유아의 손이 닿지 아니하는 위치에 배치되어야 한다.
- 어린이집 내부(벽, 천장 등)의 마감재료는 불연재료, 준불연재료 또는 난연재료를 사용하여야 하며, 보육실은 「환경보건법 시행령」 제16조에 따른 환경안전관리기준을 준수하여 설치하여야 한다. 실내 장식물과 창문에 설치하는 커튼류 및 카펫 등 「화재예방, 소방시설 설치 · 유지 및 안전관리에 관한 법률」 제12조에 따른 방염대상물품은 화재예방, 소방시설 설치 · 유지 및 안전관리에 관한 법령에 따른 방염성능이 있는 것으로 설치하여야 한다.

(2) 어린이집 실외 시설 및 설비 기준

① 놀이터

옥외 놀이터에는 모래밭(천연 및 인공 잔디, 고무매트, 폐타이어 블록 등)에 6세 미만의 영유아가 이용할 수 있는 대근육활동을 위한 놀이기구 1종 이상을 포함하여 놀이기구 3종 이상이 설치된 실외 놀이터를 설치하여야 한다. 어린이집 실외 놀이터를 설치하는 것이 불가능한 경우에는 어린이집 건물 내에 실내 놀이터를 설치하거나(지하층 설치 불가), 인근의 놀이터를 활용할 수 있다.

실외 놀이터 설치 기준

- 실외 놀이터는 주변에 소음분진 · 폭발 · 화재의 위험이 없어야 하며, 실내 공간을 활용하는 경우 조명 · 채광 · 환기 · 온도 · 습도가 적정하여야 한다.
- 실외 놀이터는 울타리나 보호난간을 최소 설치하되 놀이기구의 높이 등에 맞춰 안전을 확보할 수 있도록 하여야 한다.
- 실외 놀이터에서 안전에 필요한 장비를 구비하여야 한다.
- 울타리나 보호난간의 재질은 부식 · 파손의 위험이 없어야 하며, 영유아가 잡거나 짚고 올라갈 수 없도록 해야 한다.

② 비상재해대비시설

소화용 기구를 갖춰 두고 비상구를 설치하는 등 비상재해에 대비한 시설을 갖추어야 한다. 이 경우 비상구는 상단에 비상구 유도등을 달고 잠금장치를 문 안쪽에 설치하여야 한다. 어린이집은 비상시 양방향으로 피난할 수 있어야 하며, 각 층별 출구 및 피난시설 등은 다음의 구분에 따른다.

- 어린이집이 건물 1층인 경우: 주 출입구 외에 도로 등 안전한 외부 지상과 연결이 가능한 1개 이상의 출구[비상구 또는 유사시 사람의 출입이 가능한 창 또는 개구부(開口部)]를 어린이집 주 출입구의 반대 방향에 설치하거나 장변길이

의 2분의 1 이상을 이격하여 설치하되, 출구의 규격은 유효 폭 0.75미터 이상 유효높이 1.75미터 이상이고, 출구의 최하단은 안전한 외부 지표면부터 1.2미터 이하이어야 하며, 「화재예방, 소방시설 설치 · 유지 및 안전관리에 관한 법률 시행령」 별표 6에 따라 면제되는 경우를 제외하고는 「화재예방, 소방시설 설치 · 유지 및 안전관리에 관한 법률」 제9조 제1항에 따라 소방청장이 정하여 고시하는 단독경보형 감지기의 화재안전 기준에 따른 단독경보형 감지기를 설치할 것

- 어린이집이 2층과 3층인 경우: 비상계단 또는 대피용 미끄럼대를 영유아용으로 설치하고, 「화재예방, 소방시설 설치 · 유지 및 안전관리에 관한 법률 시행령」 별표 6에 따라 면제되는 경우를 제외하고는 「화재예방, 소방시설 설치 · 유지 및 안전관리에 관한 법률」 제9조 제1항에 따라 소방청장이 정하여 고시하는 단독경보형 감지기의 화재안전기준에 따른 단독경보형 감지기를 설치하여야 하며, 그 밖에 안전사고 및 비상재해에 대비한 피난시설, 장비 등을 구비할 것. 다만, 「건축법 시행령」 제34조 제2항에 따라 어린이집 내부에 직통계단을 2개소 이상 설치하거나, 「화재예방, 소방시설 설치 · 유지 및 안전관리에 관한 법률 시행령」 별표 1에 따른 스프링클러설비(간이 스프링클러설비를 포함)를 「스프링클러설비의 화재안전기준(NFSC 103)」 또는 「간이스프링클러설비의 화재안전기준(NFSC 103A)」 등 관련 기준에 따라 건물 전체에 걸쳐 유효하게 설치하고, 「화재예방, 소방시설 설치 · 유지 및 안전관리에 관한 법률」 제9조 제1항에 따라 소방청장이 정하여 고시하는 피난기구의 화재안전기준에 따른 피난기구를 「화재예방, 소방시설 설치 · 유지 및 안전관리에 관한 법률 시행령」 별표 5에 따라 설치한 경우에는 비상계단 또는 대피용 미끄럼대를 설치하지 아니할 수 있다.
- 어린이집이 4층과 5층인 경우: 「화재예방, 소방시설 설치 · 유지 및 안전관리에 관한 법률 시행령」 별표 1에 따른 스프링클러설비 및 자동화재탐지설비를 「스프링클러설비의 화재안전기준(NFSC 103)」 및 「자동화재탐지설비 및

시각경보장치의 화재안전기준(NFSC 203)」에 따라 건물 전체에 걸쳐 유효하게 설치하고, 건물 내에 양방향 피난이 가능한 2개소 이상의 직통계단을 설치하며(2개 이상의 직통계단 설치가 곤란한 경우에는 직통계단 1개소는 건물 외부에 비상계단을 설치하여 이에 갈음할 수 있음), 보육실의 주출입구는 직통계단 또는 비상계단까지의 보행거리가 30m 이내가 되도록 설치하고, 건물의 천장 · 바닥과 벽체 등의 내부마감재는 불연재로 설치하며, 벽체 등에는 가연성 장식물을 부착하지 아니하고, 조리실은 내화구조로 된 바닥, 벽 및 「건축법 시행령」 제64조에 따른 방화문으로 외부와 구획하며, 「화재예방, 소방시설 설치 · 유지 및 안전관리에 관한 법률 시행규칙」 제7조에 따른 연소 우려가 있는 건축물의 구조가 아니어야 하고, 2급 이상의 소방안전관리자를 고용(직원 중 소방안전관리자로 선임할 수 있는 자격증을 가진 자가 있을 경우에는 그러하지 아니함)하여 방화관리를 할 것

3) 어린이집 문서관리

문서라 함은 내부 또는 대외적으로 공무상 작성 또는 시행된 문서 및 접수한 모든 문서를 말한다. '전자문서'라 함은 컴퓨터 등 정보처리능력을 가진 장치에 의하여 전자적인 형태로 송 · 수신 또는 저장된 문서를 말한다.

어린이집에서는 「영유아보육법」, 보육사업안내, 어린이집 평가와 관련된 필수 문서를 체계적으로 기록 · 관리 · 보존하여야 한다.

어린이집에서 이루어지는 문서관리는 보육서비스를 효율적으로 할 수 있도록 도움을 주는 업무이다. 영유아에 대한 정보와 제반 문서는 영유아의 입소부터 재원하는 동안 체계적이고 주기적으로 관리함으로써 보육업무의 효율을 높일 뿐만 아니라 보육의 개인적 · 사회적 효과를 극대화할 수 있는 자료로 활용되어야 한다. 영유아 및 부모관리의 문서는 영유아의 모집으로부터 영유아 정보 기록 및 내용에 부모와 교사가 참여하고 공유 · 관리하여 보육의 질을 향상시킬 수

있는 자료로 활용하고 이를 수행하는 데 필요한 시간과 노력을 최소화하고 효율화하는 데 역점을 두어야 한다.

2020년부터 어린이집에서는 전자출결시스템을 통해 모든 원아에 대해 아동명, 출석일, 등 · 하원 시간이 포함된 보육통합정보시스템 전자출석부를 사용한다. 전자출석부에 기입되는 원아의 출결 상황을 바탕으로 기본 보육료와 연장보육료 지급이 결정되므로 항상 세심하게 기록하여야 한다. 어린이집 운영과 관련된 기록 및 문서를 기록하는 방법, 관리하는 방법, 보관하는 방법을 알고 이해하도록 한다.

(1) 어린이집 보관문서

어린이집에서는 「영유아보육법 시행규칙」 제23조, 보육사업안내 등에서 제시하는 문서를 비치하고 보관하여야 한다. 문서의 보관기간은 「공공기록물관리에 관한 법률 시행령」 제26조에 준하여 정하되 보육통합정보시스템과 회계관리시스템에서 전자문서로도 보관할 수 있다.

어린이집에서 작성하고 비치해야 하는 서류는 다음과 같다.

표 4-10 | 어린이집 관리문서 목록

구분	상시관리(50)	필요시 관리(34)	기록 확인 등(13)
1. 운영관리 (34)	이용신청자명부 출석부 생활기록부 입소순위증빙서류 영유아건강검진결과서 부모동의 및 조사서* 운영규정 운영일지* 폐쇄회로 설치 관련(8종) 개인정보보호 관련(2종)	상하위반편성신청서 시간연장보육 이용신청서 시간연장보육 실적확인서 24시간 어린이집 이용신청서 특수어린이집지정신청서(2종) 보육수요조사서* 폐쇄회로 미설치 관련(2종) 네트워크 카메라 설치 동의서	입소신청서 가정통신문* 알림장 운영안내서* 문서수 · 발신대장
2. 건강 · 안전(19)	통합안전점검표(일일/월간, 2종)* 안전교육 계획 및 보고서 비상대응훈련 계획 및 평가 비상연락체계(망) 수질검사성적표 소독증명서 식단표	놀이시설 설치검사결과서 통합버스 신고필증 통학버스 안전교육 확인증 차량 안전수칙 건축물 석면조사 결과서 실내 공기질 측정결과서 집단급식소 설치 및 운영신고서 영유아사고보고서 감염병발생현황 보고서	건강주치의제 협약서 투약의뢰 관련
3. 보육 교직원 관리(15)	보육교직원임면보고서식(증빙자료 포함) 근로계약서 복무규정 인사기록카드 건강검진결과서 보육교직원 관리대장 출근부	경력(재직)증명서 보육실습평가서 보육실습생신상카드 보육실습확인서 보수교육 교과목 수강면제 신청 보수교육 수료증	보육교직원 업무분장* (비상시 대처방안 포함) 보육교직원 교육 및 평가 관리 (전문성 강화 지원 관련)

구분	상시관리(50)	필요시 관리(34)	기록 확인 등(13)
4. 보육과정 운영(5)	보육일지* (주간 보육 계획안 활용)		보육 계획안(연간) 개별화 보육 관련(2종) 영유아 관찰 및 부모면담*
5. 회계 및 사무관리 (24)	세입예산서 세출예산서 세입세출 결산총괄 세입결산서 세출결산서 현금출납부 총계정원장 재산대장 비품관리대장 봉급대장 보육료대장 수입결의서 지출결의서 정부보조금명세서 보육료수납영수증	추가경정세입예산서 추가경정세출예산서 과목전용조서 위임장 반납결의서 예비비사용조서 인수인계서 차입금 관련 증빙서류 필요경비 정산내역	

※ (밑줄) 은 전산관리, (*) 는 간소화 서식제공 문서

(2) 어린이집 문서관리

어린이집에서의 문서관리는 다음과 같이 나눌 수 있다.

- 어린이집 유관기관과의 교류 및 보고를 위한 공문서의 수신발송 처리
- 인사관리, 원아관리, 재무관리, 보육과정 운영, 부모연계, 시설관리, 비품관리, 교재 · 교구관리 등에 필요한 문서 및 기안서 작성

공문서는 어린이집과 관련된 유관기관과 공식적으로 소통하고 사실관계를 확인하는 서류로 철저하게 작성하고 보관 · 관리하여야 한다. 공문발송 업무는 어린이집 담당자가 공문을 작성하고 원장이 결재한 후 발송대장에 기록하고 관련

기관에 발송한다. 이후 문서번호 순으로 원본을 보관한다. 수신 공문서는 담당자가 공문서를 수신하여 수신문서대장에 접수번호를 기록하고 원장이 결재한다.

어린이집 문서관리 절차는 다음과 같다.

문서등록 → 문서접수 → 문서정리 및 보존

그림 4-18 | 어린이집 문서관리 절차

첫째, 어린이집에서 기안하여 원장의 결재가 끝난 모든 문서는 발송된 시행날짜 순서대로 문서발송대장에 반드시 기입해야 한다.

둘째, 외부기관으로부터 어린이집에 접수되는 모든 문서는 문서접수대장에 접수번호를 기재하고 등재한 후 원장의 선결을 맡은 후 업무 담당자가 문서를 정리하고 보존한다.

셋째, 문서에 따라 보존기간이 다르므로 문서보관 기준에 따라 보관한다.

어린이집에서 갖추어야 할 장부 및 서류(영유아보육법 시행규칙 제23조 별표 8)에 대한 문서보존 기간

- 어린이집 연혁에 관한 기록부: 준영구 보존
- 재산목록과 그 소유를 증명하는 서류(부동산을 임차하는 경우에는 임대차 계약서를 포함): 준영구 보존
- 어린이집 운영일지: 3년 보존
- 어린이집종사자의 인사기록카드(채용구비서류, 이력서 및 사진을 포함): 준영구 보존
- 예산서 및 결산서: 5년 보존
- 총계정원장 및 수입 · 지출 보조부: 5년 보존

- 금전 및 물품출납부와 그 증명서류: 5년 보존
- 소속 법인의 정관 및 관계 서류: 준영구 보존
- 어린이집 이용신청자 명부 및 이용 영유아 연명부: 3년 보존
- 생활기록부, 영유아보육일지 및 건강진단카드: 졸업 후 3년
- 어린이집종사자의 인사 · 복무 및 어린이집 운영에 관한 규정 등: 준영구 보존
- 안전점검표: 1년 보존
- 그 밖에 어린이집 운영에 필요한 서류: 1년 보존

| **참고** |

작성 및 관리 요령 문서 수 · 발신 대장

- 보육통합정보시스템(CIS)을 통해 이루어지는 문서를 포함하여 어린이집에 들어오는 문서를 접수일자별로 기록 · 관리한다.
- 또한 접수자는 접수문서의 공개 · 비공개 등을 분류하여 보육교직원의 공람 여부를 확인할 수 있다.
- 보육통합정보시스템(CIS)을 통해 이루어지는 문서의 발송을 포함한 우편, 이메일, 팩스 등 어린이집에서 발송하는 일체의 문서를 기록 · 관리한다.

작성 및 관리 요령

번호	접수일자	문서번호	발신처	제 목	접수자	비고
1						
2						
3						
4						
5						
6						
7						

번호	접수일자	문서번호	발신처	제 목	접수자	비고
8						
9						
10						

출처: 중앙육아종합지원센터(2016)

어린이집에서는 관련 문서와 장부를 비치해야 하며(영유아보육법 시행규칙 제23조) 문서와 장부의 보존기간은 국가기준(공공기록물 관리에 관한 법률 시행령 제26조 제1항)에 따른다.

4) 어린이집 재무·회계관리

어린이집의 재무 · 회계에 관한 사항은 「사회복지법인 및 사회복지시설 재무 · 회계규칙」을 준수하고, 주요항목별 기준을 따라야 한다. 수입과 지출 시 수입결의와 지출결의 후에 현금출납부, 총계정 기록하고 청구서, 영수증, 지급내역서, 세금계산서 등의 관련 근거서류를 첨부하여야 한다. 어린이집 운영으로 발생하는 보육료 및 모든 수입은 수입 결의서를 작성하고 보육교직원의 급여, 교재 · 교구 구입, 어린이집 환경 개선에 균형 있게 사용하여야 한다.

어린이집의 수입과 지출만을 관리하는 통장은 별도의 어린이집 명의의 통장을 개설하여 사용해야 한다.

어린이집의 지출은 어린이집 명의의 계좌입금과 전용 카드(신용, 체크) 사용으로 하고, 지출할 때에 증빙자료(카드영수증, 현금영수증, 세금계산서) 등을 첨부해야 한다.

어린이집 재무회계 규칙에 의한 회계보고는 의무이므로 어린이집은 매월 보조금 신청시 보육통합정보시스템(CIS)에 입력해야 한다. 어린이집의 수입과 지출 항목 등 재무 · 회계 관련 자료를 전송해야 하며, 어린이집 원장은 보육교직원의 근로소득을 관할 세무서에 신고하여야 한다.

표 4-11 | 재무회계 총괄표

원칙	예산편성	예산집행	결산
관련 서류 항목	사업계획서 세입세출예산서 준예산 추가경정예산	현금출납부 총계정원장 봉급대장 보육료대장 비품관리대장 계좌입금증빙서류 수입 · 지출 결의서 반납결의서 과목전용조서 예비비사용조서 정부보조금 명세서	세입세출 · 결산 총괄 설명 세입 · 세출결산서 연도말 잔액증명 퇴직적립금 통장사본

| 참고 |

세 입 예 산 서

(단위 : 천 원)

<table>
<tr><th colspan="6">과목</th><th rowspan="2">예산액</th><th rowspan="2">전년도
예산액</th><th rowspan="2">증감</th><th rowspan="2">산출기초</th></tr>
<tr><th colspan="2">관</th><th colspan="2">항</th><th colspan="2">목</th></tr>
<tr><td rowspan="2">01</td><td rowspan="2">보육료</td><td rowspan="2">11</td><td rowspan="2">보육료</td><td>111</td><td>정부지원
보육료</td><td></td><td></td><td></td><td></td></tr>
<tr><td>112</td><td>부모부담
·
보육료</td><td></td><td></td><td></td><td></td></tr>
<tr><td rowspan="2">02</td><td rowspan="2">수익자
부담
수입</td><td>21</td><td>선택적
보육
활동비</td><td>211</td><td>특별활동비</td><td></td><td></td><td></td><td></td></tr>
<tr><td>22</td><td>기타
필요경비</td><td>221</td><td>기타 필요경비</td><td></td><td></td><td></td><td></td></tr>
</table>

과목						예산액	전년도 예산액	증감	산출기초
관		항		목					
03	보조금 및 지원금	31	인건비 보조금	311	인건비 보조금				
		32	운영 보조금	321	기본 보육료				
				322	공공형 운영비				
				323	기타 지원금				
		33	자본 보조금	331	자본보조금				
04	전입금	41	전입금	411	전입금				
		42	차입금	421	단기 차입금				
				422	장기 차입금				
05	기부금	51	기부금	511	지정후원금				
				512	비지정후원금				
06	적립금	61	적립금	611	적립금 처분 수입				
07	과년도 수입	71	과년도 수입	711	과년도 수입				
08	잡수입	81	잡수입	811	이자수입				
				812	기타 잡수입				
09	전년도 이월액	91	전년도 이월액	911	전년도 이월금				
				912	전년도 이월사업비				

* 2020년 예산서 작성은 「2020년 보육사업안내」의 개정과목을 따르되, 전년도 예산액은 개정된 과목에 따른 기재가 어려울 경우 한 개 과목에 통합하여 기재 가능

출처: 중앙육아종합지원센터(2016)

| 참고 |

세 출 결 산 서

(단위 : 원)

과목						예산액	예산 현액	지출액	잔액	비고
관		항		목						
100	인건비	110	원장 인건비	111	원장급여					
				112	원장수당					
		120	보육교직원 인건비	121	보육교직원 급여					
				122	보육교직원 수당					
		130	기타인건비	131	기타인건비					
		140	기관부담금	141	법정부담금					
				142	퇴직금 및 퇴직적립금					
200	운영비	210	관리 운영비	211	수용비 및 수수료					
				212	공공요금 및 제세공과금					
				213	연료비					
				214	여비					
				215	차량비					
				216	복리후생비					
				217	기타운영비					
		220	업무 추진비	221	업무추진비					
				222	직책급					
				223	회의비					

과목						예산액	예산 현액	지출액	잔액	비고
관		항		목						
300	보육 활동비	310	기본보육 활동비	311	교직원 연수연구비					
				312	교재 · 교구 구입비					
				313	행사비					
				314	영유아복리비					
				315	급식비					
400	수익자 부담경비	410	선택적 보육 활동비	411	특별활동비					
		420	기타필요경비	412	기타필요경비					
500	적립금	510	적립금	511	적립금					
600	상환 · 반환금	610	차입금 상환	611	단기차입금 상환					
				612	장기차입금 상환					
		620	반환금	621	보조금반환					
				622	보호자반환					
				623	법인회계 전출금					
700	재산 조성비	710	시설비	711	시설비					
				712	시설장비 유지비					
		720	자산구입비	721	자산취득비					
800	과년도지출	810	과년도지출	811	과년도지출					
900	잡지출	910	잡지출	911	잡지출					
1000	예비비	1010	예비비	1011	예비비					

| 참고 |

현금출납부(시설용)

200　　년　　월

담당자	주임	원장

연월일	계정과목	적요	수입금액	지출금액	차인잔액
		(전월누계) · · ·			

210mm×297mm(일반용지 60g/㎡(재활용품))

출처: 중앙육아종합지원센터(2016)

| 참고 |

총계정원장(시설용)

계정과목 :

계정명	연 월 일	적 요	수 입	지 출	차인잔액

210mm×297mm(일반용지 60g/㎡(재활용품))

CHAPTER 04

연습문제

01 **다음 문장을 읽고 진위를 ○, ×로 표시하시오.**

1) 영유아가 자율적이고 주도적인 놀이를 할 수 있도록 환경을 구성한다. (　　)

2) 2020년부터 어린이집에서는 전자출결시스템을 통해 원아에 대해 아동명, 출석일, 등 · 하원 시간이 포함된 보육통합정보시스템 전자출석부를 사용한다. (　　)

3) 어린이집 문서관리 절차는 문서등록 → 문서접수 → 문서정리 및 보존으로 이루어진다. (　　)

4) 영아를 위한 보육실은 1층에 우선적으로 배치한다. (　　)

5) 어린이집 폐쇄회로 텔레비전 설치기준에서 저장장치는 영상정보를 30일 이상 저장할 수 있는 용량을 갖춘 것으로 한다. (　　)

02 **다음 질문에 간단히 답하시오.**

1) 어린이집 환경의 3요인을 쓰시오.

(　　　　　　　　　　　　　　　　　)

2) 영아반 환경구성의 원리를 쓰시오.

(　　　　　　　　　　　　　　　　　)

3) 유아반 놀이공간구성의 원리를 쓰시오.

(　　　　　　　　　　　　　　　　　)

CHAPTER

05

영유아의 건강 · 영양 및 안전

영유아가 건강하고 안전하게 생활할 수 있도록 지원하는 것은 영유아의 기본적인 권리와 삶의 질을 보장하는 필수 요건이다. 영유아의 건강한 성장발달을 위해서는 양질의 급 · 간식 제공과 적절한 식생활지도가 이루어져야만 한다. 보육교사는 영유아를 신체적 상해 없이 건강하게 보호하는 것뿐만 아니라 방임, 학대 등과 같은 정서적 문제로부터도 안전하게 보호하여야만 한다. 또한 어린이집에서는 실내외공간을 청결히 하고, 영유아로 하여금 위생적인 생활습관을 갖도록 지도하며, 질병의 예방관리를 함으로써 보다 건강한 생활을 할 수 있도록 해야만 한다(한국보육진흥원, 2020).

5장에서는 영유아의 건강 · 영양 및 안전관리에 대해 살펴보고자 한다.

학습 목표

1. 영유아 건강교육의 개념과 개인위생의 중요성을 이해하고, 감염성 질환의 예방 및 관리 등 건강교육 내용을 이해한다.
2. 영유아 영양의 중요성을 이해하고, 균형적인 식사 제공과 올바른 식습관 형성을 위한 영양교육 내용을 이해한다.
3. 영유아 안전의 중요성을 이해하고, 이를 위한 예방법과 안전관리 및 안전교육 등의 내용을 이해한다.

1. 영유아의 건강관리

영유아는 성인에 비해 면역체계가 상대적으로 취약하여 쉽게 질병에 노출될 수 있다. 이를 예방하기 위해서는 개인의 기본생활습관과 건강위생관리뿐만 아니라 보육환경의 위생을 점검·관리하는 것이 중요하다. 영유아의 건강관리는 영유아에 대한 건강정보의 수집과 주의 깊은 관찰 및 정기검진을 통해 이루어질 수 있다. 이를 위해 부모와 어린이집은 영유아 건강 정보를 공유하고 함께 협력하여야 한다.

여기에서는 영유아의 건강 관찰과 건강검진, 청결 및 위생관리, 감염병 관리, 건강교육 등에 대해 알아보기로 한다.

1) 영유아의 건강 관찰과 건강검진

영유아의 신체적 건강, 정서적 상태를 파악하기 위해 교사는 매일 등원시 영유아의 건강상태를 관찰한다. 부모가 알려주는 영유아의 건강상태에 대한 정보 또한 확인한다. 어린이집에서는 정기적인 영유아 건강검진을 가정에 안내하고, 신체 계측을 실시하여 그 결과를 기록하여야 한다.

(1) 일일 건강 관찰

교사는 영유아의 등·하원 시 그리고 일과가 진행되는 동안 영유아의 기분과 상태가 어떠한지를 살펴보고 관찰하여야 한다. 아이의 표정과 몸의 이상증상, 체온계를 통한 열 측정을 통해 신체이상 여부를 발견하고 적절한 치료로 연결될 수 있도록 한다. 이를 통해 건강이 악화되는 것을 예방하고 감염병을 예방할 수 있다.

(2) 건강정보의 수집 및 건강검진

교사는 영유아의 기본정보사항으로 어린이집의 입소 전후 병력, 표준예방접종, 알레르기 여부 등에 관한 내용을 수집하고 참고할 수 있도록 생활기록부에 기록해 두어야 한다. 이는 영유아의 건강에 관한 주의관찰과 적절한 대응을 할 수 있도록 한다.

생 활 기 록 부 (영아)

1. 인적사항

<table>
<tr><td colspan="2">어린이집 명</td><td colspan="4"></td></tr>
<tr><td rowspan="3">아
동</td><td>이 름</td><td colspan="2">(한글)
(한자)</td><td>성 별</td><td>남 · 여</td><td rowspan="3">사진
(3×4cm)</td></tr>
<tr><td>생년월일</td><td colspan="2"></td><td>입 · 퇴소일</td><td>입소
퇴소</td></tr>
<tr><td>주 소</td><td colspan="2"></td><td>혈액형</td><td></td></tr>
<tr><td rowspan="3">보
호
자</td><td>아동과의 관계</td><td>부</td><td colspan="2">모</td><td colspan="2">기타</td></tr>
<tr><td>이 름</td><td></td><td colspan="2"></td><td colspan="2"></td></tr>
<tr><td>전화번호</td><td></td><td colspan="2"></td><td colspan="2"></td></tr>
</table>

2. 기본생활습관 및 발달상황

<table>
<tr><td colspan="2">연령
영역</td><td>0세</td><td>1세</td><td>2세</td></tr>
<tr><td rowspan="3">기본
생활
습관</td><td>수면</td><td></td><td></td><td></td></tr>
<tr><td>배변</td><td></td><td></td><td></td></tr>
<tr><td>식사</td><td></td><td></td><td></td></tr>
<tr><td rowspan="5">활동
발달</td><td>신체운동</td><td></td><td></td><td></td></tr>
<tr><td>사회관계</td><td></td><td></td><td></td></tr>
<tr><td>의사소통</td><td></td><td></td><td></td></tr>
<tr><td>자연탐구</td><td></td><td></td><td></td></tr>
<tr><td>예술경험</td><td></td><td></td><td></td></tr>
</table>

3. 건강진단

연령	실시여부	실시일자	실시기관	비고
0세				□ 영유아건강검진 (차수 : ____________차) □ 영유아건강검진 외 □ 미실시 (사유 : _________________, 고지횟수 – 일자 : ________________)
1세				□ 영유아건강검진 (차수 : ____________차) □ 영유아건강검진 외 □ 미실시 (사유 : _________________, 고지횟수 – 일자 : ________________)
2세				□ 영유아건강검진 (차수 : ____________차) □ 영유아건강검진 외 □ 미실시 (사유 : _________________, 고지횟수 – 일자 : ________________)

※ 실시 여부 표시: 실시의 경우 ○, 미실시의 경우 ×

※ 비고: 해당 항목 체크 및 내역 기재

4. 병력기록

병명	질병 발생 연월일 및 질병의 정도	
	입소 전	입소 후

5. 신체발달상황

측정시기 / 구분								
신장(cm)								
몸무게(kg)								
측정자								

비고: 18개월 미만의 영아는 3개월마다 그 이상의 영아는 6개월마다 측정 · 기록한다.

기록관리자

그림 5-1 | 영아생활기록부 서식

출처: 보건복지부(2021b)

2) 청결 및 위생관리

영유아가 단체생활하는 어린이집은 영유아에게 중요한 양육 환경으로서 실내외공간의 청결 관리와 영유아의 위생관리를 통해 건강의 기초를 유지하여야 한다. 이를 위해 어린이집에서 점검해야 할 사항은 다음과 같다.

- 어린이집 내부의 쾌적한 공기 질을 유지하기 위해 수시로 환기 및 청소 등을 해야 한다. 보육실 내 적정한 온도와 습도를 유지하며 가습기나 에어컨 필터는 자주 관리하여 공기가 오염되지 않도록 하여야 한다. 미세먼지로 인해 공기청정기를 사용하는 경우에도 필터는 정기적으로 세척하여야 한다.
- 영유아가 사용하는 화장실과 세면장은 정기적인 청소와 소독을 통해 청결히 관리하여야 한다. 영유아 미끄럼 방지를 위해 세면장 및 화장실 바닥은 건조한 상태를 유지하며 수건과 비누, 휴지가 늘 비치되어 있어야 한다.
- 영유아가 마시는 물은 깨끗한 음용수로 준비하며 청결하게 개인 컵을 사용하여야 한다. 공통의 컵을 쓰는 경우 사용 전과 후로 구분하여 관리되어야만 한다. 정수기 물을 사용하는 경우 정기적인 필터 교환 등으로 수질을 관리해야 한다.
- 영유아가 사용하는 이불과 요, 베개는 정기적으로 세탁하여 청결한 상태로 관리되어야 한다. 잘 세탁된 침구는 오염되지 않도록 이불장에 잘 보관하여야 한다.
- 조리실이나 조리 공간의 경우에도 정기적인 소독과 청소를 실시하며 냉장고와 조리대 및 조리도구, 식기 등의 위생적 관리가 이루어져야 한다.

3) 감염병 관리

영유아는 면역력이 약할뿐더러 어린이집이라는 단체생활 속에서 감염성 질병에 노출될 확률이 높다. 어린이집에서는 감염병을 예방하고 관리하기 위해 영유아와 보육교직원의 정기적인 건강검진과 시기별 예방접종, 개인위생과 시설위생관리를 철저히 하여야만 한다. 아픈 아이가 발생할 경우를 대비하여 어린이집에서는 대응 관리 지침을 마련하는 등 체계적으로 갖추고 실천해 나가는 것이 중요하다.

일반적인 영유아 감염병 관리 수칙을 살펴보면 다음과 같다(보건복지부, 2021).

- 보육교사는 매일 등 · 하원 시 영유아의 건강상태를 주의 깊게 살펴본다.
- 영유아가 나타내는 증상(평소와 다른 행동, 기침, 발열, 식욕저하, 충혈, 설사, 잠만 자려고 한다거나 발진, 구토 등)을 유의하여 관찰한다.
- 전염성 질환이 의심되거나 감염된 영유아의 경우 어린이집으로부터 격리치료토록 조치한다. 가능한 아픈 영유아와 건강한 영유아를 격리하여 보호한다. 이때 가능한 한 명의 교사가 전담하여 아픈 영유아를 돌보는 것이 필요하며, 아픈 아이가 사용한 놀잇감은 사용 후 소독한다.
- 치료가 필요한 영유아에 대해서는 보호자와 협의하여 조치한다.
- 영유아에게 자주 발생하는 감염성 질환의 예방 및 관리에 관한 일반적 정보를 가정통신문 등을 통해 영유아 가정에 제공한다.

표 5-1 | 영유아에게 자주 발생하는 감염성 질환의 증상

종류	증상
수족구	• 발열, 식욕부진, 인후통으로 시작, 열이 나기 시작한 1~2일 후 구강 통증성 피부병변이 혀, 잇몸, 뺨의 안쪽에서 발생, 작고 붉은 반점으로 시작하여 물집, 궤양으로 발전하며, 가려움이 없는 피부발진이 손바닥, 발바닥에 나타남 • 잠복기 수일~수주
독감	• 38℃ 이상의 전신 증상(갑작스러운 고열, 두통, 근육통, 피로감)과 호흡기 증상(기침, 인후통, 가래 등) • 잠복기 수일~수주

종류	증상
수두	• 발진 발생 1~2일 전부터 권태감, 미열 동반, 24시간 내에 반점, 구진, 수포, 농포, 딱지의 순서로 진행 • 발진은 몸통, 두피, 얼굴에 발생하고 매우 가려움 • 잠복기 수일~수주
볼거리 (유행성 이하 선염)	• 발열, 두통, 근육통, 구토 등 증상을 보이다가 귀밑샘, 턱밑샘, 혀밑샘 등에 염증 발생 • 잠복기 수일~수주
홍역	• 발열, 기침, 콧물, 결막염, 구강 내 병변, 이후 홍반성 발진이 목 뒤, 귀 아래에서 시작하여 몸통, 팔다리 순서로 퍼짐 • 발진은 3일 이상 지속 • 잠복기 수일~수주
뇌염	• 두통, 발열, 오한, 구토, 의식저하, 혼미, 시력저하, 간질, 발작 등

출처: 보건복지부, 보육진흥원(2021a)

표 5-2 | 어린이집 내 영유아의 격리(등원 제한)가 필요한 경우와 격리 기간

종류	격리 기간
설사	• 설사를 마친 후 24시간
머릿니	• 첫 치료 시작 후 24시간
A형 간염	• 황달 시작 시점에서 7일간
농가진	• 항생제 사용 시작 시점에서 24시간
독감	• 증상 시작 후 5일간
홍역	• 발진 발생 후 5일간
뇌막염	• 의사에 의해 괜찮다는 판정을 받을 때까지
볼거리(유행성 이하선염)	• 볼이 붓기 시작한 시점에서 9일간

종류	격리 기간
백일해	• 항생제 사용 시작 시점에서 5일간 • 항생제 시작하지 않은 상황이면 3주간
폐렴	• 의사에 의해 괜찮다는 판정을 받을 때까지
풍진	• 발진 발생 후 7일간
옴	• 치료 시작 시점에서 24시간
성홍열	• 항생제 사용 시작 시점에서 24시간
이질	• 대변 검사에서 2회 연속 음성인 경우
결핵	• 결핵 전문 소아청소년과 상담
구토	• 구토가 멎을 때까지
수두	• 발진 발생 후 5일 • 더 이상 생기지 않고 딱지가 다 생길 때까지

출처: 어린이집안전공제회(2021)

4) 건강교육

영유아기의 건강관리를 위해서는 영아기부터 손 씻기 등의 개인 위생의 기초를 반복해서 알려주는 건강교육이 중요하다. 건강교육을 통해 영유아는 감염병을 예방하고 스스로의 건강한 생활습관을 형성해 나갈 수 있을 것이다.

(1) 이 닦기

건강한 치아를 위해 영유아에게 매일 이를 닦는 습관을 길러주는 것이 필요하다. 이를 위해서는 영유아에게 이 닦는 방법을 알려주어야 하며 정기적인 치과 검진을 통해 치아를 지속적으로 관리해주고, 치아 건강에 안 좋은 음식을 구분할 수 있도록 하는 것이 중요하다.

0세 영아는 이가 나기 전이라면 수유 후 가제 손수건에 끓였다 식힌 물을 살짝 적셔 잇몸을 닦아 준다. 이가 나기 시작하면 손가락 칫솔이나 실리콘 칫솔에 영아용 치약을 살짝 묻혀 잇몸을 고르게 마사지하고 이를 닦아주도록 한다. 영유아의 경우 부드러운 개인 칫솔과 개인 컵을 준비하여 이 닦는 법을 시범적으로 보여준다. 2세 영아의 경우, 칫솔을 입안에 넣어서 겨우 닦는 동작을 할 수 있을 정도이나, 영아가 스스로 양치질을 하도록 격려하고 뒷마무리는 교사가 도움을 준다. 유아의 경우 치아모형과 칫솔모형 교구를 교실 내에 제공하여 이 닦는 방법을 배워보고 치아관리의 필요성에 대해 이야기를 나누어 보도록 할 수 있다.

(2) 손 씻기

영유아기 중요한 질병 예방법 중 하나는 바로 손 씻기다. 손이 더러워지거나, 음식물을 먹기 전 등 영유아와 교사는 수시로 손 씻기를 일상화하여야 한다. 비누 세정제를 통해 영유아가 골고루 손을 씻도록 지도하여야 하며, 규칙적인 손 씻기 습관을 형성하도록 하기 위해서는 교사 또한 중요한 손 씻기 모델이 되어야 한다. 손 씻기의 중요성, 바르게 손 씻는 방법, 손을 씻어야 할 때를 반복적으로 알려 지도하여야 한다. 이를 위해 세면대 위에 손 씻기 방법이 그려진 그림 자료를 붙여둔다.

표 5-3 | 영유아와 교사가 반드시 손을 씻어야 하는 상황의 예

영유아가 손을 씻어야 하는 상황
• 음식을 먹기 전(점심식사, 오전 · 오후 간식 전) • 바깥놀이 후 • 대소변 이후 • 기타 – 손이 더러워진 경우 – 애완동물을 만진 후 – 콧물 등 신체분비물을 만진 후 등

교사가 손을 씻어야 하는 상황

- 영유아에게 음식을 먹이기 전(점심, 오전 · 오후 간식 전)
- 음식을 다루거나 먹고 마실 때
- 바깥놀이 후
- 변기사용 후, 기저귀를 갈아주거나 영유아의 변기사용을 도와준 후
- 기타
  - 투약하기 전(특히 안약 투약 전)
  - 상처를 소독하거나 밴드를 붙이기 전
  - 애완동물을 만진 후
  - 쓰레기통을 만지거나 사용한 후
  - 콧물 등 신체분비물을 만진 후
  - 손이 더러운 경우 등

출처: 보건복지부, 한국보육진흥원(2021b)

(3) 배변훈련

화장실을 사용하는 시기의 영유아에게는 옷을 내리고 입는 과정뿐만 아니라 변기와 휴지의 사용법, 배변 후 뒤처리하는 방법, 배변 후 물을 내리는 것을 알려준다. 그리고 배변 후에는 반드시 손을 씻도록 지도한다. 교사는 영유아의 화장실 사용에 있어 느긋하여야 하며, 영유아의 실수에 보다 허용적이어야 한다. 이를 위해 보육실에 개인 여벌 옷을 준비해 두는 것이 필요하다.

(4) 낮잠과 휴식

영유아기에는 충분한 수면과 휴식 시간이 필요하다. 이는 활기찬 오후 활동을 위해 필요한 일과 활동이다. 충분한 휴식을 통해 영유아는 심신의 피로를 회복하며, 건강을 유지시키고 기운을 재충전하여 다음 활동으로 이어갈 수 있도록 돕는다.

영아의 경우 하루에 2~3시간의 낮잠을 자게 하는 것이 좋다. 이를 위해 창문에 커튼을 치고, 자장가 등의 음악을 제공하는 등 쉽게 잠들 수 있는 환경과 분

위기를 제공한다. 영유아에 따라 수면의 개인차가 존재하므로, 낮잠자기를 원하지 않는 경우 다른 영유아를 방해하지 않도록 다른 영역에서 조용한 활동을 하거나 휴식을 취하도록 지도한다.

영유아가 낮잠을 자는 동안에 교사는 보육실을 떠나지 않아야 하며, 영유아의 수면활동을 계속 살펴보아야 한다.

2. 영유아의 영양관리

영유아기는 신체 및 두뇌발달이 가장 활발하게 이루어지므로 적절한 영양의 섭취는 영유아의 성장발달에 매우 중요하다. 이 시기는 정서발달 및 사회성 형성에 큰 영향을 미치는 평생의 식습관이 형성된다. 따라서 어린이집에서는 영양이 풍부하고 안전한 급식을 제공하여야 하며 올바른 식습관을 형성하고 비만을 예방할 수 있는 영양관리 등이 이루어져야 한다.

여기에서는 영양관리, 급식위생관리, 영양교육 및 어린이집 건강 · 영양 지침에 대해 알아보기로 한다.

1) 영양관리

성장기에 있는 영유아를 위한 영양관리는 그 무엇보다 중요하다.

(1) 영아기 영양

- 영아의 성장속도는 어느 시기보다 빠르다. 생후 4~6개월에 출생 체중의 2배,

12개월에는 출생 체중의 3배, 출생 신장의 2배가 된다.

- 5~6개월까지는 모유나 조제유로 필요한 에너지와 영양소를 얻을 수 있지만, 그 후에는 이유식으로 바꾸는 영양공급의 변화가 필요하다.
- 영아기에 공급되는 에너지와 단백질 등 각종 영양소의 양은 적절한 성장과 발육을 촉진하기 위하여 충분하게 공급하되 영아의 소화와 배설능력을 초과하지 않아야 한다(식품의약품안전청, 2021).

(2) 유아기 영양

- 유아기 성장속도는 영아기에 비해 비교적 완만하나 성장발육은 여전히 왕성하므로 단백질, 무기질, 비타민 요구량이 증가한다.
- 유아기를 통해 어린이의 사회화가 계속적으로 이루어지며 또래집단의 식사습관은 유아에게 크게 영향을 미친다. 이는 유아의 건강과도 직접적으로 연관되며 평생의 식습관 형성에 영향을 미치게 된다.
- 유아는 영아에 비해 식욕이 감소하거나 불규칙한 경우가 흔하며 음식에 대한 관심이 적어진다. 유아가 음식에 흥미가 떨어지면 다양한 종류의 영양가 있는 음식을 제공하고 쾌적한 식사 환경을 조성한다. 이때 음식 선택과 섭취를 강요해서는 안 되며, 다양한 식품의 종류와 색, 모양 등에도 신경을 쓰면 유아의 창의력과 정서발달에도 도움을 줄 수 있다(육아정책연구소, 한양대학교, 2017).
- 최근 유아기의 영양문제는 소식과 편식으로 인한 영양결핍의 문제와 과식으로 인한 영양과잉 또는 비만의 문제로 양분되어 있다. 유아는 아직 음식의 섭취량을 스스로 조절 · 관리할 능력이 없으므로 부모와 어린이집의 역할이 무엇보다 중요하다.

(3) 어린이집의 급식

- 어린이집의 장은 영유아에게 균형 있고 위생적이며 안전한 급식을 제공하

여야 한다. 영유아급식의 경우 점심 1식과 간식 2회를 제공하며, 급식은 영유아의 정상적인 발달에 필요한 영양을 섭취할 수 있도록 영양사가 작성한 식단에 의하여 공급한다.

- 100인 미만 어린이집의 경우에는 「어린이 식생활안전관리 특별법」 제21조에 따른 어린이급식관리지원센터에 등록하고, 인근 육아종합지원센터, 보건소 및 어린이급식관리지원센터 등의 영양사 지도를 받아 식단을 작성해야 한다.
- 영유아가 100인 이상을 보육하는 어린이집은 영양사 1인을 두어야 하며, 영양사는 영유아의 건강 영양 및 위생을 고려하여 어린이집의 급 · 간식을 전담 · 관리해야 한다.
- 급식은 어린이집에서 직접 조리하여 공급하는 것을 원칙으로 한다. 다만, 현장학습 등 어린이집에서 직접 제공하기 어려운 경우에는 학부모에게 급식(외부음식) 제공에 대해 미리 고지 · 안내하여 학부모의 동의를 거칠 때에는 직접 조리하여 제공하지 않아도 된다.
- 영유아의 연령의 특성을 고려한 급 · 간식(크기, 맛, 조리형태 등)을 제공해야 한다. 급 · 간식으로 제공되는 음식물은 조각이 크지 않아 쉽게 먹을 수 있어야 하며, 지나치게 뜨겁거나, 차갑거나, 맵고 짜지 않게 조리되어 자극적이지 않아야 한다. 영아에게 제공되는 이유식(고형식)은 영아가 쉽게 먹을 수 있는 크기로 음식조각이 작게 조리되어 제공되어야 한다.
- 기타 특별한 음식을 필요로 하는 영유아에게는 보호자(부모 등)의 의사를 반영하여 음식을 제공한다. 즉, 입소 시 보호자 면담 등을 통해 식품 알레르기 여부를 확인하여 급식 · 간식제공 시 알레르기 유발 식품이 제공되지 않도록 주의하여야 한다(보건복지부, 2020a).
- 과다한 당 성분과 나트륨 과다 섭취는 비만과 각종 성인병을 일으킨다. 따라서 영유아기의 건강한 식단구성을 위해 당과 나트륨의 저감화가 이루어져야 한다. 화학조미료가 과량 함유된 가공식품의 선택은 나트륨의 함량이 높아 주의해야 한다.

출처: 육아정책연구소, 한양대학교(2017)

<나트륨 줄이는 방법>

- 식품은 되도록 자연식품으로 섭취하는 습관을 갖도록 해야 한다.
- 과일과 채소를 충분히 섭취하면 나트륨의 체내 배설을 촉진시킬 수 있으므로 과일과 채소를 충분히 제공한다.
- 가공식품 구입 또는 사용 전 영양표시에서 나트륨 함량을 확인한다.
- 짠맛의 국이나 찌개, 물김치 등은 국물을 항상 남기는 습관을 갖도록 한다.
- 소금량이 많은 외식이나 인스턴트식품의 섭취를 자제시킨다.
- 식탁 위에는 추가 간을 하지 않기 위해 소금이나 간장을 놓지 않도록 한다.
- 간식은 빵이나 과자보다는 과일이나 우유로 제공한다.
- 라면, 어묵, 햄, 소시지, 감자칩 등의 가공식품을 적게 먹도록 한다.

<당 줄이는 방법>

- 과자, 사탕, 아이스크림 같은 단 음식을 적게 제공한다.
- 콜라, 사이다 등 가공식품보다는 과일 등의 자연식품을 제공한다.
- 가공식품을 구입할 때는 영양성분표를 확인하고 당 함량이 적은 식품을 선택한다.
- 조리시 과다한 물엿이나 설탕의 사용을 자제한다.
- 조림에 흔히 사용되는 물엿을 올리고당으로 바꾸어 사용하거나 신선한 과일이나 양파를 갈아 넣으면 첨가당을 줄이면서 맛은 좋게 할 수 있다.

출처: 육아정책연구소, 한양대학교(2017)

2) 급식위생관리

어린이집은 집단급식이 이루어지는 곳으로, 원장 및 급식을 조리 · 제공하는 보육교직원은 어린이집에서 식중독 환자가 발생하지 않도록 위생관리를 철저히 하여야 한다. 이를 위해 조리직원(영양사, 조리원)은 작업 전 건강상태를 확인하고 위생모, 위생복, 위생화를 착용하는 등 전반적인 위생관리 점검이 이루어져야 한다. 이때 장신구는 착용하지 않는다. 조리실 · 식품 등의 원료 및 제품 보관실 · 화장실 · 침구 등을 정기적으로 소독하고 항상 청결하게 관리한다.

영유아 급 · 배식을 담당하는 보육교사는 배식도구(집게, 가위 등)를 사용하고, 급 · 간식 전후로 청결한 행주를 사용하여 식탁(책상)을 닦는 등 위생적인 급 · 배식과정이 이루어지도록 하여야 한다. 또한 영유아가 마시는 컵, 젖병 등의 관리 또한 위생적으로 이루어지도록 한다.

3) 영양교육

영유아기의 영양교육은 음식에 대한 영양교육과 식생활지도로 나뉜다. 이를 통해 영유아는 영양과 건강에 대해 이해하고, 올바른 식생활 태도와 습관을 형성하게 된다.

(1) 음식에 대한 영양교육

영유아는 자신의 건강과 적절한 영양섭취를 위해 필요한 기초 영양 지식과 식생활 태도를 익히도록 할 필요가 있다. 영유아의 미각이나 음식에 대한 호기심을 고려하여 편식이나 결식이 우리 몸에 주는 영향을 이해하도록 지도한다. 다양한 음식들을 접하면서 좋은 이미지를 심어주고, 친근함을 갖게 함으로써 균형 잡힌 식생활을 할 수 있도록 교육하여야 한다. 영유아들이 싫어하는 음식이나 낯선 음식에 대한 거부반응은 연령별 식이 특징을 고려하여 단계적으로 서서히 고쳐지도록 하여야 한다.

표 5-4 | 영양교육의 예

영양교육 주제	활동 방법
생선을 자주 먹어요	생선의 비린 맛으로 인해 잘 먹지 않는 경우가 있다. 생선의 좋은 점을 알려주고, 생선과 친숙해질 수 있도록 생선과 관련된 동화를 들려준다. 낚시놀이를 하면서 생선과 친근감을 가질 수 있도록 유도하며, 생선을 이용한 요리를 그려보도록 한다.
채소와 과일을 많이 먹어요	과일과 채소 노래를 통해 호기심을 유발하고, 동영상을 통해 색깔 채소와 과일의 좋은 점을 알 수 있도록 한다. 다양한 채소와 과일을 색칠하고, 과일과 채소를 이용한 샌드위치 요리활동을 실시한다.
우유를 매일 먹어요	우유가 몸에 좋은 점을 알려주고 하루에 2컵 이상 마실 수 있도록 지도한다. 우유가 만들어지는 장면을 보며 흥미를 유발하고 우유 관련 노래를 따라부르며 행동을 실천하도록 유도한다.
건강 간식을 먹어요	우리 몸에 좋은 간식과 나쁜 간식을 알려주고, 나쁜 간식을 좋은 간식으로 바꾸어보는 연습을 하도록 한다. 이를 통해 건강한 간식을 선택해 보도록 한다.

출처: 식품의약품안전청(2011)

(2) 식생활지도

영유아기의 적절한 영양의 공급과 올바른 식습관 형성은 성인건강의 밑거름이 되는 매우 중요한 시기이다. 영유아의 식생활지도는 올바른 식습관과 음식에 대한 선호도를 갖게 한다. 또래와의 긍정적인 식생활을 통해 바람직한 식사태도를 갖출 뿐만 아니라 급식 효과 또한 높일 수 있다. 급·간식 시간과 일상생활 속에서 영유아에 대한 식생활지도를 반복적으로 실시한다. 보육교사는 영유아의 연령과 발달 수준, 개인적인 특성을 고려하여 식생활지도를 진행하여야 한다. 어린이집과 가정에서의 일관성 있는 식생활지도를 위해 유기적인 협력체제를 잘 유지해야만 한다.

(3) 식사예절

식사예절은 모든 예의범절의 기본이 되는 것으로 예부터 우리는 일상에서의 식사예절교육을 중요하게 여겨왔다. 영유아에게 음식의 소중함을 알고 감사하는 마음을 가지도록 하며, 식사 전후에 적절한 인사말을 하는 습관을 가지도록 지도한다. 예를 들어 식사 시 즐겁게 먹기, 바른 자세로 앉아서 먹기, 음식을 소리 내지 않고 잘 씹으며 먹기, 편식하지 않고 골고루 먹어보기, 식후에 함께 정리하기, 다른 사람에게 불쾌감이나 거부감을 주지 않도록 한다.

(4) 식사태도

식사 전에는 손을 깨끗이 씻고, 조용한 분위기를 유지하도록 한다. 자세를 바르게 하고 돌아다니며 먹지 않도록 지도한다. 정해진 시간 내 식사를 하면서 간단한 대화를 나누도록 한다. 영유아는 대 · 소근육 조절이 어려우므로 음식물을 흘리는 경우가 많음을 알고 허용한다. 자신이 사용한 식기와 수저는 스스로 정리하는 습관을 갖도록 지도한다. 식사 후에는 얼굴, 입술, 손 등을 깨끗이 닦도록 한다(육아정책연구소, 2017).

4) 어린이집 건강 · 영양 지침

(1) 영유아를 위한 식생활 지침

출생 1~2년 사이의 영아는 대부분 식품 알레르기가 발생하며, 다양한 종류의 음식에서 여러 가지 증상이 나타날 수 있다. 영유아의 경우 출생 후 식품 알레르기에 대한 반응이 없으나, 어린이집에서 처음 접하는 식품으로 인해 알레르기 반응이 나타날 수 있다. 어린이집에서는 식품 알레르기를 가진 영유아를 위하여 해당 지침을 마련하여야 한다. 식품 알레르기를 유발하기 쉬운 식품의 예를 안내하고, 어린이집 내 대체음식 제공이 이루어져야 한다고 부모에게 이를 안내하여야 한다. 또한 영유아의 올바른 식습관은 평생건강을 좌우한다. 영유아의 건강을 위해 지켜야 할 식생활 지침을 살펴보고자 한다.

영유아를 위한 식생활 지침

올바른 식습관은 평생 건강을 좌우합니다. 영유아의 건강을 위해 지켜야 할 식생활 지침을 실천합시다.

- 생후 6개월까지는 반드시 모유를 먹이자.
  - 초유는 꼭 먹이도록 합니다.
  - 생후 2년까지 모유를 먹이면 더욱 좋습니다.
  - 모유를 먹일 수 없을 경우에만 조제유를 먹입니다.
  - 조제유는 정해진 양대로 물에 타서 먹입니다.
  - 수유 시에는 아기를 안고 먹이며 수유 후에는 꼭 트림을 시킵니다.
  - 자는 동안에는 젖병을 물리지 않습니다.

- 이유보충식은 성장단계에 맞추어 먹이자.
  - 생후 4개월 이후 6개월 사이에 시작합니다.
  - 여러 식품을 섞지 말고 한 가지씩 시작합니다.
  - 신선한 재료를 사용하여 간을 하지 않고 조리해서 먹입니다.
  - 이유보충식은 숟가락으로 떠먹입니다.

- 유아의 성장과 식욕에 따라 알맞게 먹이자.
  - 일정한 장소에서 먹입니다.
  - 쫓아다니며 억지로 먹이지 않습니다.
  - 한꺼번에 많이 먹이지 않습니다.

- 곡류, 과일, 채소, 생선, 고기, 유제품 등 다양한 식품을 먹이자.
  - 과일, 채소, 우유 및 유제품 등의 간식을 매일 2~3회 규칙적으로 먹입니다.
  - 유아음식은 싱겁고 담백하게 조리합니다.
  - 유아음식은 씹을 수 있는 크기와 형태로 조리합니다.

그림 5-2 | 영유아를 위한 식생활 지침

출처: 보건복지부(2009a)

(2) 어린이집 평가제에서의 건강 · 영양 지표

어린이집에서 준수해야 하는 어린이집 평가지표의 건강과 영양 관련 항목을 살펴보고자 한다. 평가지표 3영역 건강 · 안전지표에서 '급 · 간식'과 '건강증진을 위한 교육 및 관리' 부분으로 나누어 세부 항목을 제시하고 있다.

표 5-5 | 어린이집 평가제 건강 · 영양 지표 및 평가 내용(급 · 간식)

3-2 급 · 간식	
3-2-1	영양의 균형을 고려한 급 · 간식을 제공하고 있다.
3-2-2	식자재의 구입 · 보관 및 조리공간을 위생적으로 관리하고 있다.
3-2-3	조리 및 배식과정을 청결하고 위생적으로 관리하고 있다.

출처: 보건복지부, 한국보육진흥원(2021b)

표 5-6 | 어린이집 평가제 건강 · 영양 지표 및 평가 내용(건강증진을 위한 교육 및 관리)

3-3 건강증진을 위한 교육 및 관리	
3-3-1	손씻기, 양치질 등 청결한 위생습관을 실천한다.
3-3-2	교사는 영유아의 건강상태를 살펴보고 적절하게 지원한다.
3-3-3	영유아와 보육교직원의 건강증진을 위한 예방관리와 교육을 실시한다.

출처: 보건복지부, 한국보육진흥원(2021b)

3. 영유아의 안전교육과 사고예방

안전이란 사고가 날 염려가 없는 편안하고 온전한 상태를 말한다. 그러나 안전이 편안하고 온전한 상태라고 해서 단지 사고나 재해가 발생하지 않는 상태만을 의미하는 것은 아니다.

우리가 살아가는 세상은 위험이 도처에 있을 수 있으므로 위험의 원인에 상해를 입지 않도록 잠재적 위험을 예측하고 사고를 예방할 수 있는 대책이 있을 때 안전한 상태라고 할 수 있다(박찬옥 외, 2020). 교사는 영유아의 안전을 위해 안전한 보육환경을 구성하고, 환경을 점검하여 사고를 예방하는 것이 중요하다. 또한 교사는 영유아가 안전에 필요한 지식과 주변의 위험요소를 파악하여 신중하게 행동하는 태도 및 위험한 요소를 제거하거나 위험한 상황에서 자신과 타인을 보호하는 행동을 할 수 있도록 교육하여야 한다.

여기에서는 영유아의 안전사고 유형, 어린이집에서의 안전사고 실태, 어린이집의 안전 법령과 안전관리, 영유아 안전교육, 어린이집에서의 사고예방을 위한 안전점검, 어린이집 안전사고 대비 및 대응에 대하여 알아보기로 한다.

1) 영유아의 안전사고 유형

영유아기에 발생하는 안전사고 유형을 예시하면 **표 5-7**과 같다.

표 5-7 | 영유아의 연령별 발생한 안전사고 유형

(단위: 건, %)

사고유형	발생 건(%)			
	영아(0~2세)	유아(3~5세)	6세 이상	계
계	8,368(36.7)	12,482(54.7)	1,952(8.6)	22,802(100)
넘어짐	2,565(30.7)	3,797(30.4)	547(28.0)	6,909(30.3)
물체에 부딪힘	2,109(25.2)	3,122(25.0)	456(23.4)	5,687(24.9)
사람과 부딪힘	255(3.0)	**1,090(8.7)**	222(11.4)	1,567(6.9)
꼬집음, 할큄	**664(7.9)**	488(3.9)	42(2.2)	1,194(5.2)
긁힘	338(4.0)	**578(4.6)**	89(4.6)	1,005(4.4)
물림-사람	519(6.2)	200(1.6)	9(0.5)	728(3.2)
당김	310(3.7)	331(2.7)	10(0.5)	651(2.9)
끼임	278(3.3)	312(2.5)	52(2.7)	642(2.8)
찔림	91(1.1)	437(3.5)	110(5.6)	638(2.8)
떨어짐	217(2.6)	291(2.3)	60(3.1)	568(2.5)
미끄러짐	151(1.8)	271(2.2)	45(2.3)	467(2.0)
눌림(압박)	126(1.5)	279(2.2)	50(2.6)	455(2.0)
이물질 삼킴(삽입) 및 흡입	104(1.2)	285(2.3)	53(2.7)	442(1.9)
화상	**196(2.3)**	189(1.5)	30(1.5)	415(1.8)
베임	76(0.9)	141(1.1)	39(2.0)	256(1.1)
물림-벌레 등	59(0.7)	153(1.2)	24(1.2)	236(1.0)
음식물 섭취	46(0.5)	104(0.8)	23(1.2)	173(0.8)
기타(해당 없음 등)	264(3.2)	141(3.3)	91(4.7)	769(3.4)

출처: 어린이집안전공제회(2020c)

영아의 경우 꼬집음, 할큄, 사람에게 물림, 화상이 유아 연령보다 높은 비율로 나타났다. 이는 영아의 탐색과 자기방어가 꼬집음과 할큄의 주된 원인으로 파악되며, 호기심이 많아 손으로 궁금한 것을 탐색하고 넘어지면서 상대방의 얼굴과 몸을 잡기 위해 반사적으로 손에 힘을 주게 되어 발생한다.

사람에게 물림은 영아들의 의사소통 방법이 언어보다 행동이 앞서므로 놀이 시 다툼이 일어날 때 순간적으로 친구의 얼굴이나 팔 등을 물게 되어 발생한다.

화상은 영유아가 주변 물건을 탐색하다 뜨거운 텀블러나 포트에 있는 뜨거운 물 등을 만지다가 화상 사고가 나는 경우가 대부분이며 이러한 안전사고는 성인의 부주의와 관련된 경우가 많다.

유아의 경우 영아보다 사람과 부딪힘, 긁힘 등의 안전사고 유형의 비율이 높게 나타났다.

긁힘은 교재교구, 책 모서리, 종이, 연필 등 긁힘의 주원인이 다양하게 파악된다. 유아에게 발생될 수 있는 긁힘 사고에 대한 인식을 할 수 있도록 물건의 사용 방법, 기본생활습관 등 교육과 지도를 통해 사고를 줄일 수 있도록 하여야 한다.

2) 어린이집에서의 안전사고 실태

영유아의 장소별 사고 현황을 살펴보면 82.4%는 어린이집 내에서, 17.6%는 어린이집 외부 장소에서 발생한 것으로 보이고 있다. 특히 안전사고는 64.3%가 보육실에서 가장 많이 발생하는 것으로 나타났다. 영유아의 안전사고 중 어린이집 외에서는 40.2%가 견학장소 및 공원, 38.7%가 인근 놀이터와 운동장에서 발생하였다.

표 5-8 | 장소별 영유아 사고 장소

어린이집 내(82.4%)			어린이집 외(17.6%)		
사고장소	건	비율	사고장소	건	비율
소계	18,785	100.0	소계	4,017	100.0
보육실	12,081	**64.3**	견학장소 · 공원	1,616	**40.2**
유희실(강당)	2,842	15.1	인근놀이터 · 운동장	1,554	38.7
놀이터 및 마당	1,788	9.5	길(등하원 및 이동 중)	391	9.7
복도 및 계단	819	4.4	실내 놀이터	376	9.4
화장실	690	3.7	기타*	80	2.0
현관	357	1.9			
식당 및 조리실	129	0.7			
기타	79	0.4			

*기타: 장소 불명확 등

출처: 어린이집안전공제회(2020c)

구체적으로 어린이집에서 안전사고가 발생하는 활동을 살펴보면 실내자유놀이(41.0%), 현장학습(20.4%)이 전체 안전사고의 61.4%를 차지한다. 영유아가 자유롭게 놀이가 진행되는 실내 자유놀이와 영유아의 활동이 어린이집 외부로 확장되는 현장학습의 경우, 다른 활동에 비해 사고 비율이 상대적으로 높으므로 항상 안전사고 예방에 주의를 기울여야 한다. 교사는 일상생활 속에서 영유아의 안전과 관련하여 민감하게 관찰하고, 영유아들이 안전한 생활이 습관화될 수 있도록 교육하는 것이 중요하다.

표 5-9 | 영유아 사고시 활동 내용

(단위: 건, %)

구분	발생(건)	비율(%)
계	22,802	100
실내 자유놀이	9,343	**41.0**
현장학습	4,653	**20.4**
정리정돈 및 전이	1,829	8.0
식사 및 간식	1,564	6.9
(대 · 소)집단활동	1,516	6.6
등원 및 귀가	1,236	5.4
화장실(손 씻기 · 양치) 가기	1,213	5.3
특별활동	920	4.0
낮잠	490	2.1
기타	38	0.2

출처: 어린이집안전공제회(2020c)

어린이집에서의 연령별 영유아 안전사고 현황을 살펴보면 만 2세가 24.1%로 가장 높게 나타났다.

표 5-10 | 연령별 영유아 안전사고 현황

(단위: 건, %)

구분	계	0세	만 1세	만 2세	만 3세	만 4세	만 5세	만 6세
사고 건수(건)	22,802	82	2,783	5,503	5,493	3,975	3,014	1,952
비율(%)	100	0.4	12.2	24.1	24.0	17.5	13.2	8.6

출처: 어린이집안전공제회(2020c)

표 5-11 | 성별 영유아 사고 현황

(단위: 건, %)

구분		2019년
계		22,802(100)
성별	남	13,873(60.8)
	여	8,929(39.2)

표 5-12 | 연령별 영유아 사고 현황

(단위: 건, %)

구분		2019년
계		22,802(100)
연령별	영아(0~만 2세)	8,368(36.7)
	유아(만 3~5세)	12,482(54.7)
	만 6세 이상	1,952(8.6)

출처: 어린이집 안전공제회(2020c)

성별로 안전사고 현황을 살펴보았을 때, 남아(60.8%)가 여아(39.2%)보다 사고율이 높게 나타났다. 그리고 운동량이 활발하게 나타나는 만 3~5세인 유아반에서의 사고율(54.7%)이 영아반(만 0~2세)반에서의 사고율(36.7%)보다 높게 나타났다.

3) 어린이집의 안전법령과 안전관리

어린이집에서의 안전을 위한 법령은 영유아와 보육교직원의 안전을 보장하기 위한 법적 근거가 된다.

(1) 어린이집 안전법령

어린이집에서 알아두어야 할 어린이집 시설 · 설비 및 안전에 관한 법령은 다음과 같다.

- 아동복지법
- 영유아보육법에 관한 법률
- 어린이안전관리법
- 어린이놀이시설 안전관리법
- 화재예방, 소방시설 설치 · 유지 및 안전관리에 관한 법률
- 실내공기질관리법
- 도로교통법
- 교통안전법

① 아동복지법

「아동복지법」(제3조)은 아동이 건강하게 출생하여 행복하고 안전하게 자라날 수 있도록 아동의 복지를 보장하는 것을 목적으로 한다. 「아동복지법」에서는 영유아의 안전과 관련하여 **표 5-13**과 같이 명시하고 있다.

표 5-13 | 아동복지법의 안전 관련 내용

조항	내용
제30조 안전기준의 설정	국가는 대통령령으로 정하는 바에 따라 아동복지시설과 아동용품에 대한 안전 기준을 정하고 아동용품을 제작 · 설치 · 관리하는 자에게 이를 준수하도록 하여야 한다.

조항	내용
제31조 아동의 안전에 대한 교육	① 아동복지시설의 장, 「영유아보육법」에 따른 어린이집의 원장, 「유아교육법」에 따른 유치원의 원장 및 「초 · 중등교육법」에 따른 학교의 장은 교육대상 아동의 연령을 고려하여 대통령령으로 정하는 바에 따라 매년 다음 각 호의 사항에 관한 교육 계획을 수립하여 교육을 실시하여야 한다. 1. 성폭력 및 아동학대 예방 2. 실종 · 유괴의 예방과 방지 3. 약물의 오남용 예방 4. 재난대비 안전 5. 교통안전 ② 아동복지시설의 장, 「영유아보육법」에 따른 어린이집의 원장은 제1항에 따른 교육계획 및 교육실시 결과를 관할 시장 · 군수 · 구청장에게 매년 1회 보고하여야 한다. ③ 「유아교육법」에 따른 유치원의 원장 및 「초 · 중등교육법」에 따른 학교의 장은 제1항에 따른 교육계획 및 교육실시 결과를 대통령령으로 정하는 바에 따라 관할 교육감에게 매년 1회 보고하여야 한다.
제33조 아동안전 보호 인력의 배치 등	① 국가와 지방자치단체는 실종 및 유괴 등 아동에 대한 범죄의 예방을 위하여 순찰 활동 및 아동지도 업무 등을 수행하는 아동안전 보호인력을 배치 · 활용할 수 있다. ② 제1항에 따라 순찰활동 및 아동지도 업무 등을 수행하는 아동안전 보호인력은 그 권한을 표시하는 증표를 지니고 이를 관계인에게 내보여야 한다. ③ 국가와 지방자치단체는 아동안전 보호인력으로 배치하고자 하는 사람에 대하여 본인의 동의를 받아 범죄경력을 확인하여야 한다. ④ 제1항에 따른 아동안전 보호인력의 업무범위 · 활용 및 제2항에 따른 범죄경력 확인의 절차 · 범위 등에 필요한 사항은 대통령령으로 정한다.

② 영유아보육법

「영유아보육법」은 영유아의 심신을 보호하고 건전하게 교육하여 건강한 사회 구성원으로 육성함과 아울러 보호자의 경제적 · 사회적 활동이 원활하게 이루어지도록 함으로써 영유아 및 가정의 복지 증진에 이바지함을 목적으로 한다. 「영유아보육법」과 시행규칙에 명시된 안전관리 법규의 내용은 **표 5-14**, **표 5-15**와 같다.

표 5-14 | 영유아보육법의 안전 관련 조항 및 내용

조항	내용
제15조의4 폐쇄회로 텔레비전 설치 등	어린이집을 설치 · 운영하는 자는 아동학대 방지 등 영유아의 안전과 어린이집의 보안을 위하여 「개인정보 보호법」 및 관련 법령에 따른 폐쇄회로 텔레비전(이하 "폐쇄회로 텔레비전")을 설치 · 관리하여야 함
제15조의5 영상정보의 열람금지 등	어린이집을 설치 · 운영하는 자는 제15조의4 제1항의 영상정보가 분실 · 도난 · 유출 · 변조 또는 훼손되지 아니하도록 내부 관리계획의 수립, 접속기록 보관 등 대통령령으로 정하는 바에 따라 안전성 확보에 필요한 기술적 · 관리적 및 물리적 조치를 하여야 함
제18조의2 보육교직원 책무	보육교직원은 업무를 수행함에 있어 영유아의 생명 · 안전보호 및 위험방지를 위하여 주의의무를 다하여야 함
제31조 건강관리 및 응급조치	어린이집의 원장은 영유아에게 질병 · 사고 또는 재해 등으로 인하여 위급 상태가 발생한 경우 즉시 응급의료기관에 이송하여야 함
제31조의2 어린이집 안전공제 사업 등	공제회에 가입한 어린이집의 원장은 공제사업의 수행에 필요한 출자금과 다음 각 호의 공제료 등을 공제회에 납부하여야 함. 다만, 제2호와 제3호의 공제료는 어린이집의 원장이 선택하여 납부할 수 있음 ① 영유아의 생명 · 신체에 대한 피해를 보상하기 위한 공제료 ② 보육교직원 등의 생명 · 신체에 대한 피해를 보상하기 위한 공제료 ③ 어린이집의 재산상의 피해를 보상하기 위한 공제료
제33조의2 어린이집 차량안전 관리	어린이집의 원장은 영유아의 통학을 위하여 차량을 운영하는 경우 「도로교통법」 제52조에 따라 미리 어린이통학버스로 관할 경찰서장에게 신고하여야 함

표 5-15 | 영유아보육법 안전 관련 시행령 및 시행규칙

구분	조항	내용
시행령	제20조의8 영상정보의 안전성 확보 조치	어린이집을 설치 · 운영하는 자는 법 제15조의5 제3항에 따라 영상정보의 안전성 확보에 필요한 다음 각 호의 조치를 하여야 함
시행규칙	제4조의2 보호자 교육	법 제9조의2에 따른 보호자 교육에는 다음 각 호의 사항이 포함되어야 함 ① 영유아의 성장 · 양육 방법 ② 보호자의 역할 ③ 영유아의 인권보호 및 아동학대 예방 ④ 가족윤리 및 예절 ⑤ 가족의 건강 · 영양 · 안전 등
	제9조 어린이집의 설치기준 등	어린이집의 설치기준(놀이터, 비상재해대비시설 및 폐쇄회로 텔레비전의 설치기준을 포함)은 별표 1과 같음
	제23조 어린이집의 운영기준	[별표 8] 어린이집의 원장은 「아동복지법」 제31조 제1항에 따라 매년 안전교육계획을 수립하여 보육 영유아에 대하여 안전교육을 실시한 후, 그 사실을 특별자치도지사 · 시장 · 군수 · 구청장에게 보고하여야 하며 보육교직원에게도 안전교육을 하여야 함

③ 어린이안전관리에 관한 법률(시행 2020. 11. 27)

「어린이안전관리에 관한 법률」은 영유아의 생명과 신체에 대한 위험을 예방하고 영유아의 안전을 확보하기 위한 사항을 규정함으로써 어린이가 행복하고 건강한 삶을 누릴 수 있는 환경을 조성하는 것을 목적으로 한다.

표 5-16 | 어린이안전관리에 관한 법률 관련 내용

조항	내용
제16조 어린이안전교육	어린이이용시설 관리주체는 종사자에게 응급처치 실습 등을 포함한 어린이안전교육을 실시하여야 함
제17조 어린이안전관리담당자	어린이이용시설 관리주체는 다음 각 호의 업무에 관하여 어린이안전관리 담당자를 지정하여야 함 ① 응급조치 수칙의 수립 및 교육에 관한 사항 ② 안전관리교육에 관한 사항

④ **어린이놀이시설 안전관리법**(시행 2021. 6. 23)

「어린이놀이시설 안전관리법」은 영유아가 안전하고 편안하게 놀이기구를 이용할 수 있도록 어린이 놀이시설의 설치 · 유지 및 보수 등에 관한 기본적인 사항을 정하고 어린이놀이시설을 담당하는 행정기관의 역할과 책무를 정하여 어린이놀이시설의 효율적인 안전관리 체계를 구축함으로써 어린이놀이시설 이용에 따른 어린이의 안전사고를 미연에 방지함을 목적으로 한다.

표 5-17 | 어린이놀이시설 안전관리법 관련 내용

조항	내용
제12조 어린이놀이시설의 설치검사 등	설치검사를 받은 시설에 대하여 2년에 1회 이상 안전검사기관으로부터 정기시설검사를 받아야 함(제2항)
	설치검사 및 정기시설검사에 합격되었음을 표시(제3항)
제15조 안전점검 실시	월 1회 이상 자체 안전점검 실시(제1항)
	안전점검 결과 해당 어린이놀이시설이 어린이에게 위해 우려가 있는 시설에 대해 이용금지하고 1개월 이내에 안전검사기관에 안전진단 신청(제3항)

조항	내용
제17조 점검결과 등의 기록 · 보관	안전점검 및 안전진단 결과 기록 보관(제1항) 안전관리자 변경 및 시설물 인도 후 3개월(제2항)
제20조 안전교육	안전관리자 변경 및 시설물 인도 후 3개월 이내에 안전관리자에게 안전교육을 받도록 하여야 하고 재교육은 2년에 1회 이상 받도록 해야 함
제21조 보험가입	시설을 인도받은 날부터 30일 이내에 사망 시 8천만 원까지 보상받을 수 있는 보험에 가입하여야 함
제22조 사고보고의무 및 사고조사	중대한 사고가 발생할 경우 관할 관리감독기관에 통보

⑤ **기타 법령**

표 5-18 | 기타 법령

법령	관련 내용
실내공기질 관리법	실내공기질 유지기준 준수, 실내공기질 관리에 관한 교육 이수 등
도로교통법	어린이집에서 통학차량을 운행하는 경우 운전자, 동승보호자 교육 관련
교통안전법	어린이집의 통학차량에 국토교통부령으로 정하는 기준에 적합한 운행기록장치를 장착하여야 함

(2) 어린이집 안전 지침

① 보육사업 안내의 안전관리 및 안전교육 지침

보건복지부(2020)의 보육사업 안내에서는 어린이집의 설치기준과 운영 등 전반적인 지침이 수록되어 있다. 어린이집 안전관리에서는 안전관리 원칙과 분야별 안전관리, 안전사고 예방 대책 등의 내용을 담고 있으며 어린이집에서의 안전관리는 물리적 환경에 대한 안전과 인적 환경에 대한 안전관리로 분류할 수 있다. 대부분 물리적 환경에 의한 안전사고는 시설이나 놀이기구에 의한 사고가 대부분이며, 인적 환경에 의한 안전사고로는 성인의 부주의에 의한 사고로 나타나므로 물리적 환경에 대한 안전관리와 인적환경에 대한 안전관리에 유념해야 한다.

표 5-19 | 어린이집에서의 안전관리(물리적 환경, 인적 환경)

구분	내용
물리적 환경에 대한 안전관리	• 어린이집의 보육교직원은 안전관리의 중요성을 인식하고 이를 실천하기 위하여 노력해야 함 • 원장은 『어린이집 통합안전점검표』(② 안전 분야)에 따라 매일, 매월 시설안전점검을 실시하여 화재·상해 등 위험발생 요인을 사전에 제거해야 함 • 100인 이상을 보육하는 어린이집은 어린이보호구역으로 지정·관리할 수 있음
인적 환경에 대한 안전관리	• (보육교직원 행동 지침) 어린이집 보육교직원은 영유아의 안전사고 예방을 위해 영유아에 대한 보호와 감독을 철저히 해야 함 • (안전관리 및 교육) 어린이집 보육교직원은 안전점검 방법 및 안전점검표의 활용법, 영유아의 발달단계 특성을 고려한 보호 및 안전교육 방법에 대해 숙지 • 어린이집 보육교직원은 영유아의 안전을 위해 영유아의 보호자와 상호 협력 • 어린이집에서는 영유아와 부모에 대한 안전교육을 시행 • 원장은 모든 보육교직원에 대해 안전교육을 실시하고, 관련 기관 등에서 전문적인 안전교육을 받을 수 있도록 조치

출처 : 보건복지부(2020a)

어린이집에서는 영유아뿐만 아니라 보육교직원과 부모를 대상으로 하는 안전교육을 계획하고 실시하도록 하고 있다.

표 5-20 | 대상별 안전교육(영유아, 보육교직원, 부모)

구분	내용
영유아에 대한 안전교육	• 영유아 스스로가 자신의 안전을 보호할 수 있는 능력과 기술을 가지도록 교육해야 함 • 어린이집의 장은 비상대응 계획을 작성하고, 소방 대피, 지진 대피, 폭설 대비 훈련을 포함한 다양한 유형의 재난 대비 훈련을 월 1회 실시해야 함 • 어린이집의 장은 보육대상 영유아의 연령을 고려하여 아동복지법령의 안전교육 기준에 따라 매년 안전교육 계획을 수립하여 교육을 실시하고, 계획 및 교육 실시 결과를 관할 시장 · 군수 · 구청장에게 매년 3월 31일까지 보고해야 함
보육교직원에 대한 안전교육	• 어린이집 보육교직원은 안전교육 지침 등을 숙지해야 하며, 시 · 도 및 시 · 군 · 구 등에서 안전 관련 교육을 시행할 때 적극 참여 및 이수해야 함(신규 교육대상자 우선 참여 유도) • 화재 등 긴급 사태에 대비한 계획수립 및 정기적인 점검 · 훈련을 실시해야 함
부모에 대한 안전교육	• 어린이집의 장은 영유아의 건강 · 위생, 아동학대, 안전, CCTV 열람 등과 관련된 내용을 포함하여 부모와 충분히 협의 · 고지해야 하며 안전, 아동학대예방 등 관련 교육에 부모가 참여할 수 있도록 해야 함

출처 : 보건복지부(2020a)

② 어린이집 평가제에서의 안전지표

한국보육진흥원에서는 어린이집 평가를 위해 어린이집 평가 매뉴얼(2020)의 평가지표를 마련하였다. 어린이집 평가제의 안전영역의 지표내용은 실내외 공간이 청결 및 안전, 등 · 하원의 안전, 안전교육과 사고예방으로 구분하여 평가한다.

표 5-21 | 어린이집 평가제 안전영역 지표 및 평가 내용(실내외 공간의 청결 및 안전)

3-1 실내외 공간의 청결 및 안전	
3-1-1	실내외 공간을 청결하고 쾌적하게 관리한다.
3-1-2	실내외 공간과 설비를 위험요인 없이 안전하게 관리한다.
3-1-3	실내외 공간의 놀잇감 및 활동자료와 위험한 물건을 안전하게 관리한다.

출처 : 한국보육진흥원(2020)

표 5-22 | 어린이집 평가제 안전영역 지표 및 평가내용(등 · 하원의 안전)

3-4 등 · 하원의 안전	
3-4-1	교사는 영유아의 출석을 확인하며 인계규정에 따라 귀가지도를 한다.
3-4-2	영유아는 등원부터 하원까지 성인의 보호 하에 있다.
3-4-3	등 · 하원용 차량을 운행할 경우 안전요건을 갖추어 관리한다.

출처 : 한국보육진흥원(2020)

표 5-23 | 어린이집 평가제 안전영역 지표 및 평가내용(안전교육과 사고예방)

3-5 안전교육과 사고예방	
3-5-1	영유아를 대상으로 안전교육을 지속적으로 실시하고 있다.
3-5-2	보육교직원은 안전교육을 받고 영유아 학대 예방 지침을 준수한다.
3-5-3	안전설비를 비상시 효율적으로 사용할 수 있도록 관리하고 있다.

출처 : 한국보육진흥원(2020)

4) 영유아 안전교육

(1) 제4차 어린이집 표준보육과정에서의 안전교육 내용

어린이집 표준보육과정은 0~5세 영유아를 위한 국가 수준의 보육과정이며 0~1세 보육과정, 2세 보육과정, 3~5세 보육과정(2019 개정 누리과정)으로 구성하고 있다. 제4차 어린이집 표준보육과정 목표 중 영유아의 안전에 대한 목표는 다음과 같다.

① 0~2**세 보육과정 안전 목표**

– 자신의 소중함을 알고, 건강하고 안전한 환경에서 즐겁게 생활한다.

표준보육과정은 영아가 자신의 소중함을 알고, 건강하고 안전하게 생활할 수 있도록 돕는 것을 목표로 한다. 영아는 놀이를 통해 몸을 마음껏 움직이며, 자신의 감정과 욕구에 귀를 기울여 조절하는 경험을 한다. 또는 영아에게는 일상에서 환경의 변화에 적응하는 데 필요한 건강하고 안전한 생활을 지속적으로 경험하는 것이 중요하다. 어린이집은 영아가 자신의 몸과 마음에 대한 긍정적인 생각을 키워, 자신을 소중히 여기는 사람으로 성장하도록 도와야 한다. 또한 영아가 자신의 신체리듬에 맞게 생활하고, 위험한 상황에 대처하는 방법들을 배울 수 있도록 지원해야 한다. 표준보육과정을 통해 영아는 자신의 소중함을 알게 되고, 건강하고 안전한 환경에서 즐겁게 생활하는 경험을 하며 건강한 사람으로 성장할 수 있도록 하고 있다.

② 3~5**세 보육과정**(2019 개정 누리과정) **안전 목표**

– 자신의 소중함을 알고, 건강하고 안전한 생활습관을 기른다.

표준보육과정은 유아가 자신의 소중함을 알고, 건강하고 안전하게 생활할 수 있도록 돕는 것을 목표로 한다. 유아는 놀이를 통해 몸을 마음껏 움직이며 자신의 감정과 욕구에 귀를 기울여 조절하는 경험을 한다. 유아에게는 일상에서 환경의 변화에 적응하는 데 필요한 건강하고 안전한 생활을 지속적으로 경험하는 것이 중요하다. 어린이집은 유아가 자신의 몸과 마음에 대한 긍정적인 생각을 키워, 자신을 소중히 여기는 사람으로 성장하도록 도와야 한다. 또한 유아가 자신의 신체 리듬에 맞게 생활하고, 위험한 상황에 대처하는 방법들을 배울 수 있도록 지원해야 한다. 표준보육과정을 통해 유아는 자신의 소중함을 알게 되고, 건강하고 안전한 생활습관을 기르는 경험을 하며 건강한 사람으로 성장할 수 있도록 한다.

(2) 영유아 안전교육 기준

어린이집의 원장과 보육교사는 아동복지법령의 안전교육 기준에 따라 매년 안전교육 계획을 수립하고 교육을 실시하여야 한다.

아동복지법의 5대 안전교육 기준은 성폭력 · 아동학대 예방교육, 실종 · 유괴의 예방 · 방지교육, 약물 오 · 남용 예방교육, 재난대비 안전교육, 교통안전교육으로 구분하고 실시주기에 해당하는 회수를 필수적으로 이행하여야 한다.

이밖에도 영유아들이 인터넷 과의존과 스마트폰 중독 현상에 대해 어린이집은 보육대상 아동에게 영유아의 인터넷 중독 예방 및 해소 관련 교육을 연 1회 실시하여야 한다(국가정보화기본법 제30조의8 제2항 및 동법 시행령 제30조의2 제2항에 의거).

표 5-24 | 안전교육 기준(아동복지법 제31조 및 같은 법 시행령 제28조)

구분	성폭력 · 아동학대 예방교육	실종 · 유괴의 예방 · 방지교육	약물 오용 · 남용 예방교육	재난대비 안전교육	교통안전교육
실시 주기 (총시간)	6개월 1회 이상 (연간 8시간 이상)	3개월 1회 이상 (연간 10시간 이상)	3개월 1회 이상 (연간 10시간 이상)	6개월 1회 이상 (연간 6시간 이상)	2개월 1회 이상 (연간 10시간 이상)
교육 내용	1. 내 몸의 소중함 2. 내 몸의 정확한 명칭 3. 좋은 느낌과 싫은 느낌 4. 성폭력 예방법과 대처법	1. 길을 잃을 수 있는 상황 이해하기 2. 미아 및 유괴 발생시 대처 방법 3. 유괴범에 대한 개념 4. 유인 · 유괴 행동에 대한 이해 및 유괴 예방법	1. 몸에 해로운 약물 위험성 알기 2. 생활 주변의 해로운 약물 · 화학제품 그림으로 구별하기 3. 모르면 먼저 어른에게 물어보기 4. 가정용 화학 제품 만지거나 먹지 않기 5. 어린이 약도 함부로 많이 먹지 않기	1. 화재의 원인과 예방법 2. 뜨거운 물건 이해하기 3. 옷에 불이 붙었을 때 대처법 4. 화재 시 대처법 5. 자연재난의 개념과 안전한 행동 알기	1. 차도, 보도 및 신호등의 의미 알기 2. 안전한 도로 횡단법 3. 안전한 통학 버스 이용법 4. 날씨와 보행 안전 5. 어른과 손잡고 걷기
교육 방법	1. 전문가 또는 담당자 강의 2. 장소 · 상황별 역할극 실시 3. 시청각교육 4. 사례 분석	1. 전문가 또는 담당자 강의 2. 장소 · 상황별 역할극 실시 3. 시청각 교육 4. 사례 분석	1. 전문가 또는 담당자 강의 2. 시청각 교육 3. 사례 분석	1. 전문가 또는 담당자 강의 2. 시청각교육 3. 실습교육 또는 현장 학습 4. 사례 분석	1. 전문가 또는 담당자 강의 2. 시청각교육 3. 실습교육 또는 현장학습 4. 일상생활을 통한 반복 지도 및 부모 교육

5) 어린이집에서의 사고예방을 위한 안전점검

영유아의 안전을 확보하기 위해 어린이집에서는 실내외 놀이 환경을 안전하게 구성하여 매주, 매월 정해진 날짜에 어린이집 전체를 다니면서 정기적으로 안전점검을 하여야 한다. 영유아들이 안전하게 놀이할 수 있는 어린이집 놀이환경을 위해 다음과 같이 어린이집 통합 안전점검표를 일별 · 월별로 확인하여 사전에 안전사고 발생요인을 제거하여 영유아 안전보호에 만전을 기해야 한다.

표 5-25 | 어린이집 통합안전점검표(일별)

(점검상태 : 양호○, 보통△, 불량×)

구분	점검항목	점검결과						조치사항
		/	/	/	/	/	/	
		월	화	수	목	금	토	
실외환경	– 어린이집 보호벽 및 주변의 관리 상태는 양호한가?							
	– 실외놀이공간 주변의 돌, 유리 조각, 요철, 녹이 슨 부분, 벗겨진 페인트, 돌출된 모서리가 방치되어 있지는 않은가?							
	– 놀이터 바닥에 오물, 방치된 물웅덩이가 없는가?							
실내환경	– 문과 창문 등의 추락 위험은 없는가?							
	– 바닥에는 다칠 수 있거나 미끄러운 곳이 없는가?							
	– 복도, 계단, 비상계단, 미끄럼대 등에 방치된 물건이 없어 피난계단, 미끄럼대 등을 사용하기에 양호한가?							
	– 보육용품이나 비품 유리창 등에 날카로운 모서리 등이 없는가?							

구분	점검항목	점검결과						조치사항
		/	/	/	/	/	/	
		월	화	수	목	금	토	
놀잇감 및 놀이기구	– 망가져 날카롭고 위험한 것 또는 부품이 빠지거나 작은 볼트 등이 빠진 것은 없는가?							
	– 유해 색소가 칠해진 놀잇감은 없는가?							
	– 영유아가 삼킬만한 작은 놀잇감이나 부품은 없는가?							
	– 놀잇감 및 놀이기구의 수납 상태가 양호한가?							
화장실 · 세면대	– 화장실 내 세제나 락스 등 위험한 물건이 영유아들의 손이 닿는 곳에 방치되어 있지 않는가?							
전기 · 화기 · 위험물	– 콘센트는 안전덮개로 보호되어 있는가?							
	– 화기에 의한 안전사고 위험은 없는가?							
	– 위험물에 의한 안전사고 위험은 없는가?							
	– 가스밸브와 가스중간밸브 잠금은 양호한가?							

출처: 중앙육아종합지원센터(2020)

표 5-26 | 어린이집 통합안전점검표(월별)

(점검상태 : 양호○, 보통△, 불량×)

구분	점 검 항 목	점검결과	조치사항
		월	
안전관리	- 안전관리의 책임 및 위기관리 체계가 적합한가?		
	- 일별 안전점검 체크리스트에 의해 관리되고 있는가?		
	- 응급전화번호 및 비상연락망 등이 잘 관리되고 있는가?		
실외 환경	- 어린이집 주변에 감전 위험은 없는가?		
	- 위험한 적치물, 축대 붕괴, 맨홀 등에 대한 위험은 없는가?		
실내 환경	- 모든 설비는 움직이거나 떨어지지 않도록 바닥과 벽면에 단단히 고정되어 있는가?		
	- 창문, 방충망의 상태는 안전한가?		
현관 · 통로 · 계단 · 비상구	- 출입문, 현관문 등의 안전장치는 정상 작동하는가?		
	- 계단, 통로 부분에 미끄럼 방지처리가 되어 있는가?		
	- 계단의 안전 상태는 양호한가?		
화장실 · 세면대	- 화장실 내 전기 콘센트 등 전기용품은 안전한가?		
	- 세면대의 고정 상태는 안전한가?		
실내외놀이 기구 및 공간	- 모든 놀이기구가 바닥에 안전하게 고정되어 있는가?		
	- 놀이 시설물의 상태(틈새나 간격)가 영유아의 몸에 끼이지 않는 넓이인가?		
	- 기초대, 지지대 등 매설 부분이 노출되지 않았는가?		
	- 모든 놀이기구 아래와 주위(안전지대)의 충격흡수재 성능은 양호한가?		

구분	점 검 항 목	점검결과	조치 사항
		월	
실내외놀이 기구 및 공간	– 보수가 필요한 놀잇감 및 놀이 기구가 방치되어 있는가?		
	– 놀이기구의 높이가 영유아에게 적합한가?		
	– 어린이제품 안전 특별법에 의한 안전검사(KC 인증 등)를 필한 제품인가?		
전기 · 가스 · 위험물 안전관리	– 전선, 콘센트, 플러그 등 손상된 부분은 없는가?		
	– 한 개의 콘센트에 용량을 초과해 사용하고 있지 않은가?		
	– 분배전반 및 각종 전기기구의 노후 및 파손된 것은 없는가?		
	– 가스경보기의 설치상태가 양호한가?		
소방시설 관리	– 대피를 위한 대피도가 잘 관리되어 있는가?		
	– 소화기, 스프링클러 등 소화장비의 작동 및 관리상태는 양호한가?		
	– 자동화재 탐지설비의 설치상태가 양호한가?		
	– 옥내소화전의 관리 및 작동이 양호한가?		
비상대피 시설관리	– 비상계단 및 미끄럼대 등이 화재 등 유사시 사용이 가능한가?		
	– 피난유도등 유도표지 등이 잘 갖추어져 있고 정상 작동하는가?		
	– 건물 내 대피경로에 장애가 되는 요소는 없는가?		

출처: 중앙육아종합지원센터(2020)

6) 어린이집 안전사고 대비 및 대응

영유아의 안전사고는 어린이집에서 다양한 노력을 하더라도 예기치 못한 안전사고가 발생할 수 있다. 안전사고가 발생한 경우, 보육교사는 정확하게 상황을 판단하고 대처할 필요가 있다.

(1) 재난 등 비상상황

어린이집에서 각종 재난 등 비상상황이 발생하였을 경우 비상상황 훈련을 바탕으로 즉시 대응하며, 실제 일어난 재난상황 등에서 대처하지 못한 일들에 대해 안전사고 수습 후에 업무 분담을 보완하여 미흡했던 부분을 수정해 나가는 것이 필요하다. 화재, 지진 태풍 등의 재난시 교사의 대응 방법은 다음과 같다(서울특별시, 2015).

① 화재

- 사전에 지정된 대피경로를 통해 신속하고 질서 있게 영유아를 대피시킨다.
- 화재발생 지점과 반대 방향(연기가 보이지 않는 방향)의 비상구로 대피해야 한다. 아래층으로 대피가 불가능하면 옥상으로 대피하여 구조를 기다리거나 현재의 위치에서 연기 유입을 막고 바람과 반대 방향에 위치한 후 구조신호를 보내며 침착하게 기다린다.

② 지진

- 영유아들이 책상 밑으로 몸을 피할 수 있도록 돕는다.
- 실외활동 시 지진이 발생한다면 건물이나 전선 등에서 멀리 떨어진곳으로 대피한다.
- 떨어지는 물건들로부터 머리를 보호할 수 있도록 한다.

③ 태풍

- 교실에 창문과 문을 닫는다.
- 가급적 외부 활동을 피하고 주변의 상습 범람 지구나 침수지역, 산사태 위

험 지역 등을 사전에 알아두고 주변에 접근하지 않는다.

(2) 응급상황 및 사고발생 시 대처 방법

교사는 응급상황에 대처하는 절차와 방법을 잘 숙지하여, 이를 잘 실천할 수 있어야 한다.

표 5-27 | 응급상황 대처 절차

[1] 당황하지 않고 사고의 원인을 파악하여 필요한 조치를 취함

- 안전사고가 발생하면, 보육교사가 당황하지 않는 것이 무엇보다 중요함. 원장 또한 당황한 보육교사가 안정되어 사고를 수습할 수 있도록 도와야 함
- 사고를 파악할 때는 누가 어떻게 다쳤는지, 그 현장에 남아 있는 위험이나 또 다른 사고의 위험은 없는지 판단

▼

[2] 다친 영유아의 부상 정도를 파악하여 적절한 대처법 실시

- 질식, 심한 출혈, 충격 등 인지
- 심하게 부상당한 영유아는 억지로 이동시키지 말기

▼

[3] 119나 응급실에 구조를 요청

- 부상이 심하거나 부상 정도가 판단할 수 없을 정도로 위급한 경우 119에 연락하여 지시에 따라 응급처치나 필요한 경우 심폐소생술 진행
- 「영유아보육법」 제31조(건강관리 및 응급조치)에 따라 원장은 영유아에게 질병 · 사고 또는 재해 등으로 인하여 위급 상태가 발생한 경우 즉시 응급의료기관에 이송

▼

[4] 보호자에게 연락

- 입소 시 받은 서류(부모동의 및 조사서)에 적힌 보호자에게 연락하여 사고에 대해 설명

▼

[5] 남은 영유아를 안심시킴

▼

[6] 사고보고서를 작성

- 사고보고서 양식(보육사업안내 부록: 영유아 사고보고서)에 따라 부상상황과 응급처치에 대해 상세히 서술

출처: 어린이집안전공제회(2020a)

어린이집에서 안전사고가 발생할 경우 응급 처치 후에 사고 영유아의 보호자와 소통하는 방법이 매우 중요하다. 먼저 작은 사고라도 사고가 났다는 것에 대해 부모 및 보호자들을 매우 민감하고 놀라게 되어, 원장 및 교사가 올바른 소통을 하지 못한다면 부모와의 더 큰 오해와 갈등이 생길 수 있다. 원장과 교사는 보호자와의 원활한 소통을 통해 보호자와의 갈등을 좁혀나갈 수 있도록 하여야 한다.

먼저, 영유아의 안전사고가 났을 경우, 응급 처치 후에 즉시 보호자에게 연락하여 사고에 대해 상세히 설명하여야 한다. 사고 장소 및 위치, 사고 난 경위(6하원칙에 의거하여 설명), 영유아의 상태, 응급처치 과정, 병원치료 등을 상세히 설명한다.

둘째, 안전사고 소식으로 민감해진 보호자와 충분히 소통한다. 사고로 매우 놀란 보호자의 감정을 함께 공감하고 보호자의 감정이 가라앉을 때까지 경청하고, 지속적으로 안부 전화를 통해 영유아의 상태를 살핀다.

셋째, 영유아의 안전사고가 일어난 후 부모와의 연락을 지속적으로 하면서 보호자와의 소통을 한다. 영유아의 치료 및 사후 관리를 통해 영유아의 안전과 치료에 대해 계속적으로 의사소통을 한다. 영유아가 등원하지 않았을 경우, 전화를 통해 영유아의 상태를 파악한다. 영유아가 병원에 다닐 경우, 현재 상태는 어떤지 물어보고, 언제 어린이집 등원이 가능한지 파악한다. 영유아가 등원하고 있을 경우, 매일 영유아가 어린이집에서 등원과 하원을 할 때 부모와 주의해야 할 사항은 무엇인지, 어린이집에서의 하루 일과는 어땠는지 소통한다. 보호자를 만나지 못했을 경우, 전화나 통신을 활용하여 부모와의 지속적인 소통을 통해 영유아의 상태에 대해 관심을 가진다.

넷째, 안전사고와 관련된 보상 및 절차를 안내하고, 제출 서류를 설명해준다.

연습문제

01 **영유아에게 자주 발생하는 감염성 질환으로 피부발진이 손바닥과 발바닥에 나타나며, 구강통증성 피부병변이 혀와 잇몸, 뺨의 안쪽에서 물집으로 나타나는 것은?**

① 수족구 ② 독감

③ 볼거리 ④ 홍역

02 **어린이집 급식 관련 알맞은 내용이 아닌 것은?**

① 영유아 급식의 경우 점심 1식과 간식 2회를 제공한다.

② 영유아가 100인 이상을 보육하는 어린이집은 영양사 1인을 두어 급 · 간식을 전담 관리해야 한다.

③ 급 · 간식은 지나치게 뜨겁거나, 차갑거나, 맵고 짜지 않게 조리되어 자극적이지 않아야 한다.

④ 어린이집에서 급 · 간식으로 제공할 때, 알레르기가 있는 영유아가 있는 경우 나트륨 함량을 줄여야 한다.

03 **어린이집 실내에서 안전사고가 가장 많이 나타나는 장소를 찾고 많이 나타나는 안전사고 유형을 설명해 보시오.**

( )

04 **제4차 표준보육과정에서 안전 관련 목표를 영아(0~2세), 유아(3~5세)로 구분하여 작성해 보시오.**

( )

05 **안전교육 기준(아동복지법 제31조 및 같은 법 시행령 제28조)을 다섯 가지로 구분하여 설명해 보시오.**

( )

06 **응급처치 대처절차를 6단계로 설명해 보시오.**

( )

CHAPTER

06

보육 평가

1 _ 보육평가의 목적과 방법

2 _ 어린이집 평가

보육이 결국 영유아의 건강하고 행복한 삶을 도모하는 데 목적과 의미가 있다고 할 때, "과연 보육을 통해 영유아가 즐겁고 건강하게 성장하고 있는가?"를 돌아보고 반성하는 것은 매우 중요한 일이다. 반성한다는 것은 지난날에 대해 성찰하고, 잘못된 점이나 개선할 점을 파악하여 다음 날에 반영할 수 있다는 것을 의미한다. 이같이 지금까지 수행해온 보육에 대해 전반적으로 반성하고 개선할 점을 반영하여 다음의 보육을 좀 더 충실히 할 수 있도록 하는 과정이 평가이다.

6장에서는 지속적으로 양질의 보육이 이루어질 수 있도록 반드시 거쳐야 하는 보육평가에 대해 개념적으로 이해하고, 보육평가의 목적과 방법을 명료히 인지하는 데 중점을 두고자 한다. 그리고 보육평가의 실제적 예가 될 수 있는 어린이집 평가에 대하여 알아보고자 한다.

학습 목표

1. 보육에 관한 평가에는 보육평가, 보육과정평가, 수업평가가 있음을 안다.
2. 보육에 관한 평가에 관점이 측정 · 평가 · 총평의 세 가지 유형에 따라 증거자료의 수집 및 판단이 다를 수 있음을 이해한다.
3. 보육평가의 개념을 정확히 파악한다.
4. 보육평가의 중요성을 인지하고, 목적과 목표를 진술한다.
5. 보육평가의 대상에 따라 적합한 방법을 사용한다.
6. 어린이집 평가의 목적과 중요성을 설명한다.
7. 어린이집 평가제의 운영체계와 절차에 대해 이해한다.

1. 보육평가의 목적과 방법

보육의 과정에서 마지막 단계에 해당하는 것이 보육평가이다. 말하자면, 보육의 목적 · 목표가 보육활동을 통해 과연 의미 있게 달성되었는지를 확인하고, 만약 미흡하였다면 그 원인을 찾아 개선하는 방안을 제시하는 단계라고 할 수 있다.

여기에서는 보육평가의 개념을 구체적으로 이해하고, 이에 기초하여 보육평가의 목적과 방법을 자세히 알아보기로 한다.

1) 보육평가의 개념

일반적으로 평가는 평가 대상의 가치나 수준 등을 일정한 기준에 의해 판단하는 것을 말한다. 예를 들어, 기술이나 제품의 성능에 대한 판단, 근로 성과의 판단, 물건 가치의 판단 등이 평가에 해당한다. 그러나 평가는 한 걸음 더 나아가, 평가 대상에게 있어 무엇이 개선될 필요가 있는가를 결정해주고, 그 개선을 효과적으로 실시할 수 있는 정보를 제공해주는 기능을 한다는 데 중요한 의미가 있다.

보육에 있어서도 평가는 마찬가지다. 다만, 기술의 성능이나 물건 가치를 평가하는 것과 달리, 영유아보육에 대한 철학이나 궁극적 목적이 시대정신과 맞물려 있다는 점에서 다양한 평가접근이 제기된다.

「영유아보육법」에서 정의한 보육은 '영유아를 건강하고 안전하게 보호 · 양육하고, 영유아 특성에 맞는 교육을 제공하는 어린이집 및 가정양육 지원에 관한 사회복지서비스'라고 하는데, 여기에서는 가정양육이 아닌, 어린이집에서의 보육을 중심으로 평가를 논하기로 한다. 보육에 관한 평가는 대체로 세 가지 차원에서 적용되는데, 보육평가, 보육과정평가, 수업평가로 대별한다.

이들 중 보육평가는 가장 폭넓은 의미로 사용되는데, 보육활동에 관련되거나 어린이집에서 이루어지는 다양한 모든 수준의 평가들을 포함하여 총칭한다. 따라서 보육과정 평가나 수업평가도 보육평가의 일부분이며, 어린이집 기관평가라든지 영유아교사 평가 등도 보육평가라는 큰 테두리 내에서의 평가활동이라고 할 수 있다.

보육과정평가는 보육과정 목적과 목표가 제대로 수행되었는지 여부를 결정하는 데 기본 목적이 있다. 구체적으로는, 보육과정 목적과 목표 설정, 보육과정 계획, 보육과정 운영의 시작 전 · 도중 · 마지막 시점 등 각 단계에서 타당하고 적절했는지를 검토하고 반성하며 다음 보육과정 계획에 피드백하는 데 의미를 둔 평가활동이다.

수업평가는 보육과정 계획에 따라서 실제적인 수업행동(교사와 영유아가 함께 만들어가는 일과운영)을 수행하는 과정 및 수행한 결과에 대한 반성적 행동이라고 할 수 있다. 따라서 수업평가는 교사의 수업능력평가, 영유아의 행동변화 분석 및 수행평가 등을 포함하는 평가활동이다.

표 6-1 | 보육 관련 평가의 차원

구분	보육평가	보육과정평가	수업평가
정의	보육활동에 관련되거나 어린이집에서 이루어지는 다양하고 모든 수준의 평가들을 총칭	보육과정 목적 · 목표의 달성도를 판단하고, 보육과정 개선을 위한 정보를 제공	보육과정 계획에 따른 실제적인 수업행동에 대한 반성 – 교사와 영유아가 함께 만들어가는 일과운영의 과정 및 결과에 대한 분석 및 반성

구분	보육평가	보육과정평가	수업평가
예시	• 보육과정평가 • 수업평가 • 어린이집 평가 • 교사평가 • 영유아 발달평가 • 영유아 놀이관찰 및 평가	• 보육과정 목적 · 목표는 적합했나? • 보육과정 계획은 타당하고 적절했나? • 보육과정 운영의 시작 전 · 도중 · 마지막 시점의 단계는 적절했는가? • 개선할 점은 무엇이고 다음 계획에 어떻게 반영했는가?	• 교사의 자기보고서 • 교사의 수업능력평가 • 영유아의 행동변화 분석 • 영유아의 놀이관찰 기록 및 판단 • 영유아 수행평가

그런데 보육평가이든, 보육과정평가이든, 수업평가이든 중요한 것은 보육의 성과라고 할 수 있는 영유아의 건강한 성장과 행복 정도를 판단하며, 개선점을 파악하고 제공하는 데 필요한 증거를 체계적으로 수집하는 일이다.

이러한 증거자료를 어떠한 관점에서 수집하고 판단하느냐에 따라 평가는 측정(measurement) · 평가(evaluation) · 총평(assessment)의 접근 방식으로 표현된다. 말하자면 측정 관점에서, 가치 평가 관점에서, 그리고 총평 관점에서 평가를 할 수 있다는 것이다.

측정(measurement)은 일정한 측정의 기준을 유지하여 보육과 관련된 현상의 수량적 자료를 구하는 것을 말한다. 20세기에 들어와 손다이크(Thorndike)가 측정을 통한 평가 아이디어를 낸 데서 비롯하였다고 볼 수 있는데, 측정의 관점에서 평가를 한다는 것은 수량화된 객관적이고 신뢰로운 자료들을 분석하여 미리 설정된 보육 관련 목표를 어느 정도 성취했는가를 평가하는 것을 가리킨다. 예를 들어, 지능검사, 성격검사, 아동발달검사 등 표준화되었거나, 연구자들에 의해 신뢰롭고 타당하게 개발된 검사도구들을 사용하여 측정 대상의 행동 특성을 객관적으로 판단하고, 지향하는 목표에 도달하기 위해 필요한 개선방안을 마련한다.

평가(evaluation)는 학습자인 영유아에게 일어난 다양한 변화를 판단하는 일련의 절차를 말한다. 평가의 관점에서 평가를 한다는 것은 일정 기간(예를 들어 3월 초~7월 말) 보육적 노력이나 작용을 통해 교사가 목표로 한 영유아의 행동 변화(예를 들어, 영유아가 자발적으로 놀이자료를 선택하여 자유롭게 놀이하기)가 바람직하게 일어났는지, 달성도를 평가하는 것을 가리킨다. 측정의 관점에서의 평가가 평가도구의 객관성과 신뢰성을 핵심으로 하는 데 비하여 평가의 관점에서 접근한 평가는 평가도구가 보육목표를 얼마나 잘 대표하고 있으며 제대로 측정해 내고 있는가 하는 평가도구의 내용 타당성에 핵심이 있다. 따라서 평가 관점에서의 평가는 양적인 검사도구뿐만 아니라, 영유아의 작품, 영유아들이 나타내는 복잡한 심리적 과정, 놀이 및 활동 등 모두가 평가의 증거자료가 된다. 또한 평가는 영유아의 행동 변화를 가져온 환경 변인에 대해서도 관심을 둔다. 즉, 환경이란 변화를 일으킬 수 있는 힘이며 개인은 환경과의 상호작용에 의해 변화한다는 관점을 가지고, 보육에 영향을 주는 보육과정, 프로그램, 교수 방법, 교사 특징, 학급 분위기, 어린이집 풍토, 행정체제가 무엇인지, 왜 그런지에 관한 증거를 탐색하고 판단하고자 한다.

총평(assessment)은 영유아와 환경의 상호작용에 관심을 갖고 영유아의 행동 특성을 특별한 환경, 특별한 과제, 준거상황에 관련시켜 편성하려는 것이다. 일찍이 머래이(Murray, 1938)가 『인성의 탐구』 저서에서 사용했듯이, 총평의 관점은 측정치에만 의존할 것이 아니라, 전체적(holistic)이며 때로는 직관적인 판단, 질적인 평가방법, 과거-현재-미래를 통합한 판단이 중요하다고 본다(김종서 외, 1988). 따라서 총평을 사정 또는 전인적 평가라고도 부른다. 총평의 관점에서 평가는 영유아 개개인이 달성해야 할 어떤 준거의 분석과, 이 영유아가 하루 일과에서 생활하는 환경의 분석에서 출발한다. 이때 환경이 강요하는 심리적 압력, 요구하는 역할, 질서, 갈등 등을 먼저 분석하고, 다음에 영유아 개인의 특성, 즉 강점과 약점, 욕구, 인성 특성, 능력 등이 환경에 적합한지 어떤지를 분석한다. 총평에서 사용하는 영유아 개인에 관한 정보 수집은 양적 · 질적 형태의 방식들로 다양하다. 예를 들어, 객관식 검사 도구도 있고, 자기보고, 관찰, 면담, 역할놀이, 자유연상법 등이 사용된다.

이와 같이 측정 · 평가 · 총평이 서로 관점을 달리하고 구별되기도 하지만, 보육의 실제에서는 서로 보완적인 관계에서 사용되어야 할 것이다. 예를 들어, 측정이 지향하는 객관성을 띠는 수량적 자료와 함께 놀이관찰 기록, 언어표현양상 등 자료들을 증거로 하여 평가가 지향하는 일정기간 동안의 영유아 행동변화가 바람직하게 이루어졌는지를 판단할 수 있을 것이다. 그러나 측정이나 평가의 관점이 미리 설정된 보육목표를 근거로 영유아가 그 주어진 목표를 어느 정도 달성했는지를 평가하는 데에만 그침으로써, 보육의 현장에서 다양한 경험이 가지는 예측 불가능한 역동성과 창조성을 담아내지 못한다는 한계가 있다. 이를 보완하고자 한 것이 총평이다. 총평에서도 측정과 평가 결과를 자료로 활용하면서 영유아와 환경 간의 상호작용 맥락을 이해하고, 영유아의 행동을 다층적으로 판단하여 영유아를 지원할 수 있게 된 것이다.

이제까지 논하였던 보육에서의 평가 차원과 방식에 관한 관점을 살펴보면서 보육평가의 개념을 다음과 같이 정의하고자 한다.

> 보육평가란 보육의 목표인 영유아의 전인적 성장과 발달을 도모하기 위하여 보육활동에 관련된 다양한 자료를 수집하고 분석하여 보육목표 달성도를 판단하고, 보육의 질적 개선을 위한 정보를 제공해주는 과정이다.

2) 보육평가의 중요성 및 목적

보육평가의 개념 정의가 시사하듯이, 보육평가는 보육의 기초가 되는 중요한 과정임에 틀림없다. 그것은 보육평가를 통해 현재 유아의 발달상황에 관한 정보를 얻고, 보육과정 목표의 달성도를 확인하며, 교사가 자신이 계획한 보육활동 가운데 수정하고 개선할 점을 파악할 수 있고, 평가자료를 사용하여 부모 상담을 원활하게 진행할 수 있으며, 교사가 스스로 자기 평가를 하여 역량을 계발하는 것이 가능해지기 때문이다.

이에 따라 보육평가가 지향하는 목적과 목표를 정리해 보고자 한다.

보육평가의 목적은 영유아보육의 질을 향상시키는 데 있다.

이에 따른 구체적 목표는 다음과 같다.

첫째, 영유아의 현재 발달상황을 객관적으로 평가함으로써 영유아발달에 적합한 보호와 교육, 환경을 제공한다.
둘째, 보육환경의 적절성을 지속적으로 평가함으로써 부족한 환경을 개선한다.
셋째, 현재 실행하거나 계획 중인 보육과정 및 프로그램의 적합성과 타당성을 평가함으로써 영유아에게 최선이 되는 경험과 기회를 제공한다.
넷째, 교사와 원장은 자기평가를 통해 교사로서의 인성 및 역량 계발을 하고 전문성을 도모한다.
다섯째, 국가는 어린이집에 대한 평가를 통해 어린이집의 질적 수준을 파악하고 보육의 질을 높일 수 있는 방안을 제공한다.
여섯째, 보육평가에 관련된 자료나 정보들을 학부모와 공유함으로써 영유아의 발달, 보육 프로그램의 구성 및 내용 등에 대해 가정과 연계한다.

3) 보육평가의 대상 및 방법

영유아에게 양질의 보육을 제공한다는 보육의 목표가 제대로 실현되었는지, 그리고 더 나은 보육을 위해 개선될 점은 무엇인지를 판단하기 위하여, 보육 관련 변인들을 조사하고 검토하는 평가의 과정이 필요하다.

우선, 보육을 받는 영유아의 행동 변화를 파악해야 하고, 영유아보육을 계획하고 운영하는 교사의 역량도 알아보아야 하며, 실제적인 보육과정의 구성체계 및 운영에 대한 검토가 필요하고, 나아가서는 어린이집의 현재 질적 수준을 파악하는 일이 중요할 것이다.

이에 따라 영유아, 교사, 보육과정, 어린이집을 대상으로 각 대상에 적합한 평가 방법을 살펴보기로 한다.

(1) 영유아 평가

영유아는 보육의 주체이면서 보육평가의 가장 중요한 대상이다. 보육은 영유아의, 영유아에 의한, 영유아를 위한 삶의 과정이요, 지원활동이기 때문이다. 따라서 영유아를 어떤 존재로 보느냐에 따라 영유아 평가의 목표와 방법이 달라질 수 있다. 예를 들어, "영유아는 스펀지 같아서 교사가 가르치고 제공하는 대로 흡수하는 존재이다"라고 생각한다면, 평가의 목표는 "교사가 제공한 내용들을 얼마나 기억하고, 정확히 표현하며, 또래와 비교하여 어느 수준에 도달했는가?" 등을 측정하고 그에 따라 발달 수준을 파악하는 것으로 설정될 것이다. 이와 달리, "영유아는 개별적 특성이 있어서 타고난 잠재력을 자기 나름의 방식으로 표현하는 존재이다"라고 생각한다면, 평가의 목표는 "영유아가 자신의 생각을 어떤 방식으로 표현하는가? 놀잇감을 가지고 놀이하는 방식이 이전과 어떤 차이와 변화를 보이는가? 놀이하면서 어떤 경험을 하고 배움이 일어나는가?" 등을 관찰하고 그에 따라 영유아의 놀이를 확장하거나 변형하도록 지원방안을 계획하는 데 둘 것이다.

실제로 보육평가의 모델 역할을 했다고 볼 수 있는 학교교육 평가의 역사를 들여다보면, 학습자에게 나타나는 교육의 성과를 어디에 두었냐에 따라 학습자 평가의 목표와 방법이 다르게 변천해 왔음을 알 수 있다. 전통적으로, 1920년대 이후, 손다이크(Thorndike)가 당시 학교 교육의 질적 자료들을 수치화할 것을 강력히 주장한 이래로, 과학적 행동주의가 팽배하면서, 교사가 미리 설정한 교육 목표를 학습자가 어느 정도 성취했는지를 평가하는 경향이었다. 이후 1980년대 교육과정 개정 움직임에 따라 학습자 평가는 아동의 경험을 자극–반응의 선형적 해석이 아니라, 다층적으로 이해하는 데 중심을 두고, 평가의 초점을 학습자의 자기주도적 참여성, 학습자 간 비교가 아니라 학습자 내 성장, 평가의 구체적 맥락성 및 과정 등에 두고자 하였다(이진희, 신은미, 2019).

2000년 전후로, 창의융합형 인재를 요구하는 산업구조의 변화에 발맞추어 대안평가(alternative assessment) 또는 참평가(authentic assessment) 논의로 이어졌고, 이를 위해 수행평가, 포트폴리오 평가 등이 시도되어 왔다.

이와 같이 학교교육에서 학습자 평가는 기준중심 평가(미리 정해둔 목표와 기준에 따라 예정된 절차를 밟아가는 선형적인 평가)에서 반응적 평가(학습자의 행동 속에 담겨진 욕망, 맥락 속에 생성된 복잡한 문제와 갈등, 충돌하기도 하는 다양한 관점을 깊이 있게 조명하여 학습자 관련 구성원들의 정보에 근거한 판단)로 변화되는 양상을 보여왔다고 할 수 있다(이진희, 신은미, 2019).

이와 같은 학습자 평가의 동향은 보육평가에서도 적용되어 나타난다. 그동안 보육계에서는 과학적이고 형식적인 보육 계획안에 따라 하루 일과가 짜임새 있고 일관성 있게 운영되는 것을 지향하면서, 영유아의 성장 효과를 표준화된 각종 검사 점수로 확인하는 영유아 평가 방식을 취해오곤 하였다. 물론 학교 장면과 달리 보육 현장에서는 영유아 행동 관찰을 통한 평가 방법을 기본으로 하지만, 관찰한 내용과 결과를 표시하는 방식은 연령별로 정의된 발달 규준에 맞추어 영유아의 행동 수준을 체크, 평정, 혹은 기술하는 데 머물고 있다는 비판과 반성이 현장 전문가들에 의해 제기되어 왔다.

2020년 4월, 제4차 어린이집 표준보육과정이 고시되면서 영유아를 '놀이하면서 배우는 유능한 영유아'로 정의함에 따라, 평가의 방향이 '지금 여기에서(here & now) 놀이하는 영유아의 자발성 · 주도성, 놀이경험을 통한 배움의 폭과 의미,

배움의 연속성과 확장성' 등을 평가하고 이에 따른 교육적 지원을 의사 결정하는 데 목표를 두고 있다. 따라서 영유아 평가 방법은 기존에 사용해왔던 관찰을 통한 행동목록법, 시간표집법, 사건표집법, 일화기록법, 평정척도법, 포트폴리오 등을 사용할 수 있으나, 영유아의 놀이, 일상생활, 활동 속에서 영유아의 고유한 특성이나 의미를 발견하고, 그것을 바탕으로 영유아의 배움과 성장을 돕기 위하여 평가를 하는 것이 중요하다. 그런 의미에서 제4차 어린이집 표준보육과정에서는 놀이관찰 기록을 강조한다.

제4차 어린이집 표준보육과정에서 영유아 평가의 방법으로 제시한 놀이관찰 기록은 보육 계획안 또는 보육일지에 기록한 영유아들의 실제 놀이 모습, 영유아 놀이의 결과물, 작품, 사진이나 동영상 등을 포함한다. 교사는 이 기록들을 통해 영유아의 관심과 흥미, 놀이 선호, 또래와의 상호작용 등 영유아의 특성과 변화 정도를 평가할 수 있다. 이때 표준보육과정 영역들(영아 6개 영역, 유아 5개 영역)의 내용이 놀이에서 어떻게 경험되고 어떤 배움이 일어났는지 살펴본 후 이를 추후 놀이 지원에 반영할 수 있도록 한다.

놀이관찰 기록의 예시

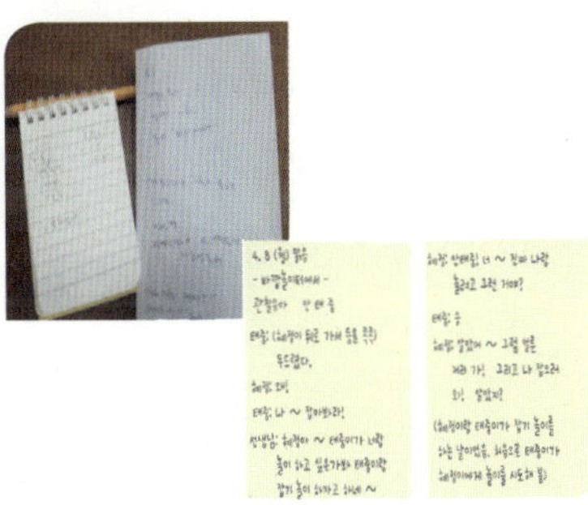

관찰한 내용을 간단하게
메모지에 기록

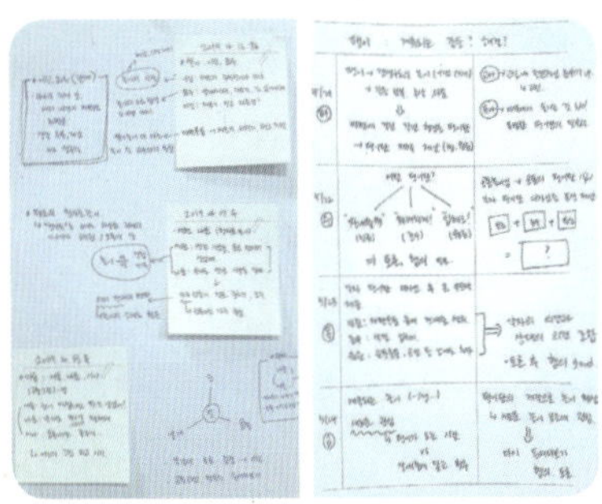

간략히 기록한 메모 내용을 바탕으로
추후에 자세히 기록

출처: 교육부, 보건복지부(2019a: 61-62)

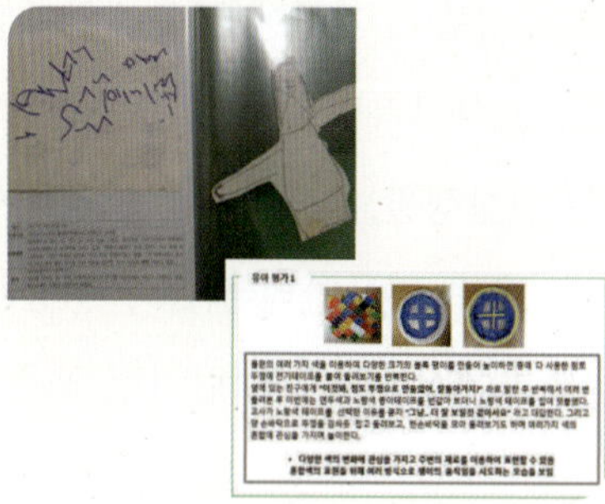

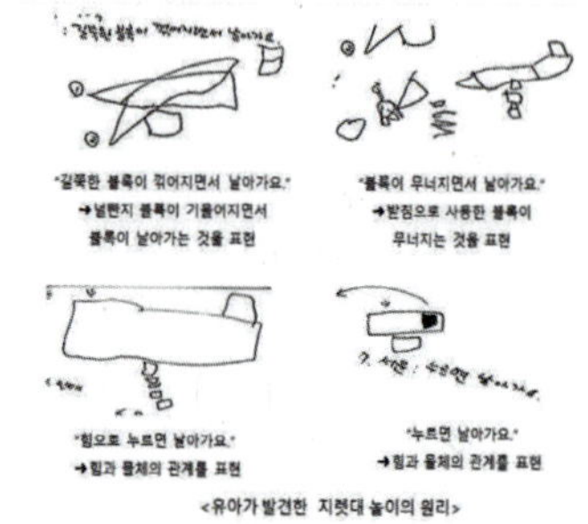

영유아의 작품, 사진을 평가에 활용

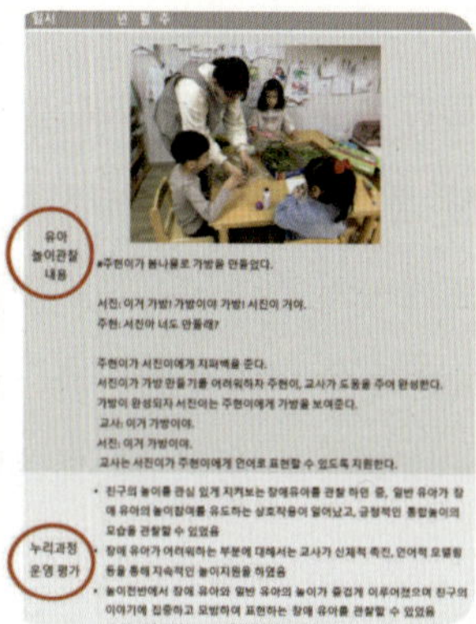

관찰내용과 연계한
보육과정 운영평가

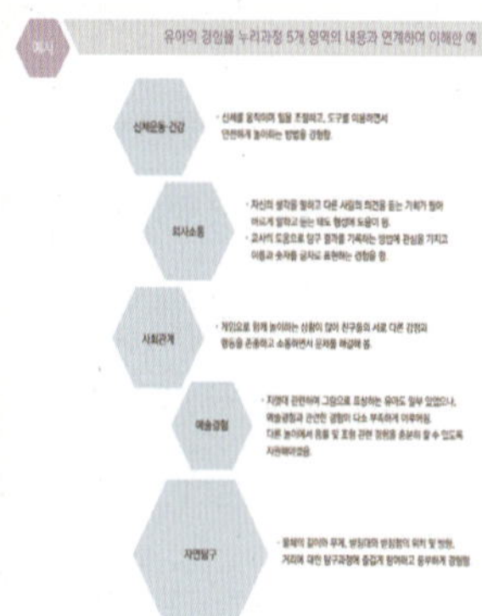

보육과정 영역과 연계한 평가

출처: 교육부, 보건복지부(2019a: 64–66)

알아볼까요?

영유아 평가 방법으로 크게 관찰법과 포트폴리오가 활용되고 있다.

(관찰법) 일상생활에서 나타나는 영유아의 행동을 직접 관찰하여 기록한 내용을 양적으로 객관화 시킬 수 있는 자료수집 절차와 체계를 말한다.
관찰법의 자료수집 유형에는 일화기록법, 평정척도법, 행동목록법, 시간표집법, 사건표집법 등이 있다.

① 일화기록법	• 영유아들의 행동, 반응, 상호작용 등을 객관적이고 사실적으로 기록한다. • 관찰 영유아, 현재 연령, 성별, 관찰일시와 시간, 관찰자, 관찰장면, 진행 중인 활동 등 상황자료가 기록 양식에 포함된다. • 영유아 행동의 진행 및 변화과정을 세밀히 묘사한다.
② 평정척도법	• 영유아 행동의 질적인 특성을 평가하고자 할 때, 연속성 있는 단계로 수량화된 점수 또는 가치가 부여된 기록 양식에 평정한다(예: 3분 평정–약하다 · 중간이다 · 강하다 식). • 관찰 영유아, 현재 연령, 성별, 관찰일시, 관찰자, 관찰행동목록, 척도구분(0, 1, 2 등) 등이 기록양식에 포함된다.
③ 행동목록법	• 평가할 항목들을 미리 나열해 놓고, 영유아가 해당되는 행동을 하고 있는지 여부를 있는 그대로 체크한다. • 관찰 영유아, 현재 연령, 성별, 관찰일, 관찰자, 관찰행동목록, 수행 여부 구분(○, × 등) 등이 기록 양식에 포함된다.
④ 시간표집법	• 관찰하려는 행동이 정해진 시간 내에 얼마나 자주 일어나는지, 그 행동 출현 빈도를 수집한다. • 관찰 영유아, 현재 연령, 성별, 관찰일시 및 시간, 관찰자, 관찰 시간 단위(예: 15초 단위), 관찰 시간 간격(예: 1분 간격) 관찰행동목록, 관찰횟수 등이 기록 양식에 포함된다.
⑤ 사건표집법	• 관찰하려는 행동이나 사건이 일어나면 일정한 형식에 따라 행동의 순서를 자세히 기술한다. • 관찰 영유아, 현재 연령, 성별, 관찰일, 관찰자, 관찰행동이나 사건, 행동이나 사건이 일어난 시간, 사건 전 · 사건 · 사건 후 등이 기록 양식에 포함된다.

(포트폴리오) 영유아의 행동을 이해하고, 발달상황을 파악하기 위하여, 영유아 관련 자료들을 수집하여, 객관적인 평가 준거에 의해 분석하는 평가 방법을 말한다. 예를 들어, 영유아 신체발달 상황표, 가정환경조사서, 영유아 신체적성활동 상황표, 일화기록 자료, 기타 검사 도구 자료와 함께 영유아 미술작품, 영유아 행동 사진 자료 등 영유아 관련 자료들을 함께 모아 자료철로 만들어 평가자료로 활용한다.
포트폴리오 평가는 개별화된 평가방법으로서, 일반적으로 계획, 실행, 평가 및 활용의 3단계에 기초하여 이루어진다.

출처: 박찬옥 외(2016) 재구성

생각해보기

영유아 행동이나 발달상황을 이해하기 위해서는 기본적으로 관찰을 통해 자료를 수집하고, 객관적으로 분석하는 일이 중요하다. 이때 객관성이라고 하여 반드시 수량화하는 것만을 의미하는 것은 아니다. 질적인 내용 분석이 객관성을 유지하려면, 타당성과 신뢰성을 가져야 하며, 이에 따라 행동 분석을 위한 과학적 근거, 발달이론, 상황적 준거 등이 있어야 하고, 분석자의 주관적 해석은 지양되어야 한다.
일화기록, 평정척도, 시간표집, 사건표집, 행동목록, 포트폴리오 등이 객관성 – 신뢰성, 타당성을 얻기 위해 유의해야 할 점을 토론해 보자.

(2) 교사 평가

교사는 영유아와 함께 보육의 주체이며 보육평가의 중요한 대상이 된다. 어린이집에서 영유아가 주도적으로 놀이하고 또래들과 협동적으로 활동하도록 지원을 해주는 1차적 책무성을 갖고 있기 때문이다. 따라서 전형적인 아동중심 프로그램이었던 DARCEE 프로그램에서 교사를 가장 중요한 보육환경 변인이라고 칭한 바 있다. 교사가 영유아를 어떤 존재로 인식하며, 그에 따른 보육신념은 어떠하며, 보육을 전문성 있게 수행하기 위하여 어떤 역량을 가지고 있고 지속적으로 역량을 계발해가고 있는지, 그리고 교사 스스로 자신에 대해 어떤 교사라고 판단하는지 등은 보육과정을 계획하고 운영하는 교사로서 늘 반성하고 평가해야 할 일이다.

일반적으로, 교사평가 방법으로는 자기평가, 동료장학을 통한 평가, 외부 관찰자(전문가 등)를 통한 교사수업능력 평가, 학부모 조사 등 여러 가지가 있다. 이들 중 자기평가는 일정한 평가 양식을 통해 자신의 강점과 약점을 파악함으로써 스스로의 교사 자질과 수업수행능력을 발전시킬 수 있다는 점에서 교사들이 가장 선호하는 평가이기도 하다. 자기평가를 포함하여 다양한 교사평가 방법들은 교사로서의 현재 수준을 파악하고, 그 평가 결과를 다시 영유아보육 계획에 반영시킴으로써 영유아보육 운영이 보다 효율적으로 이루어지게 하는 데 목적이 있다고 할 수 있다.

알아볼까요?

보육교사의 자기평가(역량척도의 예시)

번호	문항	매우 아니다	약간 아니다	보통이다	약간 그렇다	매우 그렇다
1	영유아의 학습을 촉진(지원)할 수 있도록 교실 환경을 구성할 수 있다.					
2	학습 내용에 적합한 흥미영역을 구성할 수 있다.					
3	영유아의 발달 특성에 적합한 흥미영역을 구성할 수 있다.					
4	누리과정의 교수 · 학습 원리 및 지침에 대해 알고 있다.					
5	누리과정의 평가 내용에 대해 알고 있다.					

번호	문항	매우 아니다	약간 아니다	보통 이다	약간 그렇다	매우 그렇다
6	누리과정 각론의 내용에 대해 알고 있다.					
7	누구에게나 예의 바르게 행동한다.					
8	긍정적으로 생각하고 정서적으로 안정되어 있다.					
9	힘들고 어려운 일을 해결하기 위하여 꾸준히 노력한다.					
10	자신의 자원을 정보 교류를 통해 동료들과 공유한다.					
11	건전한 업무 환경을 조성하기 위하여 바람직한 영향력을 발휘한다.					
12	영유아의 안전사고 예방을 위한 방법에 대해 알고 있다.					
13	영유아 건강과 관련된 지도 방법에 대해 알고 있다.					
14	영유아 심리적 특성에 대해 알고 있다.					
15	보육시설 · 설비의 위험 요소를 점검하여 시정을 요청한다.					
16	교육활동과 관련된 행사 프로그램을 효율적으로 추진할 수 있다.					
17	학부모가 자녀 문제로 상담을 요청하면 응할 수 있다.					
18	어린이집 운영과 관련된 문서 작성 및 업무를 처리할 수 있다.					
19	주간 교육 계획을 수립할 수 있다.					
20	연(월)간 교육 계획을 수립할 수 있다.					

번호	문항	매우 아니다	약간 아니다	보통 이다	약간 그렇다	매우 그렇다
21	일일 교육 계획을 수립할 수 있다.					
22	누리과정을 바탕으로 유아의 발달 수준 및 학습 특성에 따라 교수 · 학습 계획을 재구성할 수 있다.					
23	누리과정 5개 영역의 내용을 통합하여 지도할 수 있다.					
24	누리과정 5개 영역의 세부 내용에 따라 지도할 수 있다.					

출처: 박소영(2019)

* 이 척도는 2019 개정 누리과정이 고시되기 이전에 연구자가 개발한 것으로 보이며, 따라서 참고한 다른 자료들과 함께 3~5세별 연령별 누리과정의 지침에 근거하여 문항이 구성되었다고 볼 수 있음.

(3) 보육과정 평가

보육과정은 보육의 주체인 영유아와 교사가 함께 만들어가는 보육에 관한 큰 그림이라는 점에서 보육평가의 중요한 대상이 된다. 각 어린이집은 매년 보육과정 계획을 하는데, 먼저 보육철학을 바탕으로 보육목적과 목표를 설정하고, 이를 이룰 수 있는 보육 내용과 방법을 선정하여 운영한 후 그 운영 결과를 평가하고, 다음 보육 과정 계획에 반영한다. 따라서 보육과정을 어떻게 계획하고 운영하는가를 평가하는 것은 보육의 질을 담보한다고 할 수 있다.

어린이집의 보육과정 평가는 개선이 필요한 사항에 따라 자율적으로 실시할 수 있으며, 기관별 · 학급별 상황이나 필요성에 따라 적합한 방법을 선택하여 보육과정을 평가한다(교육부, 보건복지부, 2019).

한국보육진흥원(2012)이 제시한 보육과정 평가척도를 예시하면 다음과 같다.

표 6-2 | 보육과정 평가척도

구분	문항	전혀 그렇지 않다	그렇지 않다	보통이다	그렇다	매우 그렇다
보육계획	1. 어린이집 전체(운영계획) 및 각 학급 단위로 보육 계획안이 수립 · 시행되고 있는가?					
	2. 보육 계획안은 영유아의 발달 수준에 적합하며, 지역사회의 특징과 어린이집의 특성을 반영하고 있는가?					
	3. 보육교사 대 영유아의 비율은 영유아의 발달 수준이나 연령에 적절한가?					
	4. 보육의 목표는 어린이집의 철학과 일관성 있고 영유아의 연령이나 발달 수준에 적합한가?					
	5. 연간, 월간, 주간, 일일 보육 계획을 수립하여 시행되고 있는가?					
	6. 보육활동은 각 영유아들의 개방적 욕구를 수용하여 다양한 활동들이 반영 · 조직되어 있는가?					
보육과정운영	7. 개별 영유아의 신체적 · 정서적 욕구에 언어적으로나 신체적으로 항상 민감하게 반응하고 있는가?					
	8. 구체적인 현장 경험을 위한 견학 및 참관활동이 활발하게 이루어지고 있는가?					
	9. 미소짓기, 안아주기, 토닥거리기와 같은 긍정적인 신체표현을 자주하는가?					

구분	문항	전혀 그렇지 않다	그렇지 않다	보통이다	그렇다	매우 그렇다
보육과정운영	10. 영유아 스스로가 다양한 활동과 자료의 선택과 참여과정에서 주도적인 역할을 할 기회를 제공받는가?					
	11. 보육교사는 확산적 사고를 유발하는 구체적이고 개방적인 질문과 대화를 하는가?					
실외환경	12. 영유아가 안전하게 등·하원할 수 있고 이용하기 편리한 곳에 위치하고 있는가?					
	13. 실내외 공간이 자연스럽게 연계되어 있고 영유아들이 다니기에 적합한 통로가 마련되어 있는가?					
	14. 실외놀이공간이 있으며 놀이시설들은 견고하고 안전한가?					
실내환경	15. 보육실에는 놀이기구, 그림책, 기타 필요한 놀잇감을 갖추고 있는가?					
	16. 놀잇감이 공간의 크기 및 영유아의 수에 맞게 충분히 준비되어 있는가?					
	17. 전인발달을 위한 교재 및 교구를 영유아의 발달 수준에 맞게 충분히 갖추고 있는가?					
	18. 영유아들이 놀이한 후 놀잇감을 정리할 수 있는 교구정리장이 있는가?					
	19. 보육실의 채광, 조명, 방습, 방충, 방음 설비 등이 적합한가?					

구분	문항	전혀 그렇지 않다	그렇지 않다	보통이다	그렇다	매우 그렇다
실내환경	20. 낮잠을 자는 공간은 영유아가 휴식을 취할 수 있도록 조용하고 안락하게 조성되어 있는가?					
	21. 영유아의 소지품을 정리 · 보관할 수 있는 공간이나 장비가 실내에 설치되어 있는가?					
보육자료	22. 교재, 교구, 놀잇감이 양적으로 충분하며 다양한가?					
	23. 보육목적, 영유아의 다양한 흥미나 요구를 만족시키기에 충분한 시청각 기자재들을 보유하고 활용하고 있는가?					
	24. 교재, 교구, 놀잇감이 영유아 스스로 사용하기에 매우 편리하고 실용적이며 안전한가?					
	25. 교재, 교구, 놀잇감이 활용하기에 편리하게 정리정돈되어 있으며 활동목표나, 주제, 영유아의 흥미나 발달 수준에 따라 변화 · 교체되고 있는가?					
	26. 실물, 모형, 표본, 그림, 사진, 슬라이드 등의 자료를 구체적이고 실제적인 경험을 제공하는 자료로 많이 사용하는가?					
보육과정평가	27. 영유아 개개인의 발달상태를 정기적으로 평가하고 있는가?					
	28. 평가목적에 따라 다양한 평가 방법과 도구를 보유하고 있으며, 적절하게 사용하고 있는가?					

구분	문항	전혀 그렇지 않다	그렇지 않다	보통이다	그렇다	매우 그렇다
보육과정평가	29. 각종 평가 결과는 체계적이고 누가적으로 기록 · 보관되고 있으며, 교사의 허락 없이 외부로 유출되지 않도록 철저하게 관리되고 있는가?					
	30. 각종 평가 결과로 얻은 자료는 부모에게 제공되고 있으며, 필요시 보육교직원들 간에 공유되고 있는가?					

* 서울특별시 교육청(2007)의 교육과정 운영 평가척도를 어린이집의 보육 프로그램 평가척도에 맞추어 수정한 것임

출처: 한국보육진흥원(2012)

2020년에 고시된 제4차 어린이집 표준보육과정에서는 기관 및 학급 수준 보육과정 운영의 자율성이 강화됨에 따라 평가 역시 방법과 시기에 대해서도 자율성을 가지도록 하고 있다. 교사는 관찰과 기록, 수집, 부모 설문지 등의 다양한 방법을 이용하여 보육과정 운영에 대한 평가를 실시하게 된다.

특히 제4차 어린이집 표준보육과정은 영유아중심 · 놀이중심 보육과정의 성격을 띠므로, 각 어린이집에서는 연간 보육과정 운영 계획을 수립할 때 기본적으로 어린이집의 보육철학과 함께 영유아중심 · 놀이중심 보육과정에 근거한 보육과정을 계획하고 운영한다. 따라서 표준보육과정에서 제시한 평가의 방향을 기초로 각 어린이집은 보육과정 평가를 하도록 한다.

제4차 어린이집 표준보육과정의 평가

평가는 다음 사항에 중점을 두고 실시한다.

가. 표준보육과정 운영의 질을 진단하고 개선하기 위해 평가를 계획하고 실시한다.
나. 영유아의 특성 및 변화 정도와 표준보육과정의 운영을 평가한다.
다. 평가의 목적에 따라 적합한 방법을 사용하여 평가한다.
라. 평가의 결과는 영유아에 대한 이해와 표준보육과정 운영 개선을 위한 자료로 활용할 수 있다.

(4) 어린이집 평가

어린이집은 영유아에게 있어 제2의 가정과 같은 삶의 터전이라는 점에서 보육평가의 중요한 대상이 된다. 어린이집 평가의 목적은 어린이집의 질적 수준을 제고하는 데 있으며, 1장에서 제시한 바와 같이 일반적으로 구조적인 질, 과정적인 질, 서비스의 질 등 세 가지 유형으로 구분하여 평가한다(박찬옥 외, 2016).

구조적인 질은 교사 대 영유아의 비율, 학급규모, 교사의 자격 및 경력 등과 같이 객관적으로 측정할 수 있는 것이며, 과정적인 질은 교사와 영유아의 상호작용, 교사의 민감성과 반응성, 교사-영유아-부모 간의 의사소통, 발달에 적합한 보육활동 등을 평가하는 것이다. 서비스의 질은 어린이집 학부모의 만족도로 평가되는데, 보육운영 시간, 보육서비스가 제공되는 범위 등을 포함한다. 이들 세 가지 유형의 질적 변인들은 서로 복합적으로 작용하여 어린이집 보육의 질적 수준을 결정한다고 볼 수 있다.

우리나라는 2005년부터 어린이집 평가인증제를 실시하여 2019년 어린이집 평가제로 전환되고, 2020년대에 이르기까지 어린이집 보육의 질을 평가하고 개선하기 위한 노력을 계속하고 있다.

2. 어린이집 평가

저출산 문제가 심화되고, 영유아가 국가경쟁력의 기반이 되는 미래 인적자원이라는 인식이 사회적으로 공유되면서, 어린이집의 양적 · 질적 제고 논의는 계속되고 있다. 우리나라는 2003년부터 평가인증제를 준비하고 시행해 오다가, 2014년 유 · 보 통합논의를 거쳐 2019년 6월부터 어린이집 평가제로 전환하였다.

여기에서는 어린이집 평가가 평가인증제에서 평가제로 전환되기까지의 과정을 알아보기로 한다.

1) 어린이집 평가인증제

어린이집을 평가한다는 것은 "영유아들이 과연 안전하고 건강하게 생활할 수 있는 어린이집인가?"와 "영유아들이 공동체 생활을 통해서 즐겁게 의미 있는 경험을 할 수 있는가?"에 중점을 두고 이를 증명할 수 있는 자료들을 조사하여 판단하는 것을 말한다.

어린이집 평가의 필요성은 1980년대 이후 여성의 취업 증가로 인한 보육 수요의 급증과 함께 보육의 질 관리가 문제의식으로 부각되면서 제기되었다. 이에 따라 정부는 2003년 1월 보육시설 평가인증제를 도입하기로 하고, 2004년 1월에 보육의 질 관리를 담은 「영유아보육법」 개정을 통해 평가인증제도에 대한 법적 근거(법 제30조)를 마련하였다. 이때 어린이집 평가라는 용어를 쓰기보다는, 어린이집 평가인증이라는 용어를 사용함으로써 전국에 있는 모든 어린이집에게 의무적으로 적용하는 것이 아니라, 어린이집 스스로가 신청하여 '어린이집 설립 및 운영관리 전반에 걸쳐 합법적 절차로 이루어졌음을 국가(지방자치단체)가 인정하여 증명을 받도록' 하였다. 따라서 당시 어린이집들이 평가인증을 받는 것은 대내외적으로, 특히 학부모들에게 법적 조건이 잘 갖춰진, 믿을만한 보육기관이라는 정체성을 갖게 되어 큰 의미가 있지만, 한편으로는 이러한 인증을 받기 위해 업무 부담이 가중되고 외부에 어린이집 운영을 개방해야 한다는 부담이 있어 이 제도를 반대하는 움직임도 있었다.

그러나 제도 도입의 필요성을 현실적으로 수용하게 되면서 2005년 시범운영을 해보고, 2006년부터 1차(2006~2009년), 2차(2010~2017년), 3차(2018~2019년 5월) 평가인증을 시행하였다.

어린이집 평가인증제도의 목적은 다음과 같다(보건복지부, 한국보육진흥원, 2019).

첫째, 보육서비스의 질적 수준을 향상시켜 영유아가 안전한 보육환경에서 건강하게 양육될 권리를 보장할 수 있도록 한다.

둘째, 어린이집이 보육서비스의 질적 수준을 높이고자 준비하고 노력하는 과정을 통해 원장과 보육교직원의 전문성이 증진되도록 한다.

셋째, 보육서비스의 질적 수준에 대한 정보를 제공하여 부모들이 합리적으로 어린이집을 선택할 수 있도록 한다.

넷째, 보육정책 수립의 주체인 정부가 보육현장을 효율적으로 지원하고 관리하는 체제를 확립한다.

알아볼까요?

영유아보육법 제30조(2004년 1월)

여성가족부 장관은 보육서비스의 질적 수준 향상을 위하여 보육시설에 대한 평가인증을 실시하고, 업무는 공공 또는 민간기관, 단체 등에 위탁하여 실시할 수 있다.

이후 「정부조직법」 개정에 따라, 여성가족부가 맡았던 가족 및 보육정책 기능을 흡수하여 2008년 보건복지가족부가 탄생함에 따라 2009년에 「영유아보육법」 제30조는 '여성가족부 장관은'이 '보건복지가족부 장관은'으로 변경되었다. 2010년에 여성부와 보건복지부로 개편하면서 「영유아보육법」 제30조는 '보건복지부 장관은'으로부터 첫 문장이 변경되었다.

어린이집 평가인증지표는 1차에서 3차로 이어가는 동안, 보육시설 평가인증 확대를 위한 공청회 및 현장 교사, 어린이집들의 의견을 조사하여 계속적으로 수정 · 보완하는 절차를 거쳤다(보건복지부, 한국보육진흥원, 2019).

〈제1차 어린이집 평가인증지표 구성〉 (2006~2009년)

유형	영역 구성	비고
21인 이상 2008. 10~ 40인 이상	영역1 보육환경(10) 영역2 운영관리(13) 영역3 보육과정(15) 영역4 상호작용(11) 영역5 건강과 영양(13) 영역6 안전(10) 영역7 가족 및 지역사회와의 협력(8)	7개 영역 80항목
20인 이하 2008. 10~ 39인 이하	영역1 보육환경 및 운영관리(12) 영역2 보육과정(13) 영역3 상호작용(11) 영역4 건강과 영양(14) 영역5 안전(10)	5개 영역 60항목
장애아 전담	영역1 보육환경(14) 영역2 운영관리(13) 영역3 보육과정(15) 영역4 상호작용(11) 영역5 건강과 영양(14) 영역6 안전(10) 영역7 가족 및 지역사회와의 협력(8)	7개 영역 85항목

〈제2차 어린이집 평가인증지표 구성〉 (2010~2017년)

유형	영역 구성	비고
40인 이상	영역1 보육환경(11) 영역2 운영관리(12) 영역3 보육과정(14) 영역4 상호작용과 교수법(11) 영역5 건강과 영양(12) 영역6 안전(10)	6개 영역 70항목
39인 이하	영역1 보육환경 및 운영관리(11) 영역2 보육과정(11) 영역3 상호작용과 교수법(11) 영역4 건강과 영양(12) 영역5 안전(10)	5개 영역 55항목
장애아 전담	영역1 보육환경(14) 영역2 운영관리(13) 영역3 보육과정(15) 영역4 상호작용과 교수법(10) 영역5 건강과 영양(13) 영역6 안전(10)	6개 영역 75항목

2014년 어린이집과 유치원의 통합 평가체계가 추진되면서, 2018년부터 제3차 어린이집 평가인증 통합지표는 4영역 21개 지표, 79개 평가항목으로 구성하였다.

〈제3차 어린이집 평가인증지표 구성〉 (2018~2019년 5월)

유형	영역 구성	비고
공통	영역1 보육과정 및 상호작용(31) 영역2 보육환경 및 운영관리(19) 영역3 건강 · 안전(15) 영역4 교직원(14)	4개 영역 79항목

어린이집 평가인증제도는 어린이집 질 관리에 효과적으로 활용되고 있으며, 보육교직원, 부모, 영유아의 발달에까지 긍정적인 영향을 미치는 것으로 보고되었다. 그러나 한편으로는 자율 신청 방식의 인증 참여로 인해 평가 사각지대가 발생한다는 것, 현장의 평가 부담 등으로 평가인증 운영체계와 지표 개선의 필요성이 제기되었다.

2) 어린이집 평가제

2018년 12월 11일 「영유아보육법」 개정안이 공포되면서, 2019년 6월 12일부터 어린이집 평가제가 시행되었다. 평가제를 시행한다는 것은 전국의 모든 어린이집이 의무적으로 평가 대상이 된다는 것을 의미한다.

개정 「영유아보육법」 제30조의 어린이집 평가제는 다음과 같은 특성을 가진다(이완정, 2019).

첫째, 영유아의 안전과 보육서비스의 질 향상을 위하여 정기적으로 평가를 실시한다. 둘째, 어린이집의 보육환경, 보육과정 운영, 보육인력의 전문성 및 이용자 만족도 등에 대해 평가한다. 셋째, 어린이집의 평가등급 등 평가 결과를 공표한다. 넷째, 일정 사유 발생 시 그 평가등급을 최하위 등급으로 조정한다. 다셋째, 필요시 확인점검을 실시하여 평가등급을 조정할 수 있다.

이렇듯, 어린이집 평가제는 전체 어린이집의 질 관리를 위하여 평가 자체에 목적을 두기보다는 정기적인 평가를 통해, 어린이집이 지속적으로 보육의 질적 수준을 향상시키고 유지하게 함으로써, 영유아의 안전과 건강 · 조화로운 성장과 발달을 도모하여, 부모가 믿고 맡길 수 있는 안심 보육환경 조성에 기여하는데 목적을 둔다.

어린이집 평가제 시행의 구체적 목적은 다음과 같다(보건복지부, 한국보육진흥원, 2020).

첫째, 상시적인 보육서비스 질 관리를 위해 주요 핵심지표를 중심으로 질 관리 표준을 제시하고, 어린이집 스스로 질적 수준을 제고하도록 한다.

둘째, 전체 어린이집에 대한 주기적 평가를 통하여 보육서비스 품질관리의 사각지대를 해소하고, 전반적인 보육서비스 수준을 지속적으로 관리하여 국가의 책무성을 강화하고자 한다.

셋째, 궁극적으로 평가제를 통해 보육서비스의 질 향상을 제공함으로써 영유아의 안전과 건강, 조화로운 성장과 발달을 도모하고자 한다. 이를 위해 영유아의 인권과 놀 권리를 보장하고 영유아가 건강하고 행복하게 성장할 수 있는 안심 보육환경을 조성하여, 보육교직원이 영유아보육에 집중할 수 있는 여건을 조성한다.

표 6-3 | 평가인증제와 평가제의 특징 비교

구분	평가인증제	평가제
평가대상	• 평가인증 신청 어린이집	• 전체 어린이집
평가절차	• 어린이집 신청→기본사항 확인→자체점검 → 현장평가 → 종합평가 (총 4개월) 신청 / 어린이집 ⇨ 기본사항 확인 / 지자체 ⇨ 자체점검 보고서 제출 / 어린이집 ⇨ 현장 평가 / 현장 평가자 ⇨ 종합평가, 결과통보 / 종합평가 위원회	• 평가대상 통보→기본사항 확인 및 자체점검 → 현장평가 → 종합평가 (총 3개월) 대상 통보 / 한국 보육 진흥원 ⇨ 기본사항 확인 및 자체점검보고서 제출 / 지자체, 어린이집 ⇨ 현장 평가 / 현장 평가자 ⇨ 종합평가, 결과통보 / 종합평가 위원회
	• 참여수수료 어린이집 납부	• 참여수수료 전액 국가 부담
	• 기본사항: 필수항목 9개, 기본항목 – 필수항목 미준수는 참여 제외, 기본항목 미준수는 차하위 등급 부여	• 기본사항: 사전점검사항 5개, 위반 이력사항 – 사전점검사항 미준수는 D등급 부여, 위반 이력사항 발생 시 차하위 등급 부여
	• 소위원회와 종합평가위원회에서 심의, 등급 결정	• 소위원회와 종합평가위원회에서 심의, 등급 결정 * 필수지표 및 요소 미충족 시 A등급 불가
	• 재참여, 재평가 과정 운영	• 재참여, 재평가 과정 폐지
평가결과	• 4등급(A, B, C, D), D등급 불인증	• 4등급(A, B, C, D)
평가주기	• (유효기간) 3년(A등급 1년 연장 가능)	• A, B등급 3년 / C, D등급 2년
결과공표	• 평가받은 어린이집의 결과 공시 – 평가인증 결과, 인증이력 등 공개	• 전체 어린이집의 결과 공시 – 평가결과, 평가이력 등 공개

구분	평가인증제	평가제
사후관리 및 등급조정	• 인증 어린이집 사후관리 – 연차별 자체점검보고서 제출 – 확인점검(무작위, 월단위 시기 안내) – 확인방문(배우자 및 직계존비속 또는 1년 이상 재직교사로 대표자 변경, 주소변경) – 인증유효기간 종료 * 법 위반 및 행정처분 발생 시 인증 취소	• 평가 등급별 사후관리 – 연차별 자체점검보고서 제출 (A, B등급) – 사후방문지원(C, D등급 의무 실시) – 확인점검(평가 관련 민원 발생, 법 위반 및 행정처분, 정보공시 부실 어린이집 등에 대하여 불시 점검) • 평가등급 조정 및 관리 – 법위반 및 행정처분 발생 시 최하위 등급 조정
결과활용	• 인증어린이집에 대한 행 · 재정적 지원	• 평가 등급별 행 · 재정적 지원 등 • 지도점검 연계(2회 연속 D등급 어린이집)

출처: 보건복지부, 한국보육진흥원(2020: 10)

이제, 어린이집 평가 운영에 대한 주요내용을 소개하기로 한다(보건복지부, 한국보육진흥원, 2020).

1. 일반사항

1) 기본 방향

- 국가 차원의 주기적인 평가를 통해 모든 어린이집의 상시적인 보육서비스 질을 확보하고, 보육 · 양육에 대한 사회적 책임 강화를 실현하며 안심 보육환경을 조성한다.

2) 법적 근거: 「영유아보육법」 제30조(어린이집 평가)

- 보건복지부장관은 보육서비스의 질 향상을 위하여 모든 어린이집에 대해 정기적으로 평가를 실시하고, 평가업무는 한국보육진흥원에 위탁하여 실시한다.

3) 사업 개요

- 평가 대상: 「영유아보육법」에 따라 설치한 모든 어린이집(방과후 전담 어린이집 제외)
- 평가 내용: 「영유아보육법」 제30조 제1항과 관련된 평가지표
  ※ 평가지표의 평가영역 및 항목, 평가 방법, 평가 절차 등에 관한 세부

사항은 한국보육진흥원에서 정함

- 평가과정: 평가대상 선정 및 통보, 기본사항 확인 및 자체점검, 현장평가, 종합평가
- 수수료: 참여수수료 전액 국가 부담

2. 운영체계

어린이집 평가과정은 평가대상 어린이집의 선정 및 통보로 시작되며, 기본사항 확인, 자체점검보고서 제출, 현장평가, 종합평가 순으로 진행된다. 어린이집 평가 운영체제는 아래와 같다.

단계	주관	관련
준비	**3~5세 보육과정** 상시 자체점검	**육아종합지원센터** 사전컨설팅
대상 선정 및 통보	**한국보육진흥원** 선정통보(1차) ▶ 확정통보(2차)	**어린이집/지자체** 대상 확인
기본사항 확인 및 자체점검	**어린이집** 자체점검보고서 제출	**지자체** 기본사항 확인
현장평가	**한국보육진흥원** 현장평가보고서 작성 및 검토	
종합평가	**한국보육진흥원** 소위원회 ▶ 종합평가위원회 등급 조정 및 결정	◀ (소명심사위원회)
결과통보	**한국보육진흥원** 어린이집 개별 통보	▶ **소명심사위원회** 소명심사
결과공표	**보건복지부** 통합정보공시 홈페이지 공개	
평가 후 관리	**어린이집** – (A, B등급) 연차별 자체점검보고서 제출 – (C, D등급) 자체개선보고서 제출	
평가 후 관리	**한국보육진흥원/유아종합지원센터** – 확인점검 – 사후방문지원 *C, D등급 의무 – 평가주기 조정관리	**보건복지부** 최하위 등급조정

3. 평가지표

• 평가영역 및 평가항목 수

평가영역(항목수)	평가지표	평가항목 수
1. 보육과정 및 상호작용(18)	1-1. 영유아 권리 존중 필수	6
	1-2. 보육 계획 수립 및 실행	6
	1-3. 놀이 및 활동 지원	3
	1-4. 영유아 간 상호작용 지원	4
	1-5. 보육과정 평가	3
2. 보육환경 및 운영관리(14)	2-1. 실내 공간구성 및 운영	4
	2-2. 실외 공간구성 및 운영	3
	2-3. 기관 운영	4
	2-4. 가정 및 지역사회와의 연계	4
3. 건강 · 안전(15)	3-1. 실내외 공간의 청결 및 안전	3
	3-2. 급 · 간식	3
	3-3. 건강증진을 위한 교육 및 관리	3
	3-4. 등 · 하원의 안전	3
	3-5. 안전교육과 사고예방	3
4. 교직원(12)	4-1. 원장의 리더십	3
	4-2. 보육교직원의 근무 환경	3
	4-3. 보육교직원의 처우와 복지	3
	4-4. 보육교직원의 전문성 제고	3

* 3-2, 3-4, 3-5 지표 내 필수요소 8개 포함

4. 어린이집 등급 평정 방식

- (평가지표) 각 지표별 평가항목의 '충족' 개수에 따라 3개 등급(우수, 보통, 개선필요) 중 1개 부여
  - * 평가항목은 체크리스트 방식에 의해 '충족(Y)' 또는 '미충족(N)'에 체크

평가항목 수	지표 평정		
	충족(Y) 항목 수		
2	2개	1개	0개
3	3개	2개	1개 이하
4	4개	2~3개	1개 이하
5	5개	3~4개	2개 이하
6	6개	3~5개	2개 이하
	⬇	⬇	⬇
	우수	**보통**	**개선필요**

- (평가영역) 각 영역별 평가지표 중 '우수', '개선필요', 지표 개수에 따라 3개 등급(우수, 보통, 개선필요) 중 1개 부여
  - * 평가지표 중 '개선필요' 등급이 하나라도 있을 경우, '개선필요' 등급 부여

평가영역(지표 수)	영역 평정		
1. 보육과정 및 상호작용(5)	'우수' 지표 4개 이상(필수 포함)	'우수' 및 '개선필요' 등급에 해당하지 않는 경우	'개선필요' 지표 1개 이상
2. 보육환경 및 운영관리(4)	'우수' 지표 3개 이상		

<table>
<tr><th>평가영역(지표 수)</th><th colspan="3">영역 평정</th></tr>
<tr><td>3. 건강 · 안전(5)</td><td>'우수' 지표 4개 이상(필수 포함)</td><td rowspan="2">우수 및 개선필요 등급에 해당하지 않는 경우</td><td rowspan="2">'개선필요' 지표 1개 이상</td></tr>
<tr><td>4. 교직원(4)</td><td>'우수' 지표 3개 이상</td></tr>
<tr><td></td><td>⬇</td><td>⬇</td><td>⬇</td></tr>
<tr><td></td><td>우수</td><td>보통</td><td>개선필요</td></tr>
</table>

- (어린이집 등급) 4개 평가영역 중 '우수', '개선필요' 등급 개수에 따라 어린이집 등급(A, B, C, D) 중 1개 부여

<평가등급 기준 및 평가주기>

<table>
<tr><th>등급구분</th><th>등급 부여 기준</th><th>평가주기</th></tr>
<tr><td>A</td><td>4개 영역 모두 '우수'인 경우(※ 필수지표 및 요소 모두 충족)</td><td rowspan="2">3년</td></tr>
<tr><td>B</td><td>'우수' 영역이 3개 이하이며, '개선필요' 영역이 없는 경우</td></tr>
<tr><td>C</td><td>'개선필요' 영역이 1개 있는 경우</td><td rowspan="2">2년</td></tr>
<tr><td>D</td><td>'개선필요' 영역이 2개 이상인 경우</td></tr>
</table>

CHAPTER 06 연습문제

01 다음 문장을 읽고, 옳고(○) 그름(×)을 표시하시오.

1) 보육에 관한 평가는 대체로 보육평가 · 보육과정 평가 · 수업평가로 대별한다. (　)
2) 보육에서 평가영역은 영유아의 건강한 성장과 행복 정도를 판단하는 기능을 위주로 한다. (　)
3) 제4차 어린이집 표준보육과정에서는 기존의 행동목록법, 평정척도법 등을 지양하고 영유아의 놀이관찰기록을 중심으로 평가하도록 강조한다. (　)
4) 일화기록법은 영유아의 행동을 사실적으로 기록하되, 교사가 전문성 있게 주관적으로 해석할 것을 강조한다. (　)
5) 교사의 자기평가는 일정한 평가 양식을 통해 교사 자신의 강점과 약점을 파악할 수 있도록 돕는다. (　)

02 다음 문장의 (　)에 알맞은 용어를 보기에서 찾아 쓰시오.

1) 평가 방법 중 하나인 (　　　)은 보육일지에 기록한 영유아들의 실제 놀이 모습, 영유아 놀이의 결과물, 작품, 사진이나 동영상 등을 포함한다.
2) (　　　)은 측정치에만 의존하지 않고 전체적이며, 직관적인 판단, 질적인 평가방법, 과거-현재-미래를 통합한 판단이 중요하다고 본다.
3) 보육평가란 보육의 목표인 영유아의 전인적 성장과 발달을 도모하기 위하여 보육활동에 관련된 다양한 자료를 수집하고 분석하여 목표달성도를 판단하고, 보육의 (　　　)을 위한 정보를 제공해주는 과정이다.
4) 어린이집 평가제는 전국의 모든 어린이집이 (　　　)으로 평가대상이 된다는 것을 의미한다.
5) 어린이집 평가인증제는 참여하는 어린이집에서 참여(　　　)를 납부하도록 하였다.

보기
총평(assessment), 의무적,
수수료, 질적 개선, 놀이관찰기록

CHAPTER

07

보육제도와 정책

보육제도와 정책은 각 나라의 역사와 시대적 변화에 따라 변화되어 왔다. 우리나라의 경우, 초기 빈민구제를 목적으로 한 탁아 프로그램에서 시작되었으며 시대적 변화에 따라 보편적 아동을 위한 보육으로 진화해 왔다. 여성의 경제활동 증가와 우리나라가 심각하게 겪고 있는 초저출산 현상에 대응하기 위한 중요한 정책 중 하나로 보육이 다루어졌다. 보육은 개인 차원의 문제가 아니라, 사회와 정부가 미래세대의 건강한 성장발달을 지원하고, 양질의 인적자원을 양성하기 위해 함께 노력해 나가야 하는 분야인 것이다(보건복지부, 2018).

국내를 벗어나 국외 보육정책의 역사를 살펴보면 스웨덴, 핀란드, 프랑스, 일본은 산업혁명과 더불어 자선적 차원에서 방치된 아동을 모아 탁아의 형태로 시작하였다. 최근에는 저출산 대응과 맞벌이 부모를 위한 보육서비스의 질 강화 등 시대적 · 사회적 변화의 요구에 따라 각 국가에서는 그에 맞춰 다양한 보육정책이 실현되어 왔다.

7장에서는 보호와 교육이 통합된 방향으로 보육의 공공성을 강화하고 영유아보육의 질을 강화하는 방향으로 국내외 보육제도와 정책을 함께 비교해보며 살펴보고자 한다.

학습
목표

1. 우리나라의 보육제도와 정책의 시대별 변화 및 특징을 통해 전반적인 보육에 대한 이해를 가진다.
2. 국외의 보육제도와 정책을 통해 주요한 특징을 살펴보고, 우리나라의 보육정책에 미치는 영향과 시사점을 찾아볼 수 있다.

1. 우리나라의 보육제도와 정책

1991년은 「영유아보육법」이 처음 제정된 시기로 보육제도와 정책이 보다 체계적으로 발전할 수 있게 된 출발점이 되었다.

여기에서는 1991년을 기점으로 이전 구빈적, 직장여성 지원을 위한 탁아사업 시기와 이후 탁아에서 보육으로의 발전 시기로 나누고, 2004년 「영유아보육법」 전면개정 이후부터는 국가의 중장기적 보육 계획에 따른 보육정책이 시작됨에 따라 정부별 시기를 구분하여 보육제도와 정책의 변화를 살펴보기로 한다.

1) 구빈적, 직장여성 지원을 위한 탁아사업(1921~1991)

우리나라의 보육사업은 빈민아동을 위한 구제사업의 일환으로 1921년 태화기독교사회관에서 시작된 탁아 프로그램이 최초의 시작이었다. 이는 광복 이후 전쟁고아와 기아, 미아를 돌보는 빈민아동 구제사업의 성격으로 정부의 개입보다는 외국의 원조에 의해 사후 설치되는 구호적 차원의 보육이었다. 광복 이후부터 1950년까지는 6 · 25전쟁을 전후한 정치적 · 사회적 혼란기로 국가가 보육사업에 대한 명확한 지침을 세우지 못한 시기였다(홍인혜, 2006). 1952년 정부는 해당 시설을 관리하기 위해 '후생시설 운영요령'을 작성하였으며, 이때 '탁아소'라는 명칭이 등장하였다. 1960년까지 피난민이 집중된 부산의 시립탁아소를 포함하여 전국적으로 24개의 시설이 운영되고 있었으며 '고아원'과 차이 없는 임시구호적 특징을 가지고 있어 보육의 제 기능을 다하지 못하였다.

우리나라의 보육체제는 1961년 정부가 「아동복리법」을 제정 · 공포함으로써 탁아시설을 법정시설로 정부의 감독하에 둠으로써, 국가가 보육사업에 본격적으로 개입하기 시작하였다. 「아동복리법」에서는 '탁아소'를 법정 아동복지시설로 인정하고 아동복리시설의 유형, 아동복리행정 종사자, 아동복리시설의 설립주체(국가, 지방자치단체, 법인), 보조금의 지원근거, 시설의 설치기준, 종사자 배치기준, 보육시간, 보호 내용 등을 세부적으로 규정하였다.

1960년대 후반에는 산업의 발전으로 노동시장이 확대되고, 여성의 취업이 증가함에 따라 아동보육의 수요와 그에 따른 탁아시설이 필요하게 되었다. 보건사회부는 1차(1967~1971년), 2차(1972~1976년), 3차(1977~1981년) 즉 15년간에 걸쳐 탁아시설의 증설 계획을 세우게 되었으며, 1968년 '탁아소'는 '어린이집'으로 명칭을 변경하였다. 1970년대 후반에는 탁아시설 운영개선안을 마련하여 보육에 교육의 기능을 강화하고 일반 아동도 어린이집에 다닐 수 있도록 개방하였다. 빈곤 저소득층이 아닌 중산층의 아동도 보육시설(보육시설이 어린이집으로 개칭된 것은 2012년임)을 이용할 수 있게 됨에 따라 아동보육 수요의 증가는 어린이집, 농번기 탁아소, 새마을 협동유아원 등 다양한 형태의 기관이 난립하게 만들었다.

1981년 「유아교육진흥법」이 제정되면서 「아동복지법 시행령」에 규정되었던 어린이집(보건사회부), 새마을 협동유아원(내무부), 농번기탁아소(농촌진흥청) 등은 내무부 산하의 새마을 유아원으로 통합하고, 유아교육진흥의 기본시책을 정립하고 설치근거를 마련하며, 새마을 유아원의 교직원 종별 및 자격 등을 구체적으로 마련하게 되었다.

새마을 유아원은 점차 증가하였으나 보육수요를 충족하기에 여전히 부족하였고, 기존 유치원처럼 반일제 운영이 많아 저소득층 맞벌이 근로자의 자녀를 보육하는 데에는 한계가 있었다. 1978년 노동부에서는 「남녀고용평등법」을 제정, 직장탁아제도를 도입하였다. 공단근로자의 자녀를 위한 시범탁아소를 설치하였으며 이후 지역 탁아소들이 생겨나기 시작하였다. 급증하는 보육수요에 적극 대처하고 보건사회부, 내무부, 교육부, 노동부 등 여러 부서로 나뉜 보육 및 유아교육 사업을 전면 개편할 필요성이 요구되었다. 이에 따라 보육 관련 법령의 통합과 주관부서의 일원화 등이 제기되었다.

2) 탁아에서 보육으로 발전(1991~2004)

1991년 「영유아보육법」의 제정 · 공포는 어린이집의 조속한 확대, 아동의 건전한 보호 · 교육 및 보호자의 경제적 · 사회적 활동을 지원하였다. 법 체계와 주관부서를 보건복지부로 통합 · 일원화하였으며, 종전의 탁아사업에서 '보호'와 '교육'을 통합한 보육사업으로 질적 확대를 이끌었다. 이 시기에는 어린이집 설치기준의 변천으로 1991년 「영유아보육법」 제정 당시에는 인가제(가정보육시설만 신고제)였으나, 1998년 7월 신고제로 완화하고, 2004년 1월에는 인가제로 다시 강화하였다.

「영유아보육법」이 지향하는 보육정책의 기본이념은 전통적인 아동의 가정양육원칙과 자유민주주의 이념에 따라 보육정책의 대상을 보호자가 보호하기 어려운 영아 및 유아로 한정하였다. 또한 전통적인 사회복지정책의 기본이념에 따라 부담능력이 있는 계층의 자녀는 보호자가 보육료를 부담하도록 하여 아동에 대한 부모의 책임도 명시함으로써 영유아보육 문제를 국민 모두에게 책임을 지도록 하였다(홍인혜, 2006). 이후 10여 차례의 「영유아보육법」 및 하위 법령의 개정을 통해 영유아보육을 정비하였다.

2001년은 우리나라의 출산율이 세계 최저수준인 1.32명을 기록함에 따라 저출산 고령화를 해결할 인구정책의 중요성이 제기됨에 따라 보육에 대한 중장기계획이 요구되었다.

3) 참여정부의 보육정책(2004.6~2008.2)

2004년 보육업무는 보건복지부에서 여성부로 이관하며 「영유아보육법」의 전면 개정이 이루어졌다. 또한 「영유아보육법」을 근거로 하여 매 5년마다 보육실태를 조사하며 중장기 보육기본계획을 수립하기 시작하였다. 먼저 2004년 6월 제1차 육아지원정책으로 고령화 및 미래사회위원회에서 '보육 및 육아교육지원의 공공성 확대(공약사항)'에 대한 대책을 발표하였다. 육아부담을 소득에 따라 50% 경감하며, 1년간 육아휴직을 포함, 보육시설의 평가인증제 도입, 보육국가자격제도의 시행이 포함되었다.

2005년 5월에는 제2차 육아지원방안이 발표되어 '출산율 제고 및 여성경제활동 참가'에 대한 대책발표로 표준보육료와 교육비의 산정, 영아기본보조금이 시범도입되었다.

2006년 7월 여성가족부에서는 공보육강화를 위한 '제1차 중장기 보육 계획(새싹플랜: 2006~2010)'을 발표하였으며 국공립시설을 2010년까지 2배 확충, 기본보조금의 확대지원, 차등보육료지원을 평균소득 130% 이하까지 확대(2009)하는 내용을 발표하였다.

2006년 8월에는 저출산 고령사회위원회에서 세계 최저의 저출산 문제 해결을 위한 새로마지플랜 2010을 발표하였다. 새로마지플랜이란 "새롭게 태어나는 아이부터 노후의 마지막 생애까지 희망차고 행복하게"라는 국가의 인구복지 정책을 의미한다(새로마지: 새로움과 마지막을 더하여 만든 말). 범정부적 저출산 고령화 대책안에는 국공립시설의 30% 확충과 영아기본보조금 도입, 차등보육료 확대, 만 5세 무상보육확대, 아동수당 도입의 검토가 포함되었다.

이 시기에는 양적으로 팽창한 보육시설의 질을 관리하기 위한 어린이집 평가인증제도와 국가적 수준의 표준보육과정이 마련됨으로써 보육의 질적 수준을 한 단계 더 개선할 수 있었다.

- 제1차 중장기 보육 계획: 새싹플랜(2006~2010)

2006년 7월 여성가족부는 제1차 중장기 보육 계획인 '새싹플랜(2006~2010)'이 발표되었다. 제1차 중장기 보육 계획은 저소득층 위주의 지원에서 벗어나 지원 대상을 중산층까지 확대하고, 공급자중심의 정책에서 벗어나 수요자중심의 정책으로 전환하는 체계를 구축하고자 하였다. 민간 위주로 보육서비스가 제공되고 있고 보육서비스의 수준이나 다양성이 수요자의 기대를 충족시키고 있지 못하고 있다는 실태를 개선하고자 '보육의 공공성 강화'와 '양질의 보육서비스 제공을 목표로 제시하였다. 이를 달성하기 위한 5개 정책 분야 20여 개 주요 정책과제를 발표하였다.

새싹플랜에 따른 주요 정책을 살펴보면 다음과 같다. 5개의 정책 분야는 보육의 공공성 강화를 위한 공보육 기반 조성, 부모의 육아부담 경감, 다양한 보육서비스 제공과 질높은 보육서비스 제공을 위한 아동중심의 보육환경 조성, 보육서비스 관리체계 강화이다.

중점적으로 추진할 핵심 과제를 살펴보면 다음과 같다.

보육의 공공성을 강화하기 위해 국공립보육시설을 2010년까지 2005년 기준 1,352개소의 2배 수준(2,700개소)으로 확충하고, 저출산 · 고령화 문제해결을 위한 사회협약에 따라 장기적으로 보육시설 이용아동 기준 30%까지 확충하는 내용을 담았다.

보육료 지원확대, 유아기본보조금 도입에 따른 보육시설 운영의 투명화와 질 관리를 위하여 평가인증시스템 확대, 보육행정 전산망 전국확대 시행, 보육시설 운영위원회 활성화 등을 추진하게 된다.

저출산 문제해결과 경제의 새로운 성장동력으로 여성인력 활용을 위해 자녀 양육을 정부와 지역사회가 함께 지원해야 한다는 인식을 바탕으로 하고 있다.

보육서비스의 수준이나 다양성이 수요자의 욕구를 충족시키고 있지 못하다는 문제인식을 바탕으로 저출산문제와 여성인력의 활용, 믿고 맡길만한 보육시설 확충의 필요성 증대에 따라 중장기 보육사업 추진을 위한 종합적이니 계획을 수립했다는 점에서 의미가 있다.

표 7-1 | 제1차 중장기 보육 계획(2006~2010) 새싹플랜 주요내용

구분	정책과제(2006~2010년)
비전	함께 키우는 건강한 아동

구분		정책과제(2006~2010년)	
정책목표		• 보육의 공공성 강화	• 양질의 보육서비스 제공
정책분야	공보육 기반조성	• 중장기 수급 계획에 따른 보육시설 확충 • 기본보조금제도 도입	• 국공립보육시설 확충
	부모육아 부담경감	• 보육비용지원 확대 • 취업 부모에 대한 지원 강화	• 영아보육 활성화
	다양한 보육서비스 제공	• 보육시설 이용시간 다양화 • 농어촌 보육서비스 확대 • 포괄적 보육서비스 등 활성화	• 장애아보육 활성화 • 방과후 보육 프로그램 활성화
	아동중심의 보육환경 조성	• 보육시설 환경 개선 • 보육인력 전문성 제고 및 처우 개선	• 건강 · 영양 · 안전관리 강화 • 표준보육과정 개발 · 보급
	보육서비스 관리체계 강화	• 보육시설 평가인증시스템 구축 • 지자체 보육정책 활성화 • 보육사업 추진 관련 인프라 확충	• 보육행정시스템 구축 • 지역사회 참여 및 시설 운영 투명성 제고

출처: 여성가족부(2006) 재구성

알아볼까요?

여성가족부의 변천

2001년 1월 정부조직법 개편에 따라 여성부 신설
2005년 6월 여성가족부로 개편(통합적인 가족정책 수립 · 시행 기능)
2008년 2월 여성부로 다시 개편(가족 및 보육정책 기능을 보건복지가족부로 이관)
2010년 3월 여성가족부로 다시 개편(여성권익증진, 청소년 건강 · 가정증진사업)

4) 이명박 정부의 육아지원정책(2008.3~2013.2)

2008년 3월에 이명박 정부가 들어서며, 보육사무는 '여성가족부'에서 '보건복지가족부'로 변경되었다. 정부의 기조에 따른 국정철학 및 저출산 대응 등 보육정책 환경변화를 반영하여 기존의 새싹플랜을 수정 · 보완한 아이사랑플랜(2009~2012)이 마련되었다.

아이사랑플랜(2009~2012)은 '아이와 부모가 행복한 세상'을 위한 국가의 책임보육의 본격시행을 위한 중장기 계획이다. 영유아의 건강한 성장발달을 최우선시하여 보육에 대한 국가책임을 강화하며 신뢰를 토대로 한 보육정책을 수립하고 추진한다는 목표를 두고 있다. 아이사랑플랜은 보육비용 부담완화, 수요자 맞춤보육, 보육시설 질 제고 및 균형배치, 보육인력 전문성 강화, 보육전달체계 효율화, 보육사업지원체계 구축으로 6개 분야로 나뉘어 20개의 정책과제를 제시하였다. 2006년에는 보육교사 자격증 발급 도입에 이어 어린이집 원장의 국가자격증 제도가 추가로 이루어지게 되었다. 2009년에는 보육료지원방식의 변경에 따라 부모에게 보육전자바우처(아이사랑카드)가 지급되었다. 2010년에는 양육수당이 지급되었으며 그 대상의 지속적인 확대가 이루어졌다.

표 7-2 | 제1차 중장기 보육 계획(2006~2012, 새싹플랜 보완수정) 아이사랑플랜 주요내용

구분		정책과제(2009~2012년)		
비전		아이와 부모가 행복한 세상		
정책목표		• 영유아중심	• 국가책임제 보육	• 신뢰 구축
정책분야	보육비용 부담완화	• 보육료지원 확대 • 시설 미이용 아동 양육수당 지급		

구분		정책과제(2009~2012년)	
정책분야	수요자 맞춤보육	• 다문화가정 영유아보육서비스 강화 • 맞벌이 부모를 위한 보육서비스 지원	• 장애아보육시설 이용편의 제공 • 가정 내 자녀양육서비스 지원
	보육시설 질 제고 및 균형배치	• 보육시설 안전기준 개선 • 평가인증 활성화	• 보육 프로그램 개발, 보급 • 보육시설 균형 배치
	보육인력 전문성 강화	• 보육종사자 자격관리 강화 • 보육교사 처우 개선	
	보육전달 체계효율화	• 비용지원 선정기준 간소화 • i-사랑카드 도입	
	보육사업 지원체계 구축	• 보육정책 연구기능 강화 • 보육통합정보시스템 구축 • 보육시설 지도감독 개선	• 보육사업 지원기구 개편 • 보육시설 안전공제회 설립 • 부모단체 · 모니터링단 활성화

출처: 보건복지부(2009b)

5) 박근혜 정부의 육아지원정책(2013.3~2017.5)

2013년에는 '아이는 행복하고 부모는 안심할 수 있는 세상'을 위한 중장기 전략으로서 제2차 중장기 보육 기본계획을 발표하였다. 보육정책의 핵심이자, 주요 성과지표였던 보육료지원 확대가 2013년부터는 전 계층 무상보육 시행으로 적용되었다.

보육정책 5개년 중장기 기본 계획의 비전은 아이는 행복하고 부모는 안심할 수 있는 세상이며, 그에 따른 전략으로 아이의 건강한 성장과 발달에 최우선, 보육에 대한 국가의 책임실현, 참여와 신뢰의 보육생태계 조성 등 세 가지의 전략으로 나뉘어 제시되었다.

전 계층 무상보육 시행에 따른 부정수급 등 재정누수, 특별활동비 등 부모추가부담, 종일형 위주의 획일적 보육체계 등에 따른 문제점이나 제도상 미비점을 신속하게 보완 및 개선하고자 하였다. 2014년 어린이집 입소대기시스템의 전산화 및 전국확대가 시행되었으며, 2015년에는 인천 아동학대 사건을 계기로 영유아보육법을 개정하여 모든 어린이집에 CCTV 설치 의무화가 시행되었다. 또한 2016년에는 직장어린이집 설치의무 미이행 사업장에 이행강제금부과제도의 실시와 맞춤형 보육이 시행되었다.

정부는 어린이집의 단순 양적지원 확대에서 벗어나 보육서비스의 질적 향상을 위한 공공투자를 확대하고 평가강화 및 사후관리에 역점을 두는 정책기조의 전환으로 보육에 대한 국가책임을 더욱 내실화하고자 하였다. 국가재정 여건을 고려하여 주공급자로서 민간자원을 활용한 결과에 대한 공과를 토대로 지원 수준을 적정화하고, 개별과제 · 각종 규제정비 등 공적 부문과 사적 이윤 추구의 접점을 합리적으로 설정하였다.

표 7-3 | 제2차 중장기 보육 계획(2013~2017) 주요내용

<table>
<tr><th colspan="2">구분</th><th colspan="3">정책과제(2013~2017년)</th></tr>
<tr><td colspan="2">비전</td><td colspan="3">아이는 행복하고 부모는 안심할 수 있는 세상</td></tr>
<tr><td colspan="2">3대 전략</td><td>• 아이의 건강한 성장발달</td><td>• 국가책임 실현</td><td>• 참여와 신뢰 증진</td></tr>
<tr><td rowspan="3">정책분야</td><td>부모의 보육, 양육부담 경감</td><td colspan="3">• 0~5세 보육료, 양육수당 전 계층 지원
• 보육료 적정화 및 부모 추가비용 경감</td></tr>
<tr><td>수요자 맞춤형 보육, 양육 지원</td><td colspan="3">• 아동과 가족 특성별 맞춤형 지원
• 장애아 · 다문화 아동 맞춤형 지원</td></tr>
<tr><td>공공성 확대와 품질관리 강화</td><td colspan="3">• 믿고 맡길 수 있는 어린이집 확대
• 서비스 질 관리 강화 및 진입, 퇴출 등 연계</td></tr>
</table>

구분		정책과제(2013~2017년)
정책분야	양질의 안심 보육 여건 조성	• 보육인력의 역량지원 강화 및 처우개선 • 아이가 안전한 보육환경 기반 마련 • 영유아의 발달에 적합한 질높은 보육 프로그램 제공
	신뢰가 있고 투명한 보육생태계 구축	• 참여, 정보 공개, 신뢰 등 민관협력 기반 조성 • 효율적 · 체계적인 보육 3.0관리 시스템 구축
	보육서비스 재정 및 전달체계 개선	• 체감도 높은 보육, 양육지원 전달체계 강화 • 중앙–지방 간 보육재정의 합리적 분담 • 바람직한 한국형 유보통합 추진방안 검토

출처: 보건복지부(2013) 재구성

6) 문재인 정부의 육아지원정책(2017.5~2022.5)

2017년 12월 새 정부의 국정 철학과 정책 환경 변화에 부합하는 '제3차 중장기 보육 기본 계획(2018~2022)'이 마련되었다. 문재인 정부에서는 국정과제인 '보육 · 양육에 대한 사회적 책임 강화' 실현을 위한 보육의 공공성, 서비스 품질향상 관련 4대 분야 추진과제를 제시하였다.

자세히 살펴보면 '영유아의 행복한 성장을 위해 함께하는 사회'를 비전으로 보육의 공공성 강화, 보육체계 개편, 보육서비스 품질 향상, 부모 양육지원 확대의 4개 분야 14개 추진과제를 설정하였다. 기본 계획에 따라 연도별 세부 시행계획을 보육정책위원회의 심의를 거쳐 수립 및 시행하고, 매년 변화된 환경에 맞추어 보완 · 수정하게 된다. 연차별 국 · 공립어린이집의 확충과 보조교사 확대 지원이 이루어지며, 2018년에는 어린이집 평가가 의무화, 2019년 누리과정 개정, 2020년 표준보육과정의 개정 및 보육지원체계의 개편이 이루어지게 되었다.

표 7-4 | 제3차 중장기 보육 계획(2018~2022) 주요내용

구분		정책과제(2018~2022년)
비전		영유아의 행복한 성장을 위해 함께하는 사회
목표 및 전략	보육의 공공성 강화	• 국 · 공립 이용률 40% 확대 • 국 · 공립 운영의 공공성 강화 • 직장어린이집 활성화 • 어린이집 운영의 건전성 제고
	보육체계 개편	• 어린이집 이용 및 지원체계 개선 • 표준보육비용 산정 및 적정보육료 지원 • 보육과정 개편
	보육서비스 품질 향상	• 보육교사 전문성 강화 • 보육교사 적정 처우보장 • 영유아 보육환경 개선 • 상시적 품질관리 강화
	부모 양육지원 확대	• 부모의 양육역량 강화 지원 • 시간제보육 서비스 확대 • 취약보육 지원 개선

출처: 보건복지부(2017)

(1) 보육의 공공성 강화

- 국 · 공립 이용률 40% 확대: 국 · 공립 신축 지원한도 인상, 민간어린이집 매입지원단가 상향, 민간어린이집의 국 · 공립 장기임차방식 전환, 500세대 이상 공동주택 내 국 · 공립어린이집 설치의 의무화
- 국 · 공립 운영의 공공성 강화
- 직장어린이집 활성화: 직장어린이집 설치 의무이행 실태조사 및 이행강제금 부과 등 사업장의 직장어린이집 직접설치 독려

• 어린이집 운영의 건전성 제고: 어린이집 부정수급 등 관리강화 방안 수립

(2) 보육체계 개편

• 어린이집 이용 및 지원체계 개선: 보육체계 개편
• 표준보육비용 산정 및 적정보육료 지원: 표준보육비용 계측 주기를 3년으로 두며, 표준보육비용 산정 실시
• 보육과정 개편: 누리과정 개정

(3) 보육서비스 품질 향상

• 보육교사 전문성 강화: 학과중심의 자격취득 체계 구축방안, 장기 미종사자 교육과정 개발
• 보육교사 적정 처우보장: 정원초과 반편성 시 허용사유의 제한 및 교사수당 지급 마련, 누리교사 처우개선비 인상, 보조 · 대체교사 지원 확대
• 영유아 보육환경 개선
• 상시적 품질관리 강화: 신청에 의한 평가인증제를 전체 어린이집에 대한 평가제로 전환, '어린이집 이용불편 · 부정신고센터 및 현지조사 지원' 사업 추진 및 관련 시스템 연계, 열린어린이집 운영 활성화, 안전교육 등 영유아 건강 및 안전기반 강화

(4) 부모 양육지원 확대

• 부모의 양육역량 강화 지원: 신규 부모교육 프로그램의 개발 및 부모대상의 온라인 교육 실시, 육아종합지원센터 확충을 통해 교육공간 마련
• 시간제 보육서비스 확대
• 취약보육 지원 개선: 장애아전문 · 통합 어린이집 확충 및 장애아반 담당교사 지원 확대

표 7-5 | 시기별 우리나라 보육제도와 정책의 변화

기간	구분	주요내용
1921 ~ 1991	구빈적, 직장 여성 지원을 위한 탁아사업	• 1921년 태화기독교사회관에서 저소득층 자녀 위주의 탁아사업 시작 • 1962~1981년 「아동복리법」에 의해 보건사회부가 탁아관리 • 1982년 「유아교육진흥법」 제정으로 어린이집, 새마을협동유아원 및 농번기 탁아소를 새마을 유아원으로 흡수 · 통합 • 1987년 고용노동부에서 「남녀고용평등법」에 따라 직장탁아제 도입
1991 ~ 2004	탁아에서 보육으로 발전	• 「영유아보육법」 제정(1991): 보육시설의 조속한 확대, 아동의 건전한 보호 · 교육 및 보육자의 경제적 · 사회적 활동 지원 • 주관부처 일원화: 보육사업 주관부처를 보건복지부로 일원화 • 설치 기준의 변천: 법 제정 당시(1991.1.)에는 인가제(가정보육시설만은 신고제)였으나, 1998년 7월 신고제로 완화하고 2004년 1월 인가제로 다시 강화
2004. 6. ~ 2008. 2.	참여정부의 보육정책	• 보육업무가 여성가족부로 이관됨(2006.6) • (제1차 육아지원정책, 2004. 6.) 고령화 및 미래사회위원회에서 '보육 및 육아교육 지원의 공공성 확대(공약 사항)'에 대한 대책 발표 – 육아 부담을 소득에 따라 50% 경감, 1년간 육아휴직 포함, 평가인증제 도입, 보육국가자격제도 시행 • (제2차 육아지원정책, 2005. 5.) 고령화 및 미래사회위원회에서 '출산율 제고 및 여성경제활동 참가'에 대한 대책 발표: 표준보육료 · 교육비 산정, 영아기본보조금 시범 도입 • (새싹플랜, 2006. 7.) 여성가족부에서 공보육 강화를 위한 제1차 중장기 보육 계획인 새싹플랜(2006~2010)을 발표 – 국 · 공립시설 2010년까지 2배, 이용 아동 30% 수준까지 확충, 기본보조금 확대 지원, 차등보육료 평균 소득 130% 이하까지 확대(2009) • (새로마지플랜, 2006. 8.) 저출산고령사회위원회에서 세계 최저의 저출산 문제해결을 위해 새로마지플랜 2010을 발표 – 국 · 공립시설을 30% 확충, 영아기본보조금 도입, 차등보육료 확대, 만 5세 무상보육 확대, 아동수당 도입 검토

기간	구분	주요내용
2008. 3. ~ 2013. 2.	이명박 정부의 육아지원 정책	• 보육업무가 여성가족부에서 보건복지부로 이관(2008. 3.) • 아이사랑플랜(2008. 12.) • 보육료 지원대상 확대(도시근로자 월평균소득 100% → 소득하위 50%) (2009. 3.) • 양육수당 지급(2010) 및 대상 지속 확대(2010~) • 보육료 지원 방식 변경에 따라 부모에게 보육전자바우처(아이사랑카드) 지급(2009. 9.)
2013. 3. ~ 2017. 5	박근혜 정부의 육아지원 정책	• 제2차 중장기 보육 계획(2013. 12.) • 0~5세 영유아 전 계층 지원(2013. 3.) • 0~83개월 전 계층 양육수당 지원(2013. 3.) • 입소대기시스템 전산화 및 전국 확대시행(2014. 4.) • 모든 어린이집에 CCTV 설치 의무화(2015. 12.) • 직장어린이집 설치의무 미이행 사업장 이행 강제금 부과제도 실시(2016. 1.) • 맞춤형보육 시행(2016. 7.)
2017. 5 ~ 2022. 5	문재인 정부의 육아지원 정책	• 제3차 중장기 보육 계획(2017.12.) • 국공립어린이집 확충(2017년 373개소, 2018년 574개소) • 보조교사 확대 지원(2017년 1.9만 명, 2018년 2.5만 명) • 어린이집 평가(의무)제(법 개정 2018. 12., 시행 2019. 6.)

출처: 보건복지부(2018) p.309 표를 수정

2. 국외의 보육제도와 정책

국외의 보육제도와 정책을 안다는 것은 현 시대의 세계적 보육 동향을 이해할 수 있다는 것이며, 각 나라의 보육제도와 정책이 우리나라의 보육제도와 정책을 구축하는 데 중요한 참고 자료가 될 수 있다는 점에서 의미가 크다.

여기에서는 스웨덴, 핀란드, 프랑스, 일본의 보육정책을 살펴보기로 한다.

1) 스웨덴

스웨덴은 복지제도가 잘 갖춰진 북유럽 국가 중 하나로 여성들의 취업률과 출산율이 다른 유럽국가에 비해 높은 것으로 알려져 있다. 역사적 배경을 살펴보면 17세기 산업화 이전에는 유아 양육의 책임을 온전히 가족에게 두었으며, 빈민 고아와 비적출아(혼인 이외의 자)를 위한 탁아소와 유아원이 운영되었다. 민간 차원에서 국가 차원으로의 보육제도가 본격적으로 발전하기 시작한 것은 제2차 세계대전 이후이다. 국가의 노동력 부족으로 인해 스웨덴의 사회발전에 심각한 장애 요인으로 작용하면서 여성의 근로가 장려되었다. 기혼여성의 취업률이 증가하자 그에 따른 보육시설 확충이 요구되었으며 국가 차원에서는 이를 위한 보편적인 보육지원 정책과 제도가 발전하게 되었다. 취학 전 아동을 지원하기 위한 지역사회서비스와 보육 프로그램, 방과후 보육센터에 대한 계획과 확장 등이 이루어졌다. 공보육서비스의 확대정책은 보육시설의 설치와 더불어 취업부모를 지원하는 아동수당제도 등이 발달하기 시작하였다. 전반적인 스웨덴의 보육정책의 특징은 다음과 같이 살펴볼 수 있다.

(1) 스웨덴의 보육정책의 특징

① 보육에 대한 국가의 책무성 강화

스웨덴은 사회보육제도가 잘 정착되어 있는 나라이다. 보육의 일차적인 책임은 부모에게 있지만, 사회와 국가가 공동으로 분담하는 것을 원칙으로 한다. 즉, 아동을 국가의 자산, 미래로 인식하고 출산에서부터 보육과 교육에 대한 국

가의 책임을 강조한다. 국가에서는 양질의 보육서비스를 제공함으로써, 이를 필요로 하는 사람들이 쉽게 접근할 수 있도록 하며 지방정부의 책임하에 운영한다는 특징이 있다. 즉, 국가가 세운 기본보육정책 기조에 따라 보육시설의 설치, 운영 및 감독 등 실질적인 보육업무는 289개의 지자체가 담당한다. 지자체에서는 아동의 입소를 지원하고, 지역 내 수요에 따라 직접 공립보육시설을 설치한다. 또한 원장의 임면과 교사의 양성, 재교육과 재정적 지원 및 부모부담 보육료를 결정하고 보육시설의 질을 평가하는 방법들에 관여한다(권정윤, 한유미, 2005).

② 평등한 부모역할의 강조

스웨덴은 양성평등지수가 높은 국가이며, 남녀 모두 경제활동 참여를 지원하는 공보육체계를 확립하고 발전시켜 왔다. 가정의 평등한 부모역할에 대한 사회적 지지가 높으며, 초기 부모휴가제도를 도입할 때에는 여성에게만 지원하였으나, 불평등에 대한 비판이 제기되어 부모 모두에게 동등한 출산휴가 및 육아휴직제도를 제공하게 되었다. 취업여성의 증가는 공공보육기관의 확대지원보다 먼저 일어남에 따라 균등한 부와 모의 육아에 대한 참여를 촉진하도록 하였다. 맞벌이 가구의 자녀출산과 육아가 용이한 사회환경 만들기를 목표로 정책이 확대되었으며, 육아지원은 평등한 부모역할을 강조하며, 부모역할을 제도적으로 의무화하는 방향으로 강화되었다.

③ 일원화된 보육행정의 운영

스웨덴의 교육과 보육(ECEC: Early Childhood Education and Care)은 모든 아동기 서비스와 의무교육체계가 교육부 산하 완전 통합된 체계를 갖추고 있다(OECD, 2001). 1998년 이전까지는 사회복지시스템에 속해 있었으나, 1998년 「학교법」으로 전환되면서 교육과학부와 국립교육원 소속으로 전환되었다. 유아교육과 보육을 하나의 행정부서에서 관할함으로써 행정, 재정상의 낭비를 막고, 모든 시설에서 보호와 교육을 동시에 제공함으로써 유아의 전인적인 발달을 돕는다. 더불어 보육제도에 있어 지방자치단체의 자율권이 보장되며, 지역의 특성과 요구에 적합한 보육제도를 운영할 수 있는 특징이 있다. 중앙부처 교육과학부는 국가 수준의 정책결정을 담당한다. 국립교육원은 중앙과 지방 수준에서 취학전 교육과 보육서비스에 대해 전체 평가와 자료 수집, 관리 · 감독하는 책임을 맡고 있으며 ECEC 기관의 운영 지침을 제공하는 역할을 담당한다. 실무는 289개의 지방자치단체로 영유아대상 보육 · 교육정책이 이양되어 지방자치단체가 육아지원 및 ECEC 관련 모든 책임을 전담하고 있다. 지방자치단체는 유아학교와 여가활동센터 등의 설치 및 공급률을 조절하고 보육지원서비스의 질을 관리 감독하며 충분한 자원을 제공할 의무를 가지고 있다. 교육과정에서는 양성평등에 근거한 성인지교육, 놀이중심, 건강과 안전을 강조하고, 모든 아동대상 공평한 접근성을 갖춘 보편 교육체계를 지향하고 있다.

(2) 취학 전 ECEC 기관

스웨덴 최초의 보육기관은 빈민아동의 보호를 위한 목적으로 1836년 설립되었다. 1970년대부터 취업모의 증가로 인해 보육기관의 양적 확대가 본격화되었으며, 1.5세에서 6세까지 모든 아동을 위한 보편적인 보육서비스를 제공하고자 하였다.

스웨덴의 ECEC 기관 유형은 취학 전 아동을 위한 기관과 학령기 아동의 복지를 위한 지원기관으로 나뉘어 있다. 취학 전 아동(1~5세)을 위한 ECEC 기관으로는 가장 널리 이용되고 있는 푀르스콜라와 시간제로 운영되는 개방형 푀르스콜라, 그리고 가정보육시설 등이 있다. 학령기 아동(6~12세)의 복지를 위해서는 여가활동센터와 가정보육시설, 개방형 여가활동센터가 제공된다. 그 외에 초등학교 입학 직전의 아동들이 이용할 수 있도록 학교교육 체계 내에서 이루어지는 유아학급(pre-schoolclass)이 존재한다(김송이, 2007).

기관 수로는 푀르스콜라와 여가활동센터 모두 공립기관 수가 많으며, 등록아동수 역시 공립기관에 다니는 경우가 다수이다. 16개월 미만의 아동은 부모를 위한 육아휴직제도로 인해 보육지원서비스를 거의 이용하지 않고 있으며, 평균적으로 약 15~18개월부터 퍼르스콜라에 다니기 시작한다. 만 1세 영아의 기관 이용률은 육아휴직이 끝난 16개월 이후부터 본격적으로 이루어지기 때문에 상대적으로 낮다. 2013년 기준으로 만 1~6세 전체 영유아의 약 87%가 ECEC 기관 서비스를 이용하고 있으며, 나머지 13%는 다른 민간/사립 서비스 유형 또는 가정 내 양육을 이용하는 것으로 나타난다(육아정책연구소, 2021).

표 7-6 | 스웨덴의 ECEC 기관 유형 및 특징

기관		이용아동 연령	특징
퍼르스콜라	퍼르스콜라 (pre-school)	만 1~5세	• 취업 혹은 학업 중인 부부가 이용 가능이 원칙 • 미취업 상태이거나 육아휴직인 경우에도 이용 가능 • 연중무휴 종일 보육서비스(부모 근무 시간에 따라 조정 가능) • 평균 3학급 정도로 구성, 학급당 인원은 15~24명 정도로, 3명의 교직원 배치 • 지자체별로 비용 상한제액이 정해져 있음
	가정보육 (pedagogical care)	만 1~12세	• 비형식적 기관으로, 2009년부터 Family day care에서 pedagogical care로 명칭 변경 • 아이를 봐주는 사람이 가정으로 방문하여 데이케어를 하는 경우(만 1~12세 이용 가능, 보통 만 1~5세 이용) • 가정보육과 방과후 센터는 취업/학업 중에만 이용 가능 • 지자체별로 보육 상한액이 정해져 있음
	개방형 퍼르스콜라 (open pre-school)	만 1~5세	• 전업주부를 위한 시설, 비형식적 기관 • 기관(퍼르스콜라)에 다니지 않는 아동이 부모/양육자와 함께 이용하는 서비스 • 시간제(정기적 등록 필요 없음) • 부모, 가정보육교사 등이 함께 방문하여 가정에서 접하기 어려운 교재 등을 이용 • 주로 3세 미만 아동을 대상으로 함. 학기 중-시간제 위주 방학 중-전일제 위주로 제공됨

기관		이용아동 연령	특징
유아학급 (pre-school class, förskoleklass)		만 6세 (취학 전 아동)	• 취학 직전 유아를 위한 기관으로 초등학교 내 위치 • 반일+방과후 보육으로 구성됨 • 강제적으로 이용하는 기관은 아니나 높은 이용률로 준 의무교육에 해당함. 이용률 99% • 연간 525시간이 무상으로 제공됨
취학 아동을 위한 보육	여가활동센터	만 6~12세	• 부모가 취업/학업 중인 경우 도움을 주기 위해 구성 • 학교를 다니지 않거나 학교가 휴일인 경우 아동을 보육하고, 학교에 다니는 경우에는 학교에서 경험할 수 없는 경험을 제공함으로써 아동발달을 지원함 • 연중무휴, 시간제 서비스 제공 • 지자체별로 보육 상한액이 정해져 있음
	가정보육 (pedagogical care)	만 1~12세	• 아이를 봐주는 사람이 가정으로 방문하여 데이케어를 하는 경우 • 가정보육과 방과후 센터는 부모가 취업/학업 중인 경우에만 이용 가능 • 지자체별로 보육 상한액이 정해져 있음

출처: 문무경(2006); 이상식(2012)

(3) 교사 양성과정과 자격제도

스웨덴의 영유아교사 자격체계는 크게 원장과 교사 직군으로 구분되며 ECEC 기관 유형에 따라 교사는 유아교사, 보조교사, 가정보육모, 레크리에이션 교사로 나뉜다. 2013년에 교사 자격제도가 전면 도입되었으며, 교육의 전반적인 질 향상을 위해 유아교사부터 모든 교사가 전문자격증을 보유한 자에 한하도록 명시하였다. 교사유형에 따른 자격기준과 양성과정을 정리하면 **표 7-7**과 같다.

표 7-7 | 스웨덴 영유아교사 양성과정 및 활동 분야

교사유형	자격기준	양성과정	근무지
유아교사 (preschool teacher)	학사학위	• 3년 6개월(140주) 대학교육 이수(실습 12주 포함)	• 피르스콜라 • 개방형 피르스콜라 • 유아학습 • 레저타임센터
보조교사 (nursery Nurses)	후기 중등교육 (고졸)	• 고등학교에서 3년간 아동과 레크리에이션 프로그램 이수(실습 15주 포함) • 또는 성인교육기관에서 1년간 보조교사 과정 이수	• 피르스콜라 • 개방형 피르스콜라 • 유아학습 • 가정보육 • 취학 전 육아지원기관 • 주교사를 돕는 보조 역할
가정보육모 (family carers)	형식적 교육 자격요건 없음	• 지방자치단체가 운영하는 기관에서 90~100시간 훈련과정 이수	• 가정보육 • 유아학급/가정보육 시설 • 공립 가정보육사: 지자체에 고용되어 급여 및 관리 · 감독을 받음 • 사립 가정보육사: 지자체에 의해 인가를 얻고, 이후 관리 · 감동이나 규제를 받지 않음. 개인적으로 운영됨
레크리에이션 교사 (free-time pedagogues)	학사학위	• 3년 6개월(140주) 대학교육 이수(실습 12주 포함)	• 레저타임센터 • 피르스콜라(단, 유아교사와 함께)

출처: 한유미 외(2005), 최윤경 외(2015) 재인용

퓌르스콜라의 총괄책임자인 원장은 지자체 위원회에서 자격심사를 통해 선출되거나, 본인의 신청이나 지자체의 추천을 받아 선정된다. 원장은 행정적인 모든 일을 총괄 관리하며, 국가와 지자체가 운영하는 원장교육 및 연수 프로그램이 별도 운영되고 있다.

2) 핀란드

핀란드는 출산에서부터 양육, 보육까지 보편적 복지서비스를 국민에게 제공하는 대표적인 복지국가로 보육정책과 제도가 발달되었다.

역사적으로는 제2차 세계대전 이후 여성취업의 증가로 인해 사회적 요구로 인해 보육의 수요가 증가하였으며 안전한 보육의 필요성이 제기됨에 따라 1927년 유치원보조비, 1936년 「아동복지법」을 제정하였다. 1973년 「보육법」 제정을 통해 모든 유치원, 보육에 국가적 지원이 확대되었다. 보육서비스의 주체는 지방자치단체에서 담당하게 되어 있으며 공적 책임이 확대되었다.

20세기 중반 이후부터 일하는 기혼여성의 증가와 함께 보육과 유아교육의 이원화된 체제로 운영되던 핀란드는 1990년대 이후 유아교육과 보육의 통합에 대한 논의가 시작되었으며 2013년이 되어 교육부 산하로 통합되었다. 핀란드는 육아휴직제의 강화와 영아기 부모역할이 강조되었으며, 부모교육에 대한 국가적 관심이 확대되어 활발히 이루어지고 있다.

핀란드는 0세부터 5세까지의 유아교육 단계와 6세의 유아학급 단계, 7세부터 시작되는 초등교육 단계로 학제가 구분된다. 유아학급 단계는 영유아기의 교육과 초등학교를 연계하는 초등 준비 단계의 성격을 가지며, 유아학급을 위한 별도의 교육과정을 가지고 있다.

핀란드의 보육시스템 ECEC(Early Childhood Education and Care)는 아동을 위한 목적 지향적인 조기교육과 가족을 위해 제공되는 아동보육제도(child day care arrangement)를 동시에 충족하는 체계이다. ECEC는 보육(care), 교육(education), 교습(teaching)이 합쳐져 총괄적으로 구성된 것으로 아이의 연령 및 필요, 상황에 따라 보육에 더 중점을 두거나 교육이나 교습에 더 중점을 두기도 한다. 모든 아동의 성장, 배움, 발달을 위해 최상의 조건에서 포괄적인 복지(well-being)를 제공하여 아동이 안전한 환경에서 행동의 자유와 행복을 누릴 수 있도록 하고 있다.

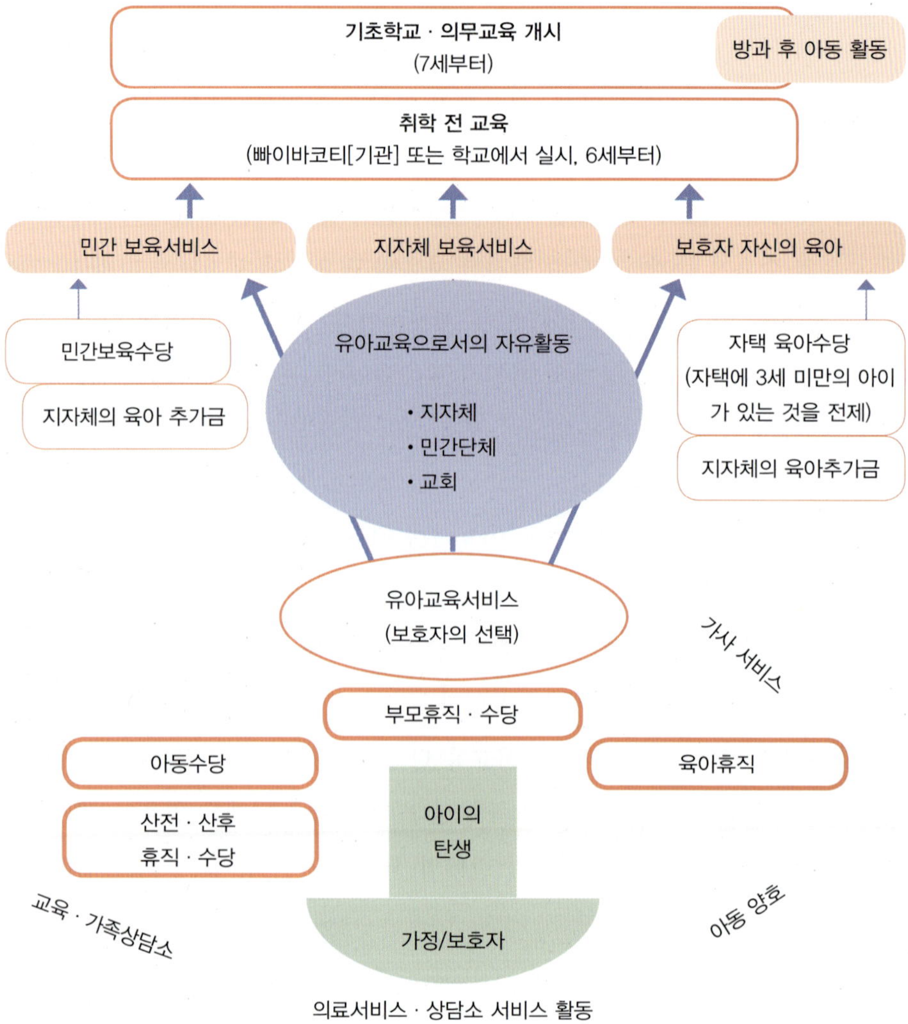

그림 7-1 | 핀란드의 보육시스템

출처: 보건복지부(2013c)

(1) 핀란드 보육정책의 특징

핀란드 보육정책의 특징으로 무상교육과 행정체제의 일원화, 영유아보육에 대한 아낌없는 투자 및 복지지원을 들 수 있다.

① 무상교육

핀란드는 모든 국민이 흥미와 관심에 따라 대학까지 무상교육받을 수 있도록 하는 평등주의를 강조한다. 가족 규모와 소득 수준에 근거하며 저소득 가족은 보육료가 무료이며 보편적인 공공보육체계에 따라 일반가정의 경우 부모부담이 30%를 넘지 않게 보육료를 지원하고 있다. 유치원 교육의 경우 무료로 제공된다.

② 행정체제의 일원화

핀란드는 0세에서 만 6세까지의 아동을 위해 유아교육서비스를 제공하고 있으며, 취학 전 아동에 대한 교육 및 보육 정책은 사회보건부의 책임 하에 있다. 즉, 핀란드는 교육과 보호를 통합하여 일원화 체제 아래에서 유아교육을 체계적으로 실시하고 있다.

③ 영유아보육에 대한 아낌없는 투자 및 복지지원

핀란드에서는 임신과 출산지원제도에 있어서도 다양한 복지서비스와 수당을 정부가 지원하고 있다. 임신 출산과 동시에 무료 산모 육아용품인 '마더박스'의 선물을 통한 물품지원이 이루어진다. 그밖에 출산휴가, 아버지휴가, 부모휴가, 시간제 육아휴직, 일시적 육아휴직, 가족원 돌봄을 위한 일시적 육아휴직, 육아휴직과 가정휴직 등의 다양한 사회복지시스템의 체계적이고 탄탄한 출산제도와 수당, 아동수당, 자녀돌봄을 위한 가정양육수당 등의 부모양육 지원제도가 잘 갖추어져 있다. 부모 선택에 따른 수요자의 측면에서 보육과 교육서비스의 질을 높이는 것이 핀란드 유아교육제도의 핵심이다(이윤진 외, 2015). 국가는 0~6세까지 유아기나 초등학교 입학 전 단계에서 충분한 돌봄과 교육의 기회를 제공해야 초등학교 이후의 성장발달 과정에서 나타날 수 있는 차별과 불평등의 소지를 없앨 수 있다는 것이다. 이에 따라 1~5세의 유아들을 보살피는 보육교사를 3~5명당 1명 정도씩 배치하여 유아들을 최대한 섬세하게 보살필 수 있도록 하고 있다.

부모의 출산휴가가 끝난 후 부와 모 중 한 사람이 아이를 돌보기 위해 부모휴가(158일간)를 신청했을 경우 부모수당이 지급된다. 부모휴가 후 가족은 자녀가 취학할 연령인 7세가 될 때까지 국가에서 지원하는 무급휴가를 받아 집에서 아이를 돌보는 것(아동가정육아수당 지급), 사설보육시설에 아이를 보내는 것(사설아동보육수당 지급), 시에서 제공하는 보육(시립보육센터, 가정보육) 등의 육아지원 방법을 선택할 수 있다.

(2) 유아교육

핀란드는 0세부터 5세까지의 유아교육 단계와 6세의 유아학급 단계, 7세부터 시작되는 초등교육 단계로 학제가 구분된다. 유아학급 단계는 영유아기의 교육과 초등학교를 연계하는 초등 준비 단계의 성격을 가지며, 유아학급을 위한 별도의 교육과정을 가지고 있다.

핀란드의 유아교육과정 목표를 살펴보면 자연현상을 탐구하고, 이해와 경험의 능력증진을 위한 기술과 능력을 신장시키는 것을 강조하며 학업성취가 아닌 개인의 안녕과 타인을 배려하는 행동의 강화, 점진적 자율성을 강화하는 것을 지향하고 있다. 중점적인 영역으로 야외 활동중심의 교육, 놀이중심 교육을 강조하고 있다. 아이들이 자유롭게 마음껏 뛰어놀도록 보장하며, 학업 스트레스로부터 보호하며, 수면습관을 중요시하고, 다른 나라들보다 1년 늦게 형식교육을 시작했다(김신혜, 2009). 아동기부터 인성교육을 강조하며 2살이 되면 옷 입는 것에서부터 밥 먹는 것까지 스스로 하는 법을 익히고, 공동체에서 함께 살아가기 위한 사회성과 배려 같은 기본적 덕목을 배운다. 핀란드의 보육 및 유아교육기관은 마음껏 움직일 수 있도록 넓은 공간을 제공하며 바깥놀이가 빈번하게 이루어진다. 바깥놀이를 강조하는 이유는 아동이 밖에서 놀 때 충분한 에너지를 발산하게 되면 몸도 건강해질 뿐만 아니라, 집중력도 높아지고, 밤에 잘자기 때문이다. 핀란드의 유아교육은 놀이를 기초로 하고 있으며, 교사는 아동과의 경험을 통한 학습을 할 수 있도록 다양한 놀이학습 환경을 제공하고 있다.

(3) 한 사람의 낙오자도 만들지 않는 교육철학

핀란드교육의 특징으로 공교육중심의 교육과 전문성 및 책임감을 갖춘 교사를 들고 있다(정도상, 2011). 핀란드는 6세가 되어 예비초등학교 입학하기 전에는 모국어의 일파벳을 배우지 않는다. 영어학습 또한 종합학교 3학년 즉, 9~10세가 되어서야 영어학습을 시작하며 기초의무교육에서 영어수업 시간은 주당 2시간에 불과하다. 영어와 수학을 배울 수 있는 사교육 학원조차 없다. 한국에 비해 상대적으로 16세 이하 학생들의 학습 시간이 적은 편임에도 많은 국제적인 학업 성취도 평가에서 상위권을 유지하고 있다(이윤진, 정도상, 2015).

핀란드의 교육은 가정과 부모가 자녀의 학습에 관여하지 않으며, 전적으로 공교육기관과 교사가 담당하고 있는 것이다. 공교육중심에서 교사는 '한 사람의 낙오자도 만들지 않는다'는 핀란드의 교육철학을 실천하고 있는 것이다.

영유아 시기부터 학습에 어려움을 겪는 아이들을 조기에 찾아내서 집중적인 지원을 한다. 이는 부적응아동을 이른 시기에 찾아내서 즉각적인 개입을 취하며 여기에 언어치료사, 심리학자, 아동교육전문가, 교육학자 등이 참여하게 된다. 유아기부터 고등까지 필요에 따라 일반지원, 집중지원, 특수지원이 이루어지는 것이다(이윤진, 정도상, 2015).

3) 프랑스

프랑스는 보편적 복지정책으로 모든 계층의 부모와 아동을 대상으로 부모의 상황에 따라 다양한 보육지원정책이 제공되며, 정부가 복지의 주된 책임과 역할을 담당한다. 역사적 배경을 살펴보면, 보육시설의 설치는 주로 서민들의 편의를 위한 아동보호소 역할을 담당하였으나, 제1 · 2차 세계대전 이후 사회와 가족구조의 변화, 여성의 사회참여 증가 등으로 인해 영유아 및 그 가족을 위한 본격적인 교육 및 지원기관으로 발전하게 되었다. 프랑스는 현재 출산율과 여성경제활동 참여율이 모두 높은 수준을 보이고 있어 저출산정책의 가장 모범적인 사례로 평가받고 있으며, 이러한 정책적 성공의 배경에는 국가사회보장 차원에서 추진하는 가족정책과 영유아 보육 · 교육정책이 중요한 역할을 하고 있다.

(1) 보육 및 교육시설 유형

프랑스의 보육서비스는 0~2세를 위한 영아보육과 3~6세를 위한 유아교육으로 나뉘어 연령별로 이원화된 체제를 가지고 있다. 영아는 사회 및 가족복지부 관할, 유아는 교육부 관할이다.

보육시설은 집단보육시설과 가정 내 보육시설로 나뉜다. 집단보육시설 유형으로는 집단보육시설, 유치원, 시간제 보육시설, 부모협동 보육시설이 있다. 만 0~2세 영아는 취업모를 대상으로 영아보육에 대한 국가지원이 이루어지고 있으며, 만 3~5세에 대한 유아교육의 경우는 보편적인 유아교육 형태로 이루어지고 있다. 3~5세 유아에 대한 보육서비스는 방과 후 및 유치원 휴일에 부모가 직접 돌보지 못하는 경우에만 제공되고 있다.

표 7-8 | 프랑스 2개월~6세 영유아 보육 및 교육시설

보육유형	주요내용
집단보육 (기관보육)	• 3세 미만의 영유아를 주간에 보육하는 대표적인 보육유형 • 대상: 생후 2개월 반~3세 미만의 영유아 • 보육시간: 월요일~금요일 07:30~18:30 • 부모가 모두 직업을 가지고 있어 아이를 돌볼 수 없는 가정 우선 입소 • 인력구조: 시설당 한 명의 책임자 및 적격한 자격을 가진 아동전문간호사 배치 및 전문교육을 받은 보모들로 구성 • 시설구조: 주방, 놀이방, 유희실, 운동 공간, 수면실 등 • 운영관리 주체: 구청으로 간식 준비 및 보모의 인건비 지급

보육유형	주요내용
가정보육	• 보모들의 협회에서 운영 • 대상: 생후 2개월 반~3세 영유아 • 보육시간: 월요일~목요일 07:00~19:00 • 보육장소: 보모의 집에서 보육 • 전문교육과정을 마친 보모들이 아동전문간호사를 책임자로 팀을 구성해 활동
부모 협동보육	• 자녀를 둔 보모들이나 가족이 역할분담하여 서로 돌아가면서 그들의 자녀들을 안전하게 보호하고 돌보는 형태 • 대상: 생후 2개월 반~3세 영유아 • 협회에서 이들에게 일정한 월급을 지급하면서 지속적으로 운영
유치원	• 주중에 3~7세의 유아를 보육하는 곳 • 놀이와 반복활동을 통해 유아의 신체적 · 정신적인 능력의 발달 지원
시간제 보육	• 부모가 모두 일을 하거나 일을 하지 않더라도 부모의 외출에 아이를 동반할 수 없을 경우 반나절이나 한나절 또는 몇 시간 정도 아이를 맡아 보육 • 대상: 3개월~6세 영유아의 미취업 부모 • 이용 횟수: 주 3회 정도 • 전문 보모의 자격을 갖춘 사람들이 아이들과 놀아주거나 잠을 재워주거나 함

출처: 김효정, 공창숙, 강영욱, 박윤주(2019)

(2) 보조금 지원

보육의 경우 보육시설의 양적 확충뿐만 아니라 영유아 자녀를 둔 가정에 보육보조금을 지원하거나 부모가 모두 직장에 다니는 경우 직장에서의 근무 시간을 단축시키는 등의 제도적인 지원이 이루어지고 있다. 보육시설 운영비의 절반 정도는 지방정부가 부담하며 부모는 운영비의 약 1/4을 책임진다. 보육시설은 지역가족수당국으로부터 보조금을 받는다. 국가는 사회공동의 책임하에 취학 전 자녀를 둔 부모의 육아를 지원하고 있으며, 이를 위한 다양한 보조금지원 정책을 펼침으로써 일과 가정의 양립을 지원하고 있다.

표 7-9 | 프랑스의 다양한 보조금 지원제도

보육지원제도		내용
유급육아 휴직제도 (육아휴직 수당)		• 도입배경: 가정과 직장의 양립 환경 조성 • 지급자격: 자녀 수가 최소한 2명 이상 – 막내 자녀의 연령이 3세 이하인 경우에 직업활동을 완전히 혹은 부분적으로 중단한 부모에게 지급 • 부모 직접양육 지원, 시설서비스 이용 지원, 개인 보육서비스 이용 지원으로 구분됨
보육비용 지원		• 보육료: 기본적으로 무상 – 부모부담은 약 25% 정도이며, 보육시설 운영비의 약 50%는 지방정부가 부담 – 방학, 휴일, 방과 후 보육 이용 시: 보호자 부담 – 보육료: 부모의 수입이나 자녀 수에 따라 차등 적용
가족수당		• 두 자녀 이상 가정에 대해 자녀가 20세가 될 때까지 지급 • 자녀 수가 증가할수록 육아수당이 크게 증가함 • 출산율 제고를 위한 성격이 강함
가족보조금		• 가족수당만으로는 자녀양육이 어려운 막내 연령 3세 이상의 세 자녀 이상을 가진 저소득층을 대상으로 지급 – 가족수당을 보조하는 역할
출산 관련 수당	영아 수당	• 임신 5개월 이상인 임산부에게 지급
	신생아 환영수당 (보육 지원금)	• 자녀가 태어날 때부터 3살이 될 때까지 매월 일정액의 양육비 지원(전체 가족의 약 80% 대상) • 양육수당: 출산이나 입양 시 소득 조건과 관련하여 받는 기본수당으로 출산으로 인한 취업의 제한을 고려해서 재정적 지원 제공 • 자유활동 보조금 – 첫째 아이: 6개월까지, 두 자녀 이상 : 3살이 되는 바로 전달까지 제공 – 보육유형 선택 보조금: 부모가 가정보육모를 고용하거나 가정보육을 선택할 경우 지원
	출산 보너스	• 자녀 1명당 일정액 지급

보육지원제도	내용
기타	• 입양가정에 입양 시 및 자녀의 연령에 관계없이 3년간 기본지원금 지급 – 자녀를 키우기 위해 직장을 그만두는 엄마에게 3년 동안 매달 사회보장 기금에서 일정액 지원 – 직장을 계속 다니기로 한 경우 3년 동안 자녀를 돌볼 탁아소 보모에 대한 비용 중 일부 지원

출처: 김효정, 공창숙, 강영욱, 박윤주(2019)

4) 일본

일본은 역사적으로는 제2차 세계대전 이전부터 공립보육소와 개인이 설립한 민간보육소가 있었다. 1960년대 취업여성의 증가에 따라 전국적으로 보육시설 수가 급증하면서, 보육의 공공성을 견지하기 위해 법인 자격을 갖춘 민간보육소를 재정적으로 지원하는 정책을 취하였다. 더불어 1994년부터 출산율 저하로 인한 소자녀 현상이 나타남에 따라, 일본도 저출산 고령화로 인한 경각심과 그에 대한 대책의 일환으로 다양한 보육정책을 추진하고 있다.

(1) 저출산 대책으로서의 보육정책

보육정책은 후생노동성, 문부성, 건설성 등 관련 부처에서 담당하였으며 저출산 극복을 위한 중장기 보육 계획으로 엔젤플랜, 신엔젤플랜, 소자녀대책 등 종합적인 보육대책이 시대별로 변천되었다. 1960년대부터 논의되었던 유·보 일원화에 대해 2003년 유치원 및 보육소를 연계하는 종합시설의 설치를 2006년까지 검토하는 등 시범모델사업을 실시해 왔다.

2010년 소자화사회 대책회의에서는 유아기의 질 높은 학교교육과 보육의 통합적 제공, 보육의 양적 확대·확보와 교육 및 보육의 질 개선(대기아동 해소, 지역의 보육지원, 교육과 보육의 질 개선), 지역의 아동·보육 지원 충실화를 과제로 설정하였다. 2012년 소자화사회대책회의에서는 새로운 아동 · 보육시스템 기본제도 확정 및 아동보육 관련 3법 제정 · 공포, 유아기 학교교육과 보육, 지역의 아동 · 보육지원을 위한 공동시스템 구축을 목표로 하고 있다. 보육을 위한 전체 사회의 비용부담을 위한 재원 확보, 내각부에 아동 · 보육본부 설치 및 다양한 보육주체가 참여하는 정부 차원의 아동 · 보육회의와 시 · 정 · 촌의 지방형 아동 · 보육회의 설치 등 제도를 정비하고 있다(김효정, 공창숙, 강영욱, 박윤주, 2019).

2015년부터 시행 중인 아동육아지원신제도에서는 인정어린이원제도의 개선과 지역 실정에 맞춤 육아지원, 정부의 추진체계 정비 등이 추진되었다. 출산율을 높이기 위한 대책으로 보육시설 확보와 동시에 아동수당, 아동부양수당 및 특별아동부양수당의 도입, 육아휴직제도의 확대가 시행되었다.

(2) 아동보육정책의 비전 및 지원체계

일본의 아동 · 보육의 비전은 가족과 부모의 육아부담에서 사회 전체의 육아지원으로의 전환을 통해 아동과 육아를 응원하는 사회, 개인의 희망이 실현될 수 있는 사회를 지향하고 있다. 아동 · 보육 지원체계 구조는 내각부 내에 아동 · 보육담당 내각부특명담당대신과 아동 · 보육회의 ⇒ 아동 · 보육본부 ⇒ 후생노동성과 문부과학성 통합 유치원 · 보육원 연계 강화 · 추진담당 총괄실 ⇒ 지방공공단체로 연계되는 일원적 체계를 갖고 있다(김효정, 공창숙, 강영욱, 박윤주, 2019).

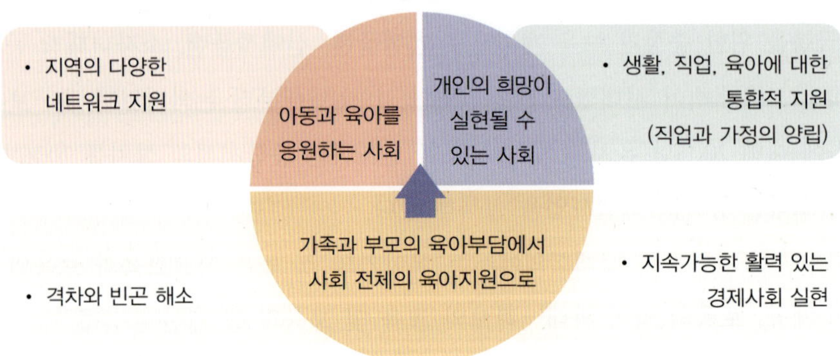

그림 7-2 | 일본의 아동 · 보육정책의 비전 및 목표

출처: 김효정, 공창숙, 강영욱, 박윤주(2019)

(3) 교육 및 보육제도

일본의 취학 전 아동을 위한 지원기관으로는 보육소와 유치원이 있으며, 보호자가 일하고 있는지 여부에 입학기관의 차이가 있다. 일본의 보육소와 교육시설을 담당하는 행정체계는 이원화되어 있어, 보육소는 후생노동성, 유치원은 문부과학성에서 담당하고 있다.

유치원과는 달리 보육소는 보호자가 임의로 아동을 보낼 수 없으며, 「아동복지법」에 근거하여 시 · 정 · 촌의 입소허가를 받아야 한다. 보호자의 취업 등의 사정에 의해 가정에서 보육이 불가능한 아동에 대하여 보육이 이루어진다. 「학교교육법」에 규정된 유치원은 보호자의 희망에 의해 유아교육을 행하는 학교이다. 유아 수의 감소에 따라 유치원은 줄어들었으며, 보육소 또한 지원되는 정부재정의 절감으로 인해 공립보육소가 감소하고 민영화와 통 · 폐합됨에 따라 보육의 질 측면에서 다양한 문제점을 안고 있다.

표 7-10 | 일본의 보육소와 유치원 비교

구분	보육소	유치원
시설의 성격	아동복지시설(2003년 22,400개소)	학교(2003년 14,277개소)
근거법	헌법 25조(생존권) 아동복지법 등	헌법 26조(교육권) 학교교육법 등
대상아동	0세부터 취학 전 보육에 결여되어 있는 아동	만 3세부터 취학 전 유아
입소	시 · 정 · 촌과 보호자의 계약	보호자와 유치원의 계약
개설일수	300일 이상(봄, 여름, 겨울 휴일 없음)	39주 이상(봄, 여름, 겨울 휴일 있음)
보육시간	원칙 8시간(11시간 이상의 개소) 연장보육 10,600개소(02년도) 야간보육 55개소(02년도) 휴일보육 354개소(02년도)	4시간 표준 위탁보육 8,473개소(02년도)

구분	보육소	유치원
종사자 배치	0세 3:1 1, 2세 6:1 3세 20:1 4, 5세 30:1	1학급 35인 이하(35:1)
보육료	시 · 정 · 촌에서 결정 (소득에 따른 차등보육료)	설치자가 결정(공립은 시 · 정 · 촌, 저소득자에 정부지원)
시설 기준	보육실, 놀이실, 옥외 놀이터, 조리실, 화장실	교실, 놀이실, 보건실, 화장실, 운동장, 음료용 설비, 종사자실 등
보육 내용	보육시설 보육 지침(3~5세 부분은 유치원 교육 요령에 준거)	유치원 교육 요령

출처: 김효정, 공창숙, 강영욱, 박윤주(2019)

영유아보육과 교육행정의 이원화로 인한 행정의 비효율화와 저출산으로 폐원하는 유치원이 다수 생기는 일본의 사회적 상황 속에서 유치원과 보육소를 일체화시킨 '인정어린이원'이 등장하였다. 맞벌이 가정의 증가로 보육소 입소를 희망하는 아동이 늘어나면서, '인정어린이원'은 2006년 6월 「취학 전 어린이 교육 · 보육 등의 종합적인 제공 추진에 관한 법」 성립 후 10월 1일부터 정부주도하에 시행되었다. '인정어린이원'은 유보연계형, 유치원형, 보육소형, 자치단체 재량형 등 네 가지 유형으로 나뉘며, 각 지역의 실정에 따라 선택적으로 운영될 수 있다. 유보통합에 가까운 유보연계형 어린이원은 유치원과 보육소의 기능을 통합하여 0~2세는 8시간, 3~5세는 4시간, 8시간 이용으로 나눠 부모의 필요에 맞춰 통합적으로 제공한다.

2021년 일본에서는 육아와 보육, 아동학대 방지 등을 총괄하는 '어린이청'을 신설하겠다는 방침을 밝히면서 후생노동성, 문부과학성, 내각부 등 3개 부처의 관련 부서를 통합하는 방안을 검토하게 된다(최진주, 2021).

CHAPTER 07

연습문제

01 우리나라 보육제도와 보육정책의 변화에 대한 설명으로 맞지 않는 것은?

① 우리나라의 보육사업은 빈민아동 지원을 위한 탁아사업에서부터 시작되었다.

① 2004년 영유아보육법의 전면 개정을 통해 모든 아동을 대상으로 하는 보편적인 보육정책으로 전환되었다.

② 참여정부가 들어서며 처음으로 국가적으로 중장기 보육기본계획이 수립되었다.

③ 2009년 '아이사랑플랜'에서는 국가의 책임보육이 본격적으로 시행되었다.

④ 2020년 인천아동학대사건을 계기로 CCTV 설치 의무화가 시작되었다.

02 우리나라 제3차 중장기 보육 기본계획의 비전은 무엇인가?

① 영유아의 행복한 성장을 위해 함께하는 사회

② 모두에게 평등한 영유아 인권존중 사회

③ 영유아의 전인적 발달지원

④ 보육의 국가책임 강화를 통한 행복사회

03 우리나라 3차 중장기 보육 계획의 '보육의 공공성 강화' 정책에 대한 설명으로 맞지 않는 것은?

① 국 · 공립 이용률의 40% 확대

② 500세대 공동주택 내 국공립어린이집 설치의 의무화

③ 민간어린이집 활성화

④ 보육교사 전문성 강화

04 우리나라 정부별 보육정책 내용이 맞지 않는 것은?

① 참여정부 – 표준보육과정 개발 및 보급

② 이명박 정부 – 아이사랑카드 도입

③ 박근혜 정부 – 0~5세 보육료, 양육수당 전 계층 지원

④ 문재인 정부 – 어린이집 평가인증시스템 구축

05 해외 보육정책에 대한 설명으로 맞지 않는 것은?

① 핀란드에서는 0~6세까지 아동을 위한 행정체제가 이원화되어 있다.

② 프랑스의 보육시설은 집단보육시설과 가정 내 보육시설로 나뉜다.

③ 일본의 보육소는 시정촌의 입소허가를 받아야 어린이집에 보낼 수 있다.

④ 스웨덴의 보육정책의 특징으로는 국가의 책무성 강화와 평등한 부모역할의 강조를 들 수 있다.

정답

| 1장 |

01 ② **02** ④ **03** 참정권 **04** 보호권 **05** 생존권 **06** ② **07** 영유아보육법 **08** ② **09** 이상주의 **10** 자연주의 **11** 실존주의 **12** 경험주의 **13** 항존주의 **14** 신체학대, 정서학대, 성학대, 방임 **15** 융합 **16** 피아제의 인지발달이론 **17** 구강기 **18** 근접발달지대

| 2장 |

01 **1)** 사회화모델, **2)** 보육실 질서 유지, **3)** 따뜻한 돌봄, **4)** 친밀감 형성, **5)** 보육환경의 구성
02 **1)** 어린이집 운영위원, **2)** 일일교사, **3)** 학급보조
03 예) 도로교통안전관리공단 의뢰 교통안전교육 실시

| 3장 |

01 보육목적과 목표의 설정 **02** 책무성 **03** 놀이자료 **04** × **05** ○ **06** ○ **07** 레지오 에밀리아 프로그램

| 4장 |

01 **1)** ○ **2)** ○ **3)** ○ **4)** ○ **5)** × **02** **1)** 시간적 환경요인, 물리적 환경요인, 인적 환경요인 **2)** 영아의 건강한 안전을 최우선을 고려, 정서적 안정감을 느끼도록 구성, 영아의 발달과 흥미를 반영한 놀이가 다양하게 이루어지도록 놀이영역을 구성탐색과 발견의 기회가 많이 이루어지도록 다양한 놀잇감 제공, 영아의 발달 특성을 고려한 일상생활영역과 놀이영역을 함께 구성, 자기중심성이 강한 영아들이 마음껏 놀이할 수 있도록 놀잇감을 여러 개 준비, 어린이집 공간과 여건, 영아의 발달과 흥미 등을 고려하여 융통성 있게 구성 **3)** 놀이공간을 융통성 있게 배치하기, 놀이공간 넓혀보기, 유아에게 공간 배치의 주도권을 주기, 놀이할 수 있는 다른 공간 찾기

| 5장 |

01 ① **02** ④ **03** 안전사고 가장 많이 나타나는 장소-보육실 **04** ① 0~2세 표준보육과정 안전 목표-자신의 소중함을 알고, 건강하고 안전한 환경에서 즐겁게 생활한다. ② 3~5세 보육과정 안전 목표-자신의 소중함을 알고, 건강하고 안전한 생활습관을 기른다. **05** ① 성폭력 · 아동학대예방교육 ② 실종 · 유괴의 예방 · 방지교육 ③ 약물오용 · 남용 예방교육 ④ 재난대비안전교육 ⑤ 교통안전교육 **06** ① 당황하지 않고 사고의 원인을 파악하여 필요한 조치를 취함 ② 다친 유아의 부상 정도를 파악하여 적절한 대처법 실시 ③ 119나 응급실에 구조를 요청 ④ 보호자에게 연락 ⑤ 남은 영유아 안심시키기 ⑥ 사고 보고서를 작성

| 6장 |

01 **1)** ○, **2)** ×, **3)** ×, **4)** ×, **5)** ○ **02** **1)** 놀이관찰기록, **2)** 총평, **3)** 질적 개선, **4)** 의무적, **5)** 수수료

| 7장 |

01 ④ **02** ① **03** ③ **04** ④ **05** ②

참고문헌

강금숙(2018). 어린이집 원장의 리더십이 보육교사의 전문성 발달에 미치는 영향. 총신대학교 대학원 석사학위논문.

강문희, 문미옥, 박경자, 서영숙, 우남희, 이강미, 이숙재, 이순형, 이영, 이옥(2002). **21세기 유아교육**. 학지사.

강영미(2018). 보육교사의 직무스트레스가 보육서비스 질에 미치는 영향–셀프리더십의 조절효과를 중심으로. 국제신학대학원대학교 대학원 박사학위논문.

강창석(2003). J. H. Pestalozz의 교육사상에 관한 연구. 한남대학교 교육대학원 석사학위논문.

고창원(2017). **SF의 힘**. 청림출판.

곽노의(1988). 프뢰벨의 낭만주의적 유아교육이론에 관한 연구. 중앙대학교 대학원 박사학위논문.

교육부, 보건복지부(2019a). 2019 개정 누리과정 놀이실행자료. 스쿨프린팅그룹(주).

교육부, 보건복지부(2019b). 2019 개정 누리과정 놀이이해자료. 스쿨프린팅그룹(주).

구교준, 이용숙(2016). 뉴노멀 시대의 경제환경과 다양성. **정부학연구, 22**(2), 27–60.

구은미(2004). 보육프로그램의 질에 영향을 미치는 교사 관련 변인. 숙명여자대학교 박사학위논문.

국가기후변화적응정보포털. 기후변화란? https://kaccc.kei.re.kr/portal/index.do에서 2020.11.25. 인출.

권미경, 도남희, 황성온(2012). OECD 회원국의 보육서비스–보육유형, 보육교직원, 보육비용을 중심으로. 육아정책연구소.

권영례, 이영자(2004). **유아교육기관 운영**. 한국방송대학교출판부.

권정민(1992). 페스탈로찌의 유아교육사상에 관한 연구. 숙명여자대학교 대학원 석사학위논문.

권정윤, 한유미(2005). 스웨덴 보육의 배경과 현황, **아동학회지, 26**(2), 175–191.

김경회, 문혁준, 김선영, 김신영, 김지은, 김혜금, 서소정, 안선희, 안효진, 이희경, 정선아, 황혜원(2006). **보육학개론**. 창지사.

김난경(2019). 아동학대 의심 사례를 겪는 유아교사의 사전 점검 및 회복 요인탐색. 중앙대학교 교육대학원 석사학위논문.

김녹현, 김재헌, 시옥진, 이용환, 전대성(2018). **보육학개론**. 양성원.

김덕성, 박노경, 이만수 (2006). **보육정책론**. 형성출판사.

김도일(2010). 항존주의 교육철학의 재조명과 기독교교육적 함의: 한국 기독교의 미래에 대한 교육적 제언. **장신논총, 39집**, 379-407.

김봉남, 권민숙, 김근식, 한은하(2015). 보육시설 재이용의사 결정요인 연구-보육서비스 질을 중심으로. **한국자치행정학보, 29**(3), 283-304.

김송이(2007). 스웨덴과 영국보육서비스 비교연구. 중앙대학교 대학원 석사학위논문.

김신혜(2009). 핀란드 교육제도와 교사교육제도. **글로벌영어교육학회, 14**(1), 190-216.

김애란, 유경숙, 유혜자, 이병래(2017). **부모교육**. 정민사.

김연진(1995). 보육프로그램의 질에 영향을 미치는 원장 및 교사 변인에 관한 연구. **한국영유아보육학, 4**, 22-44.

김윤이(2015). 어린이집 원장의 변혁적 리더십이 보육교사의 직무만족도에 미치는 영향. 가천대학교 교육대학원 석사학위논문.

김은하(2013). 루소와 프뢰벨의 자연주의 유아교육사상 비교연구. 강원대학교 산업과학대학원 석사학위논문.

김인회(2006). **교육사 · 교육철학 강의**. 문음사.

김종서(1993). **교육과정과 수업. 교육신서 76**. 배영사.

김종서, 이영덕, 황정규, 이홍우(1988). **교육과정과 교육평가**. 교육과학사.

김진숙(2009). 보육교사가 인식하는 영유아권리 존중 보육의 의미와 실행수준. 숙명여자대학교 대학원 박사학위논문.

김진희(2006). 직장보육시설 교사가 지각하는 어린이집 원장의 지도성 유형과 교사효능감 간의 관계. 중앙대학교 사회개발대학원 석사학위논문.

김혜인(2012). 보육정책의 변화와 지속성-역사적 제도주의의 시각을 중심으로. 서울대학교 행정대학원 석사학위논문.

김효정, 공창숙, 강영욱, 박윤주(2019). 여수시 보육정책 중장기 5개년 기본계획(2020~2024). 대원경영연구소.

나종혜, 김상림, 김송이, 신나리, 권영희, 손승희(2014). **보육학개론**. 양서원.

문무경 편역(2006). 스웨덴의 육아정책: 유아교육과 보육, 학교교육의 통합을 중심으로. 육아정책개발센터.

박도훈(2019). 제4차 산업혁명 인공지능(AI)에 대한 미래교회 대응 방안 연구. 호서대학교 대학원 박사학위논문.

박소영(2019). 보육교사 평가척도 타당화 검증. 한국교통대학교 대학원 석사학위논문.

박순득(2017). 보육시설의 조직문화가 보육서비스 질에 미치는 영향에 관한 연구-영유아 권리 존중 보육의 매개효과를 중심으로. 서울한영대학교 대학원 석사학위논문.

박용석(2011). 실존주의의 본래성 관점에서 고찰한 Neill의 아동교육론. **열린유아교육연구, 16**(5), 117-140.

박정이(2020). 어린이집 원장의 서번트 리더십이 보육교사의 직무만족과 조직몰입에 미치는 영향. 총신대학교 대학원 석사학위논문.

박찬옥, 서동미, 곽현주, 박성희, 한남주, 홍찬의(2020). **유아교육과정**. 정민사.

박찬옥, 이석순, 박은미, 안은정, 우정희, 황지영(2020). **영유아 안전관리와 안전교육**. 파워북.

박찬옥, 전경화, 구수연, 곽현주, 정연희, 서의정, 백영숙, 이옥임, 이예숙(2013). **보육학개론**. 정민사.

박찬옥, 전경화, 구수연, 곽현주, 정연희, 서의정, 백영숙, 이옥임, 이예숙(2016). **보육학개론**. 정민사.

박찬옥, 전경화, 조희순, 이순이, 이완희, 유경숙, 김성혜, 안은정(2014). **영유아교육기관 운영 관리**. 정민사.

박찬옥, 정남미, 곽현주(2020). **놀이지도**. 양성원.

박창현, 박선영, 김영주, 윤경옥(2010). 스웨덴의 영유아교육 · 보육통합이 한국영유아정책에 주는 함의: 스웨덴 유아학교의 정치학을 중심으로. **유아교육학논집, 14**(4), 69-70.

박희숙, 김란옥, 김정실, 우정순(2017). **보육학개론**. 창지사.

반운경(1980). 유아교육교수방법에 따른 효율성에 관한 연구. 이화여자대학교 대학원 석사학위논문.

백선희(2009). 김대중, 노무현 정부 10년의 보육정책 평가-국가계획을 중심으로. **상황과 복지, 제28호**, 95-141.

백은영(2012). 우리나라 보육정책 변천과정에서 살펴본 보육공공성. **21세기 사회복지연구, 9**(1), 195-215.

보건복지부(2000). 시설장 보수교육.

보건복지부(2009a). 생애주기별 식생활지침_영유아포스터.

보건복지부(2009b). 아이사랑플랜.

보건복지부(2010). 보육시설 급식운영 관리 매뉴얼.

보건복지부(2011a). 아이사랑플랜 2011 시행 계획안.

보건복지부(2011b). 2011년 보육시설운영서식 및 문서자료집.

보건복지부(2013a). 2013년 보육사업 안내.

보건복지부(2013b). 제2차 중장기보육 기본계획.

보건복지부(2013c). 해외보육정책 연수보고서(핀란드).

보건복지부(2017). 제3차 중장기 보육 기본계획.

보건복지부(2018). 보육백서.

보건복지부(2019). 2019 개정 누리과정.
보건복지부(2020a). 2020년 보육사업 안내.
보건복지부(2020b). 제4차 어린이집 표준보육과정 고시 2020-75호.
보건복지부(2020c). 제4차 어린이집 표준보육과정 해설서. 경성문화사.
보건복지부(2021a). 2020년 보육통계.
보건복지부(2021b). 2021년 보육사업안내.
보건복지부, 국민건강보험(2020). 영유아 건강관리와 생활안전.
보건복지부, 아동보호전문기관(2019). 2018 아동학대 주요통계.
보건복지부, 질병관리본부, 국민건강보험(2015). 2015년 영유아 건강검진 검진의사 매뉴얼 별책.
보건복지부, 한국보육진흥원(2007). 보육교사 자격기준 변경안내.
보건복지부, 한국보육진흥원(2019). 제3차 어린이집 평가인증 안내-통합지표.
보건복지부, 한국보육진흥원(2020). 2020 어린이집 평가매뉴얼.
보건복지부, 한국보육진흥원(2021a). 2021 부모모니터링단 운영 매뉴얼.
보건복지부, 한국보육진흥원(2021b). 2021 어린이집 평가매뉴얼-어린이집용.
서용구(2019). [로터리] 뉴노멀이란 무엇인가. 서울경제. https:// HYPERLINK http:// www.sedaily.com/ www.sedaily.com/NewsVIew/1VN220XFM1에서 2020.12.01. 인출.
서울특별시(2015). 서울시 어린이집 안전수칙 매뉴얼.
서형수(2020). 저출산, 고령화 대응을 위한 인문사회 포럼: 인구의 사회문명사적 관점, 미래사회의 삶의 양식. 보건복지부 토론회 2020년 6월 9일.
성사우(2018). 한국 보육 주체 변화에 관한 연구. 서울대학교 대학원 석사학위논문.
손영옥(2020). 어린이집 원장의 감성리더십이 보육교사의 직무만족도에 미치는 영향. 광주교육대학교 교육대학원 석사학위논문.
식품의약품안전청(2011). 유아 식생활과 건강지침서.
신희이, 문종철, 정인희(2017). **보육학개론**. 정민사.
안동현(1997). 아동의 권리-필요성, 역사성 및 과제. **아동권리연구, 1**, 9-22.
양옥승, 김영옥, 김현희, 신화식, 위영희, 이옥, 이정란, 이차숙, 정미라, 지성애, 홍혜경(1999). **영유아보육개론**. 학지사.
어린이집안전공제회(2020a). 보육교직원 안전교육 심화과정 개발연구.
어린이집안전공제회(2020b). 어린이집 사고 예방 및 대응.
어린이집안전공제회(2020c). 통계자료집.
어린이집안전공제회(2021). 어린이집안전관리백과 건강 · 환경 · 위생 · 급식.
어은정(2013). 철학적 탐구공동체에 참여한 유아교사의 경험: '철학함', 교육신념, 교육실천의 측면에서. 동덕여자대학교 대학원 박사학위논문.

여성가족부(2006). 제1차 중장기 보육계획(2006~2010).

염정은(2018). 낭만주의 교육철학에 기초한 프뢰벨의 유아기 인간교육. 서울교육대학교 교육전문대학원 박사학위논문.

오미경(1998). 어린이집 보육교사의 전문성과 보육프로그램의 질과의 관계 연구: 부천시를 중심으로. 가톨릭대학교 대학원 석사학위논문.

우정호, 강흥규(2005). Dewey의 경험주의 수학교육론 연구. **수학교육학연구, 15**(2), 107-130.

유해미, 유희정, 장경희(2011). 일본의 보육정책 동향(Ⅱ). 육아정책연구소.

육아정책연구소(2021). 정책동향 스웨덴의 영유아교육 · 보육 질 제고 정책. **육아정책포럼, 겨울 제46호.**

육아정책연구소, 한양대학교 산학협력단(2017). 영유아 건강관리 가이드북-유치원 어린이집용.

윤아영(2018). 한국과 핀란드의 유아교육제도 비교연구. 부산교육대학교 교육대학원 석사학위논문.

윤청목(2008). 보육교사의 직무스트레스와 직무만족이 보육서비스의 질에 미치는 영향. 동양대학교 대학원 석사학위논문.

이경림(2005). 영아반 교사의 전문성 인식도와 영아보육프로그램의 질에 관한 연구. 성균관대학교 대학원 석사학위논문.

이경선(2000). 보육의 질에 영향을 주는 관련 변인 연구. 성균관대학교 대학원 박사학위논문.

이경희(2008). 보육시설장의 전문성과 보육서비스 질에 관한 연구. 한양대학교 행정 · 자치대학원 석사학위논문.

이명순(2017). 어린이집아동학대 예방 대응방안. **아동보호연구, 2**(1), 99-120.

이미화, 이정원, 최윤경, 유해미, 강은진, 권미경 외 8인(2017). 제3차 중장기 보육 기본계획(2018~2022) 수립방안 연구. 보건복지부, 육아정책연구소.

이삼식(2012). 외국의 보육 · 양육정책: 스웨덴 사례. 보건 · 복지 Issue & Focus, 169. 한국보건사회연구원.

이삼식 외(2016). 결혼, 출산 행태 변화와 저출산 대책의 패러다임 전환. 한국보건사회연구원 연구보고서, 2016-44.

이성호(1998). 유럽의 전통과 미국적 교육의 모색. **미국학, 21권**, 191-202.

이순형, 이혜승, 이성옥, 황혜신, 이완전(2010). **보육학개론**. 학지사.

이순형, 이혜승, 이성옥, 황혜신, 이완전(2013). **보육학개론**. 학지사.

이순형, 이옥경(2000). 한국보육시설의 영아기 보육프로그램 운영 평가. **아동학회지, 2**(1),

121–140.

이영덕(1987). **교육과정이란 무엇인가? 교육과정과 교육평가**. 교육과학사.

이완정(2019). 누리과정 개정과 유치원과 어린이집 공통평가지표: 어린이집 평가 인증제의 추진경과와 의무평가제의 방향. 유아 · 놀이 · 유아교육을 위한 평가의 미래. 91–111. 한국유아교육학회 2019년 춘계 정기학술대회.

이원영, 이태영, 강정원(2008). **영유아교사를 위한 부모교육**. 학지사.

이유선(2006). **듀이 & 로티–미국의 철학적 유산. 프래그머티즘**. 김영사.

이윤경(1998). 유치원 교사의 직무만족도 및 물리적 근무환경과 조직헌신성과의 관계 연구. **유아교육연구, 18**(1), 223–242.

이윤진, 정도상(2015). 핀란드의 육아정책2. 육아정책연구소. 78.

이재원(2017). 인구고령화, 재앙이 아닌 축복으로. KDI 경제정보센터 칼럼. https://eiec.kdi.re.kr/publish/naraView.do?cidx=11345에서 2020.11.20. 인출.

이진희, 신은미(2019). 놀이와 배움을 잇는 유아평가의 방향성 탐색. 유아 · 놀이 · 유아교육을 위한 평가의 미래. 69–86. 한국유아교육학회 2019년 춘계 정기학술대회.

이채연(2003). 「에밀」을 통해서 본 루소의 자연주의 교육철학. 상명대학교 교육대학원 석사학위논문.

이혜란(1986). 스웨덴 유아교육에 관한 일 연구. 이화여자대학교 대학원 석사학위논문.

이혜영, 양병찬, 김민, 김정원(2006). 교육복지투자우선지역 지원사업활성화를 위한 가정, 학교, 지역사회연계협력강화방안연구. 한국 교육개발원 수탁연구보고 CR2006–10.

이희섭(2003). 영아보육의 질적 수준과 관련된 요인에 관한 연구–춘천지역을 중심으로. **한국여성교양학회지, 11**, 125–144

임상도(2011). 유아교육철학의 당위성과 접근 방식 탐색. **유아교육학논집, 15**(3), 117–141.

임재택(2006). **유아교육기관 운영관리**. 양서원.

임태평(2000). 아리스토텔레스의 교육철학. **교육철학, 18**, 253–272.

정도상(2013). **북유럽의 외로운 늑대! 핀란드**. ㈜언어과학.

조숙자(2017). 어린이집 원장의 전문성과 보육서비스 질 간의 관계. 동의대학교 교육대학원 석사학위논문.

조혜경, 곽혜경, 구경선(2015). **보육학개론**. 창지사.

조혜경, 곽혜경, 구경선(2017). **보육학개론(개정판)**. 창지사.

중앙육아종합지원센터(2016). 어린이집 문서 및 서식 자료집.

중앙육아종합지원센터(2020). 2020 어린이집 통합 안전점검표.

진석수(2014). 키에르케고르의 실존주의 교육철학. 경북대학교 대학원 석사학위논문.

천은영, 유수정(2014). **보육학개론**. 정민사.

최윤경, 김은설, 신동주, 장혜진, 박창현, 홍성은 (2015). **유아교육(ECEC) 교원 양성 · 자격 정비 및 재교육 국제비교 연구**. 세종: 교육부.

최진아(2015). 보육교사의 전문성 인식 및 교육신념이 보육프로그램의 질에 미치는 영향. 인천대학교 교육대학원 석사학위논문.

최진주(2021.04.09.). 한국이 못한 '유치원+어린이집 통합' 가능할까... 日 '어린이청' 창설 추진. 한국일보. 2021년 4월 9일자 보도자료에서 발췌.

통계청(2020a). 2020 고령자 통계.

통계청(2020b). 장래인구특별추계: 2017~2067.

한국보육진흥원(2010). 2010년 서울시 시설장 신규직무교육.

한국보육진흥원(2011). 2011년도 보육시설 운영서식 및 문서자료집.

한국보육진흥원(2012). 보육과정 평가척도.

한국보육진흥원(2017). 2017년 어린이집 문서서식양식.

한국보육진흥원(2020). 2020 어린이집 평가 매뉴얼(어린이집용).

한국보육진흥원(2021). 2021 어린이집 평가 매뉴얼.

한유미, 안경온, 이영환, 이진숙, 오연주, 박은숙(2005). **스웨덴의 아동보육제도**. 한국연구재단.

홍인혜(2006). 영 · 유아보육 및 유아교육 정책 변천에 관한 연구. 성신여자대학교 대학원 박사학위논문.

Bolger, K. E., & Scarr, S.(1955). Not so far from home: How family characteristics predict child care quality. *Early Development and Parenting, 4*, 103-112.

Dunn, L.(1993). Proximal and distal features of day care quality and children's development. *Early Childhood Research Quarterly, 8*, 167-192.

Elkind, D.(1986). Formal Education and Early Childhood Education: An Essential Difference. *Phi Delta Kappan, 67*, 631-666.

Friesen, L. V.(1995). The study of indicators of quality care for young children in daycare. Published master's thesis, University of Calgary, Canada.

Frost, J. L., & Kissinger, J. B.(1976). *The young child and the educative process*. New York: Holt, Rinehart & Wisdton.

Frost, J. L., & Klein, B. L.(1976). *Children play and playgrounds*. Boston: Allyn & Bacon

Goodlad, J. I.(1966). *The development of a conceptual system for dealing with problems of curriculum and instruction*. Los Angeles, California: University of California, Los Angeles.

Howes, C.(1983). Caregiver behavior in center and family day care. *Journal of Applied*

Developmental Psychology, 4, 99–107.

McCartney, K., Scarr, S., Phillips, D., Grajek, S., & Schwartz, C.(1982). Environmental differences among day care centers and their effects on children's development. In E. F. Zigler & Gorden, E. W.(Eds), *Day care: Scientific and social policy issues*(pp. 126–151). Boston: Auburn House.

NICHD Early Childcare Research Network(2001). Child care and Children's peer intercation at 24 and 35 months: The NICHD study child care. *Child Development, 72*, 1478–1500.

Noddings, N.(2010). *Philosophy of Education*(2nd ed.). 박찬영 역. **넬 나딩스의 교육철학**(2판). 아카데미프레스. (원저발간 2007년)

Phillips, D., McCartney, K., & Scarr, S.(1987). Child care quality and children's social development. *Developmental Psychology, 10*, 502–506.

Pink, D. H.(2020). *When*. 김명철 역. **새로운 미래가 온다**. 한국경제신문사. (원저발간 2018년)

Schwab, C.(2016). *The fourth industrial revolution*. 송경진 역. **제4차 산업혁명**. 새로운현재. (원저발간 2016년)

Schwartz, S. L., & Robison, H. F.(1982). *Designing curriculum for early childhood*. Boston: Allyn & Bacon, Inc.

Tyler, R. W. (1949). *Basic principles of curriculum and instruction*. Chicago: University of Chicago Press.

Vandell, D. L, & Powers, C. P.(1983). Day care quality and children's free play activities. *America Journal of Orthopsychiatry, 53*, 493–500.

찾아보기

인명

내용

ㄱ

ㅅ

ㅇ

ㅈ

저자약력

박찬옥

중앙대학교 대학원 유아교육학전공(문학박사)

현) 중앙대학교 사범대학 유아교육과 명예교수

전) 중앙대학교 유아교육과 교수

중앙대학교 부속유치원 원장

한국유아교육협회 회장

한국영유아교원교육학회 회장

저서) 제4차 어린이집 표준보육과정을 반영한 보육과정(2021, 정민사)

영유아 프로그램 개발과 평가(2021, 정민사)

2019 개정 누리과정에 기초한 영유아 놀이지원 놀이지도(2020, 양성원)

2019 개정 누리과정을 반영한 유아교육과정(2020, 정민사)

구수연

중앙대학교 대학원 유아교육학 전공(문학박사)

현) 군산대학교 아동가족학과 교수

저서) 보육학개론(2013, 정민사)

영아−교사 상호작용의 이론과 실제(2010, 정민사)

유경숙

중앙대학교 대학원 유아교육학 전공(문학박사)

현) 숭의여대 가족복지과 교수

저서) 아동권리와 복지(2021, 정민사)

영유아교육기관 운영관리(2019, 정민사)

부모교육(2019, 정민사)

이예숙

중앙대학교 대학원 유아교육학 전공(문학박사)

현) 배화여자대학교 유아교육과 교수

배화여자대학교부속배화유치원 원장

저서) 유아교사를 위한 논리논술교육(2020, 정민사)

유아창의융합놀이 프로그램(2020, 정민사)

유치원 교직실무(2019, 정민사)

6주 보육실습(2017, 양성원)

조현정

중앙대학교 대학원 유아교육학 전공(문학박사)

현) 서울강서구육아종합지원센터장

저서) 보육과정(2014, 동문사)

황지영

중앙대학교 대학원 유아교육학 전공(문학박사)

현) 동남보건대학교 유아교육과 교수

저서) 영유아 안전관리와 안전교육(2019, 파워북)

예비 유아교사를 위한 유아교육개론(2019, 교육아카데미)

아동생활지도(2020, 양성원)

보육학개론

1판 1쇄 인쇄　2021년 8월 25일
1판 1쇄 발행　2021년 8월 30일

저　　자　박찬옥 구수연 유경숙 이예숙 조현정 황지영
발 행 인　회장 박철용
　　　　　대표 박세원
발 행 처　정민사
주　　소　경기도 파주시 직지길 522 파주출판도시
전　　화　031-955-8030
팩　　스　031-955-8025
홈페이지　http://www.jmpub.co.kr
이 메 일　yswgroup@naver.com
출판등록　1979년 1월 22일 No. 406-2004-000130호

I S B N　978-89-5809-911-6
정　　가　20,000원